U0883393

亲历记

——江山文史资料选辑

江山市政协文化文史和学习委员会　编

西泠印社出版社

总 顾 问：童炜鑫　朱素芳　徐明峰
总 策 划：郑朝基　胡炳泉
策　　划：王子平　姜　英　毛水芳　祝继友
　　　　　毛慧卿　周立武　毛有祥
编　　审：周立武
主　　编：胡汉民
副 主 编：潘海峰

中国人民政治协商会议第十届江山市委员会文化文史和学习委员会成员

主　　任：胡汉民
副 主 任：徐　彬（兼）　郑犁敏（兼）
委　　员：工　晋　王　婧　王小芳　毛晶卉
　　　　　朱永春　刘雁来　陈　敏　周建新
　　　　　郑犁敏　胡汉民　徐　彬　郭元敏
　　　　　蔡苏林
特聘委员：王　驰　王石良　王厚让　王淑贞
　　　　　刘鸿才　周晋光　周慧清　姜宋珍
　　　　　姜法建　祝龙光　徐江都　戴明桂

序言

郑朝基

在中国共产党百年华诞之际，由江山市政协文化文史和学习委员会编的《亲历记——江山文史资料选辑》正式付梓了。这是我市政协文史资料征编工作的一项新成果，也是第十届江山市政协文史资料工作的“收官之作”，值得庆贺！

霞岭苍苍，须水泱泱。1949 年 5 月 6 日江山解放，江山历史揭开了新的一页。自此而始，历届中共江山县（市）委、江山县（市）政府领导班子团结带领全县（市）人民，以一往无前的进取精神和波澜壮阔的不懈奋斗，奋力推进社会主义建设，在江山大地上谱写了一部自强不息的宏伟史诗，描绘了一幅气壮山河的时代长卷。在此期间，广大江山儿女与时代同呼吸共命运，留下了一个个有温度的鲜活故事，刻下了一段段有个性的历史记忆。一代人有一代人的历史遭际，一代人有一代人的历史使命。为保存文史资料、留住历史记忆、不忘来时路，政协文化文史和学习委员会广搜博征，精心编辑了这本书，非常适时。

《亲历记——江山文史资料选辑》共收录了历史事件亲历者的回忆文章 65 篇。披览全书，这是一本兼具史料价值、社会价值的文史资料图书。记述的事件时间跨度大，上自江山解放，下至抗击新冠肺炎疫情，跨越半个多世纪。内容涵盖重点建设工程、知识青年上山下乡、抗击新冠肺炎疫情，以及部分重大历史事件。书中绝大多数文章记述了事件过程中个人的独特经历和真情实感，追忆了细节，道出了个人感悟，具有较强的故事性、可读性，是一部鲜活感人的人文故事集：几经波折的峡口水库建设，战天斗地的地山岗大会战，振奋人心的撤县设市，克难攻坚的高铁建设，令人感动的抗疫场景……读者可以聆听亲历者埋藏心底的心声回响。历史是凝固的岁月，现实是历史的传承。阅读此书，我们可搭起与历史对话的平台，获得新的历史启迪，进而在时代大潮中留下我们的坚实足迹！

不忘初心，方得始终。第十届江山市政协文化文史和学习委员会坚持每年征编出版一本书，已先后编辑出版了《江山人在台湾》《江中故事》《江山中草药图鉴》《茶缘——我与江山茶的故事》4 本文史资料图书。《亲历记——江山文史资料选辑》的正式付梓，也可视作五年来政协文史资料工作收获了圆满成果。希望文化文史和学习委员会继续发挥政协文史资料“存史资政，团结育人”的重要作用，再接再厉，继续选编具有江山地方特色的文史资料图书，为江山跨越式高质量发展做出更大贡献！

作者系江山市政协主席

目 录

江山解放之初国民党飞机轰炸贺村亲历记

汪东林

我的家乡浙江江山于1949年解放，是年五六月间，13虚岁的我亲身经历国民党飞机对贺村的大轰炸。其炸弹枪炮的战争现场感，即便在72年后的今天，回想起来，不仅历历在目，而且心惊胆战！

1949年初，寒假过后，我回到清湖小学，作为寄宿生读高小的最后一个学期。其时，淮海、辽沈战役胜利结束，北平和平解放，解放军直逼长江之北岸，国民党败局已定。学校里人心惶惶，同班同学王健一的哥哥当时在国民党最大的军舰重庆号巡洋舰上工作（记不清是水兵还是军官），传来该舰起义，但被国民党派多架飞机炸沉在葫芦岛的消息，先惊动了全班，后惊动了全校。等到“和谈”破裂，解放军胜利渡江，学校只得停课，我也从清湖跑回贺村家中。

浙江乃国民党统治的核心地区，江山也不例外。多年来的反共宣传，自然影响了百姓的认识。尽管国民党的腐败和祸国殃民有目皆见，但百姓对共产党的认识模糊不清。我家在贺村汽车站旁边，门前的公路是浙西唯一通往福建的通道，渡江战役打响后，国民党败兵夜以继日惶惶然沿公路往浦城方向逃窜。年少的我从来没有见过那么多的美式十轮大卡车，车上炮兵或站或坐，车后拖着各种类型的美制大炮。公路两侧是步行的士兵，衣衫不整，枪支不齐，一副败兵之相。队伍中夹杂着军官家属，甚至有沪杭随军而来的看上去有点钱财的百姓。我是上有姐姐、下有妹妹的独苗，母亲同贺村的其他百姓一样，预感到贺村这个既有铁路又有公路的小镇，当是兵家必争之地，于是提前把我送到我大姐、大姐夫的家——新塘边小山村墩根，躲避战事。因此我并没有亲历解放军从江西玉山打过来、解放贺村的小战役。

事实胜于雄辩，耳闻不如亲见。1949年5月6日立夏那天，江山县城宣告解放。中国人民解放军一路从常山向大陈进攻，一路从江西玉山直奔贺村，打了一仗后攻至县城，两路会师，江山县全境解放。解放军纪律严明，保护百姓，不拿群众的一针一线，百姓夹道迎送，情绪高涨。在此情势下，我也从新塘边墩根小村返回贺村家中。沿途见到解放军大队人马行进在江浦公路上，向福建进军。除了汽车拉大炮、载弹药，步行的队伍情绪高昂，不时响起嘹亮的歌声……

等我到家时，贺村多数商店已开门营业，我家也不例外。贺村逢四、逢九五天一墟日亦已恢复，只是人数不多。尤其是历史悠久的牛市，耕牛交易清淡，还没有外地的商客敢来。其时我在家既上不了学，也站不了柜台。正巧我家有头母黄牛，生下了一头可爱的小黄牛。我家是开南货店的，何以养牛？此事与当时贺村是浙西地区最大的牛市有关。贺村的牛市，货源主要来自江山县各地乡间，也有从浙西邻县乃至江西玉山等地运至贺村的。因为生意兴隆，贺村本地也有人买小牛养一段时间后在牛市卖出，以此赚点钱。因此每天早晨，都有成群的牛，至少二十头，从各养家牵出，跨过铁路，到炮台山、喇叭山一带吃青草，一两个小时太阳升高再赶回家中。我家的那头母黄牛是人家还债抵押在我家的，平时由我二姐放牧，有时则给点小钱托人家一块赶到山上吃草。我从新塘边墩根回到家中，看到小牛十分可爱，便自告奋勇要牵着母牛领着小牛，跟着大伙儿到炮台山上放牛，我母亲同意了。自此，我开始了一段时间的有趣的放牛娃生活。谁能料到，有一天我和十来个小伙伴正在炮台山上放牛和玩耍，遭遇了国民党空军两架轰炸机对贺村——主要是火车站和铁路沿线的大轰炸，这突然而来的可怕经历，至今仍历历在目！

遭遇大轰炸的这一天清晨，对门烧饼店的王鸿俊牵着他家的大黄牛，我赶着母牛和小牛，一起去炮台山草地放牧。这时候，解放军继续沿江浦公路向福建进军。与前些日子不同的是，运送重武器及整箱弹药的火车，都改在贺村火车站停车卸货，然后装上汽车，直接加速开往福建，而不是在江山县城火车站停车卸货，这样可以节约点时间。步行行军的人员大大减少，多数解放军坐大卡车向福建挺进。这天很顺利，没有赶上火车卸货，过了铁路，上了炮台山，拴牛鼻子的绳子往牛角上一圈，拍拍牛屁股，两大一小的黄牛就往青草茂密处跑去。我们扫了一眼，已有十多头牛，但放牛人呢，一个也没有看见。我们估计，他们到临近铁路道岔的废弃炮台前玩石子游戏了。赶过去一看，他们十来个人聚在炮台门前，岁数较大的蒋昌诗（比我大两三岁，听说成年后在江西工作，记忆最深的是他家的公黄牛，在贺村放牧牛群中斗牛称霸一时，吃草时只要稍一抬头，轻吼一声，周边正在吃草的牛都要退避三舍）正对着炮台山脚下的铁路道岔和稍远处的火车站台，指手画脚，高谈阔论。我们走近后，他又向我们重复说，这些日子解放军军车都在贺村火车站停车卸货，贺村成了比江山县城还重要的转运站。这些军车专列的火车头前面，都挂着大幅戴八角帽的毛泽东画像（按：当时江山老百姓还不习惯用“毛主席”的称呼，离10月1日新中国成立还有好几个月呢！），下边写着“打倒蒋介石，解放全中国”的大字。他问：你们见过吗？大多数人都回答：见过，但没有靠近细看过。正说着，就看见北边有火车头冒着白烟开过来。蒋昌诗立马说，赶紧下山，到扳道岔处看个清楚！其实炮台山只有几十米高，我们一伙不到五分钟就到达贺村火车站的南道岔，值班的蒋师傅（他儿子蒋晓月是我初小时的同班同学）立刻对我们嚷，都响过第二遍紧急警报了，说不定国民党飞机就来轰炸了，还不赶紧赶牛回家！我们都笑了。因为其时贺村仍处于准战争状态，经常听到警报，却从未见到飞机来。大家笑哈哈地对他说：“我们是来看火车头前边的毛泽东大画像的！”刚说完，火车头已停靠在离铁路道岔十来米远的地方。我们一哄而上，走近细看大画像，还对紧急下火车的解放军举双手叫唤！正所谓说时迟，那时快，突然听到巨大的轰鸣声，两架国民党轰炸机低空掠过，吓得放牛娃们飞快地往炮台山坡上跑。到山上一看，由于飞机的轰鸣声太大，牛群早已四处逃散，一头牛也找不着了，我们也只得各自逃命。老话说三魂七魄都吓出窍了，以此形容我们这帮十多岁的孩子当时的状态，十分贴切。

我父亲的坟墓就在炮台山脚、我自家稻田的边上，距离贺村火车站南道岔也仅百来米。在震耳的轰鸣声中，我不自觉地从炮台山寻牛处冲下山坡，趴在父亲的坟头，像是寻求保护似的。这时候，成批解放军分散成小股队伍，从我身旁冲过，各自找到隐蔽点，举枪向轰炸机开火。一下子枪声大作，吓得我更加贴地趴在那里。那时候，解放军还没有高射炮、高射机关枪这类重武器，不论长枪短枪一律朝天空射击。我还亲眼看见两个解放军举着轻机枪的支架，让枪口尽量冲着天空，另一解放军开枪射击的场面。大面积的地对空开火，吓得国民党的飞机立马从低空升高。头几圈，飞机只向地面扫射，因为是重机枪，响声很大，落到地面的子弹溅起了草地的土和稻田里的水花。我虽然吓得心里慌乱，但依然趴在地上清楚地看着这场地对空和空对地的战争。突然间，两声巨响，飞机扔炸弹了，并没有炸中火车和铁路，而是扔在稻田里。在发出轰炸声的同时，成块成块半成熟的稻子，连根带苗被抛向天空，距离我只有五六十米远。这炸弹爆炸的巨响和炮台山南侧解放军对空的激烈开火声，把我吓得不敢原地趴着，而是起身扑向稻田，边躲边跑，向着柴家塘和喇叭山方向奔去。

炮台山南侧的一片稻田当时称柴家塘坂，跑过稻田，到了没有树荫可躲藏的柴家塘（一个只有一二百平方米大的蓄雨水的池塘），仍然无济于事，但离铁路越来越远。我在慌乱中又离开柴家塘，向喇叭山方向继续奔跑。由于中间是一片只长草而没有一棵小树的开阔地，可能飞机发现了我这个奔跑的目标，还特地向我扫射，溅起的草根和尘土有一米多高。这时，我除了快跑别无选择。好在一共只有两架飞机，是对角转圈飞行，主要轰炸目标是火车、铁路和火车站，飞过我头顶再轮回到我头上有一段间隔时间，而且没有集中对我扫射，我才在奔跑中没有中弹。奔跑中，我听见有人大声呼唤："逃到这里来，这里可以躲！"我一听，声音是从不远处一条靠近山边稻田的深沟里传来的，便向呼唤我的方向跑去。果然是一条稻田间灌水排水的深沟，还长了几棵小树。我纵身一跳，进了沟。是两位在柴家塘坂锄草的农民救了我，这里距离喇叭山还好远呢！我同他们待在一起，听着飞机轰鸣声、炸弹爆炸声、枪炮声……有两个大人在身边护着，我的心情渐渐平静下来。等了个把小时，飞机轰鸣的声音停了，枪炮声也停了，周围又恢复了平静。再等了一会儿，鸟群从喇叭山树丛中飞出，稻田里出现八哥群了。两个大人都对我说，他们也不耘田了，要回去看看贺村被炸成什么样了，让我跟他们一起回去。我答："只要飞机走了，就没事了。你们先回吧，我还要去找找我的母牛和小牛呢。"

我急匆匆先到柴家塘，再往高处走，发现喇叭山和炮台山之间的广阔草地上，不仅没有一头牛，连一个人影也没有。我琢磨，解放军肯定都撤往炮台山东侧山下贺村铁路和公路那边，牛不会跑那么远去喇叭山，也不可能自己跨铁路穿公路回家，最大的可能是跑下炮台山，到柴家塘坂稻田吃稻子了。因为平时大家管得严，牛下山偷吃几口稻子都要挨鞭抽，这是祖传多年的老规矩。现在没人管了，还不下山进稻田吃个够？想到此，我便返回柴家塘坂寻找黄牛。我刚走进田坂，便远远望见两头牛分两处在埋头吃稻子。我走近一看，是别人家的牛，一头水牛，一头黄牛。在这种时候，自然不管他人瓦上霜，赶紧找自己的牛。但我一直穿过田坂，走到铁路边，也没找着自己的牛。我登上铁路，忽然眼睛一亮：我的宝贝小黄牛孤孤单单地在铁路那边，低头吃几口草，便抬头东张西望。一看见我，竟“哞哞”叫了几声，向我走来。它认识主人，已有些时日了。但它的妈妈老黄牛在哪里呢？它却不能告诉我。我摸摸它的头，它“哞哞”几声作了回应，然后就回头沿着铁路往南小跑起来。我紧紧抓住它的尾巴，它还是继续小跑。在跑的过程中，我才发现紧挨铁路东侧的公路上，许多行人匆匆赶路，有军人，也有百姓。小牛向人最多的一处跑去。这是贺村南端铁路最靠近公路的地方，有个坑，下边水草很多。新中国成立后过了好久，这里成了江山食品公司上下火车运输毛猪的一个工作点，贺村拉板车运货的搬运公司也建在此处。但当时什么也没有，何以围着这么多人呢？这时我松开了小牛的尾巴，小牛便穿过围观人群下了坑，我这才发现坑里躺着一个解放军，脸部盖着草席，身上穿着军服，周边有一大摊血。围观人群告诉我，解放军同志不是被炸弹炸死的，是被机关枪扫射打中的。小牛越过小坑，跑到近在咫尺的大坑，我一眼看见我家的母牛正同另外几头牛在大坑里埋头吃青草，小牛已跑到母牛身边吃起奶来。我顾不得细看细听这位解放军同志牺牲的情况，就急匆匆牵着母牛，领着小牛，登上公路往家跑了。

这就是江山解放之初，1949 年五六月间，我所亲身经历的国民党飞机轰炸贺村的全过程。在我的记忆中，在轰炸后听到和看到的事情还有几点可补充。第一，在轰炸的前一天傍晚，有一军车枪支弹药和重武器在贺村卸下车，堆在火车站月台上尚未运走。当时潜藏贺村的国民党特务密报后，次日国民党派飞机轰炸月台上的成堆弹药，当然也包括刚到火车站的满载解放军的军车。如果真的炸中弹药，至少贺村火车站与公路两旁的建筑将夷为平地。此消息来自我的发小洪臻强，他的父亲当时担任贺村火车站站长。第二，这次轰炸规模不小，时间不短，除我亲眼看到的那位牺牲的解放军同志外，总共牺牲了不到十人。这个数字尚未找到确实证据，但当时贺村很小，要是炸死的人多，老百姓应该会传开。据我观察，扔炸弹轰炸，重机枪扫射，属“雷声大雨点小”，都在非人口密集地区，杀伤力很小。第三，此次轰炸贺村，一共扔了二十二枚轻型炸弹，只有一枚炸着火车站北端铁路，炸翻一节空的运输车厢。这个数字是事后我们这帮放牛娃一个一个炸弹坑清点过的，不会有差错。所有炸弹，除一个命中铁路外，其余都炸在稻田里，无一座民居和街道被炸。第四，国民党空军此次派飞机轰炸贺村，无疑是妄图阻挡解放军进军福建，做垂死的挣扎。此次轰炸后不久，就不断传来南平解放、福州解放、厦门解放的消息。秋风扫落叶，国民党败局已定。除了部分人逃往台湾，福建省很快全境解放。

（汪东林，中国作家协会会员，曾任第八届、第九届全国政协委员，全国政协民族宗教委员会办公室副主任、巡视员。）

不能忘却的西山砸石场

赵海彪

20 世纪 50 年代，江山西山有一个规模宏大、盛极一时的砸石场。随着时间的流逝，现在已渐渐地被大家淡忘了，许多人甚至不知道西山有过砸石场。我写此文之目的，是希望今天幸福而愉快地徜徉在风景秀丽、鲜花盛开的西山公园的人们，不仅要更加热爱和珍惜我们美丽的江城西山，更不要忘记在西山的历史上曾有过三个砸石场。这三个砸石场曾经与江城的贫苦百姓患难与共，共同度过艰苦的岁月，为江城百姓走出生活困境做出了重要贡献。

创建西山砸石场，助江城百姓渡过难关

江山解放初期，各行各业都百废待兴。人们虽然在政治上获得了解放，但历史遗留下来的贫穷和落后，仍然困扰着人们的基本生活，江城居民的生活得不到有效保障。在江城百姓遭遇生活困难的危急关头，县政府在西山开设了三个大规模的砸石场，不仅用丰富的西山优质石材支援了国家建设，同时也解决了江城居民的就业难问题。到西山砸石场打石子，是当时江城百姓谋求生活的出路之一。

到西山砸石场打石子，既不需要任何登记和批准，也不需要很多本钱和技术，是人人均可参与的自由工作。全家人只要具备一把较大的铁锤，每人一把小铁锤，一根扁担，一双簸箕，自己到砸石场寻找一块空闲的场地，就可以干活了。1950 年初，我 10 岁，弟弟 6 岁，加上父母，全家四口人都

参加过打石子，以此来救父亲当时生意清淡之急，为家庭解决暂时的经济困难。一直到第二年下半年，人民政府动员适龄儿童去学校上学，有了政府助学金补助，我们兄弟俩开始上学了，才离开砸石场。由此可见，江山在解放初期，党和政府就十分重视对少年儿童的文化教育和对人才的培养。

西山砸石场由三个开采石头的石宕组成。所谓石宕，就是开采石头的地方。第一个石宕叫"大宕"，位于原来的须女泉上方的西山脚下。这是西山最早开采石头的地方，解放前就有人在此开采石头，不过规模很小，开采的石头一般用于民间建房和修路。第二个石宕被人们称为"高宕",位于"大宕"的左上方，在西山的半山腰上。后来由于开采规模不断扩大，这两个石宕几乎连成一体了。第三个石宕叫"茶石底宕"，位于西山茶山底。三个石宕的前面都有一片开阔的砸石场,分别叫"大宕"砸石场、"高宕"砸石场、"茶山底宕"砸石场。三个砸石场统称为西山砸石场。所谓砸石场，就是供人们打石子的地方。三个砸石场的规模大致相同。由于人人均可随时参加或离开，来去自由，每天没有固定人数参加打石子，所以当时无人统计过参加打石子的人数。据我粗略估计，每个砸石场有 500 多人，三个砸石场有近 2000 人打石子。当年，我们全家人在"大宕"和"茶山底宕"砸石场都打过石子，所以，我从小就对西山三个砸石场印象深刻。

我家在城区周男祠堂岗的公路边上，凡是去"大宕"和"高宕"砸石场劳动的人，大多要从我的家门口经过。每天天刚蒙蒙亮，公路上就热闹起来了。去砸石场干活的人，络绎不绝地从我家门口走过。他们大多是县城的居民，也有少部分农民。有男有女，有老有小，甚至还有睡眼惺忪的紧跟在大人后面快步小跑的孩子，也跟随大人一起参加劳动。他们有的挑着簸箕，有的扛着铁锤，还有的手提装着午餐的饭盒或者一毛竹筒饮用茶水，拖儿带女地朝着砸石场匆忙走去。还有一些身强力壮的男子汉，肩上扛着钢钎或风钻，还有的扛着大铁锤，他们是打（钻）炮眼、放炮的开矿工人。最引人注目的是，每天早上八点钟左右，离我们家老远就会听到"叮叮当当"的脚镣声。每当此时，我们就会站到大门口，和路上的行人一样，好奇地驻足观看这些住在城区下市底监狱的劳改犯人。他们排成两列长队，有的挑着担子，有的扛着各种各样的打石头工具，在公安人员的武装押送下，朝着"大宕"砸石场的方向走去。据说戴脚镣的是重刑犯或者曾经逃跑过的犯人。这些劳改犯人平时基本上固定在“大宕”砸石场的一侧场地劳动，并且有公安人员警戒，避免和普通百姓混杂在一起。犯人的午饭是下市底监狱做好后送来的。我和邻居的几个小伙伴，最喜欢看犯人开饭。曾看到一大桶的冬瓜汤，上面漂浮着一些油花，每人一碗冬瓜汤，一大碗米饭，就是他们的午餐。当时，我对这些犯人的印象是，他们都是坏人，被强迫劳动是罪有应得。

高耸宏伟的石宕，呈现出一派生产繁忙的景象

当年有铁路专线通到“大宕”和“高宕”砸石场的西山脚下，还建有铁路货场和月台，将打好的石子用火车运往全国各地铺铁路。“茶山底宕”砸石场离铁路货场较远，建有从铁路货场通往“茶山底宕”砸石场的小型轨道，铁制翻斗车通过轨道，将“茶山底宕”砸石场的石子运往铁路货场。“高宕”砸石场在西山的半山腰上，地势比较高，离铁路货场远，也建有从铁路货场通往“高宕”砸石场的双轨小型轨道。通过安装在“高宕”砸石场的铁制大转盘，利用上下高低的坡度，控制两根牵引钢索，一根钢索牵引往下运石子的翻斗车，另一根钢索牵引往上行驶的空翻斗车。这两辆一上一下的翻斗车，在大转盘的控制下，同时往返行驶，也同时到达山底下的铁路货场和“高宕”砸石场。往上行驶的空翻斗车，有时还顺便带上一个人，这比爬山行走轻松多了。我小时候经常站在西山底下观看这两辆一上一下行驶在半山腰上的翻斗车，觉得很有意思。也羡慕站在空翻斗车上的人，心想如果自己有机会坐上一次多好啊。长大后，我被分配到海军航空兵某飞机场工作，乘坐各型军用运输机和直升机已不足为奇，我已超越了小时候乘翻斗车的梦想。

走进高耸、峻峭而空旷的三个石宕，呈现在眼前的是工人们在巍峨的石壁上打（钻）炮眼。有两人一组的，一人双手紧握着钢钎，另一人挥舞着大铁锤，使出全身的力气，在“哼唷哼唷”声中打炮眼。有的工人将安全绳捆绑在腰间，让整个身体悬吊在石壁上，双脚踩在石壁的凹凸处，双手紧紧地握住剧烈颤抖的风钻，在震耳欲聋的钻声中钻炮眼。站在空旷的石宕中，耳中充满了铁锤与钢钎的撞击声，还有风钻刺耳的钻孔声，以及工人们劳

动的吆喝声。工人们劳动热情高涨，整个石宕就是一个热气腾腾、生产繁忙的工场。

打（钻）好炮眼，在每天的中午和晚上，要各放炮一次。在每次放炮前，要疏散人群，在距离石宕数百米远处，都要设安全警戒线，禁止一切人员通行。被叫停的行人也饶有兴致地等待着这难得一见的放炮。人们一致朝石宕方向举目遥望。几名工人点燃几个炮眼的导火索后，便赶紧往山顶的安全地带奔跑。在高高的石壁上，一个接着一个山崩地裂的爆炸，将炸开的石头抛向空中，紧接着传入耳中的是惊心动魄的爆炸声。此时可看到铺天盖地的大小石头从天而降，大部分石头坠落在石宕中，也有少部分飞向远处，稀稀拉拉地坠落到地面。此时此刻，观望者会自然而然地提高警惕，全神贯注地注意从空中降落的石头是否会砸到自己。有几次，我们看到有石头飞出几百米远，砸在公路上等候通过的人群附近，最远的石头坠落到西山与老火车站之间的稻田里。

为了解决吃饭问题，男女老少齐上阵

打石子的程序复杂且危险。首先开矿工人要在石宕里打（钻）炮眼，然后装填炸药放炮，将石头炸开，炸开的石头有大有小，大的石头有数百千克甚至几吨重，这些大石头必须由开矿工人采用再放炮或用 12 磅重的大铁锤敲打的方式，打成便于搬动的小块石头，以便于打石子人员用簸箕挑到打石子的场地，用小铁锤打成合格（直径 4—5 厘米）的碎石，然后通过量方（1 立方米为 1 方石子）换大米。

当年，三个砸石场的规模都很大，距离砸石场数百米远，就能听到“噼里啪啦”的打石子声音。来到砸石场，看到的是一片热火朝天的劳动场面，数百人有的坐在小板凳上，有的蹲在地上，每人手拿一把小铁锤，在卖力地打石子。还有的挥舞着大铁锤，将更大的石头打成较小块的石头，以便于用小铁锤将其打成碎石。打石子者，有单干的，也有全家人合伙干的。打满一堆石子，可叫搬运工用木板车将石子拉到铁路货场去量方。量方的工具是用木板隔成的一个正方体，长、宽、高各 1 米。搬运工人将石子填满正方体，就是 1 方石子。当年，打成 1 方石子，可换得 6 斤（1 斤为 0.5

千克）大米。当时大米的价格是 9.8 分钱 1 斤。一个正劳力每天可打 1 方石子，也就是说，一个正劳力一天可挣到 6 角钱左右。有的家庭就是靠打石子为生的。我们有个邻居，丈夫因病去世，家中有四个孩子，最大的孩子才六岁，全家五口人，全靠这位母亲打石子为生，经常吃了上顿没有下顿，吃了今天没有明天。这位母亲每天起早贪黑，一年四季风雨无阻地打石子，还常常要等到石子量方后，才有米下锅。有时候确实等不到米下锅了，孩子们饿得哭叫不停，此时也经常会得到好心邻居的帮助。有几次，我们看到她在石子量方后,大米还没有拿到家,离家老远就大声地叫喊她的孩子“赶快点火烧水,米拿回来了”。孩子们闻声后,就急急忙忙地点燃灶膛里的柴火，往锅里加好水，兴高采烈地跑到门外，迎接母亲手里的半布袋大米。在那个年代，贫富差距不大，大家的日子都过得比较拮据。凡是打石子者，经济上都比较困难，为了生活，大家都在不停地干活。夏天冒着炎日，上面晒，地上烤，大汗淋漓，衣衫湿透而不顾。冬天寒风凛冽，天寒地冻在坚持。雨天披着蓑衣或搭个简易的雨篷,风雨无阻不停歇。甚至忍受着饥饿和劳累，都在不停地坚持打石子。因为当时谁都明白，只有劳动，才有饭吃。

为了抓紧时间多干活，不少人中午就不回家做饭了。午餐时将早上带来的冰凉饭菜,狼吞虎咽地吃完了又接着干。当时的人吃饭很简单,不求吃好,只要能填饱肚子，就心满意足了。为了备足第二天打石子的石料，当天晚上放炮后，大家都会蜂拥而至地去石宕捡石头，然后将捡来的石头挑回到打石子的场地，准备第二天打石子用。等备足石料，回家时天早已黑了。

为了确保生产安全，祭祀“山神”保平安

天天与石头打交道，辛苦不用说，而且还危险。那个年代的人，每天都在艰苦的环境中生活，而不觉得艰苦，因为大家都同样过着贫穷的日子，艰苦已成习惯了。人们在危险的环境中干活，也不会感到太危险，因为大家都在为生活而奋斗，冒点险也成自然了。一般碰碰撞撞，擦破点皮肉，受点小伤是常事。严重的是每年总要发生几起人命关天的伤亡事故。我亲眼看见的一次亡人事故，让我刻骨铭心，至今一想起来就毛骨悚然。那是在一天的傍晚，天色已渐暗，在大宕放炮后，大家正在月光下，争先恐后地

忙着捡石头。突然有一块数千斤重的大石头，从石崖上掉下来，正好砸中一位正在低头捡石头的年轻小伙子身上，将整个人都压在大石头下面。在场的人们一个个被吓得目瞪口呆，不知所措。当时开矿工人都下班回家了，也没有什么通信工具联系，不知道遇难者是谁，旁人根本无力抢救，大家只好匆忙地提前收工，各自回家去了。直到第二天上午，有关负责人发现后，才组织了几十个人，用一根粗绳子把大石头捆绑起来，几十个人分成两组，一起使劲地拉绳子两端，才将大石头搬开，露出了被压成“肉饼”的尸体。人们目睹如此惨状，无不感到凄惨。后来才听说，死者是江山县城一个店主的儿子。另一次，有一天中午，我看到几位工人正在高宕放炮，当他们点完几个炮眼的导火索后，便分头往山顶上奔跑，还没等大家跑到山顶，有一个炮眼就炸响了。此时，有一块石头直往山顶上飞去，正好砸中跑在最前面的工人身上，该工人当场被击倒丧命。待尸体入棺两天后，远在乡下的亲人才接到死讯，匆匆赶到现场开棺，与死去的亲人见上最后一面。当时正值盛夏，尸体已开始腐烂，阴阳相隔，亲人撕心裂肺的恸哭场面，让在场的人无不感到凄切和悲伤。

随着石宕开采规模的不断扩大，伤亡事故无法杜绝。当时的石宕负责人，因局限于科学文化水平，误认为发生事故是得罪了“山神”。为了确保生产安全，减少伤亡事故的发生，每年都要杀猪宰鸡，烧香拜佛，祭祀“山神”,以此来寻求“山神”宽宥保平安。但“山神”仍然我行我素,无动于衷，事故还是时有发生。而人们为了生活，还是在艰苦而危险的环境中打石子。

尾声

我离开西山砸石场已有 70 年了，西山的三个石宕和砸石场早已“人走场空”。随着江城的发展和扩建，当时运载石子的铁路专线也早已不存在了。我在西山砸石场打石子虽然只有一年多时间，但在我的人生中却留下了不可磨灭的记忆。人的一生中，会遇到各种各样的经历，有平坦也有坎坷，有顺利也有挫折，有快乐也有烦恼，有幸福也有痛苦……在磨炼中，人们获得聪明才智，得到成长和发展。无论在学生时代，还是在我参军以后回家探亲，我都会观望三个石宕有何变迁。人生易老，叶落归根，当我重新回到生我养我的故土——江山时，我更加怀念西山的三个石宕和砸石场。如今只看到西山的三个石宕轮廓依旧，但容貌已不如以前那么雄伟和清晰了。由于石宕顶上的泥土往下塌方，大部分石壁已被泥土掩埋，除了可看到尚未开采完的部分石头以外，其他部分和三个砸石场都已绿树成荫，原来的模样已不复存在了。但当年西山的三个石宕和砸石场的原貌，仍然深深地铭刻在我的脑海中，将伴随我一生。

（赵海彪，荣立三等军功，曾任中共江山市纪委副书记、江山市监察局局长。）

知青生活拾零

祝瑜英

知青生涯已过去半个多世纪了，所有美好或不美好的记忆都被岁月潮流冲刷消融，如今只能林林总总收拾起一些碎片。

水莲娘

1964 年 7 月，我初中毕业，正赶上江山县首批知识青年上山下乡的浪潮。是升学上高中，还是下乡务农？我经过学校教育，早已“一颗红心，两种准备”了。同年 10 月，因家庭出身问题失学的我和另外 29 个同居委会的知青，被敲锣打鼓送到峡口区王村公社王村大队（现峡口镇王村村）插队落户。我在王村务农三年多，后来辗转多地当民办教师，直到知识青年按政策全部返城的 1978 年，户粮关系才迁回江山城里。我在王村整整度过十五个年头的“青春岁月”，这段知青生涯是我人生社会化过程的重要阶段。那些人，那些事，与我本身生活的酸甜苦辣糅在一起，成了助我生长的营养。如今，50 多年过去了，那些“叔们”“娘们”多数已经凋零，但是，他们的形象却仍历历在目。

当时，我和郑群仙、毛凤芝三个女孩一起在王村大队后徐自然村第十五生产队落户。队里安置我们住在一所老屋里，听说是从当地有名的地主后徐老虎家没收来的房子。高高的大门是大石条门框，进门有一个天井，正对天井的是一个小厅间，天井左边是下厅堂，穿过厅堂是和徐家单面五架老屋相连接的翼屋。天井右边是上厅堂，两边各一个用木板隔得很规整的大房间，我们就住在靠大门的那一间。房间里铺了三张木板床，南边木栅栏的窗户下摆着一张八仙桌和三张长条凳。我们的房门最初是朝厅堂开的，后来住对面房间的老太太去世了，棺材就搁在我们房门口，吓得我们改门换道，把门开在了西南角。一出房门，右边就是队里为我们砌的柴火灶，左边就是大门。

一开始，我们在队长宗金叔家搭伙，天天吃现成饭，生活还较顺利。后来自己生火做饭，事情就复杂了。三个初出校门的姑娘，平时靠父母过日子，什么生活经验都没有。砍柴担水，碾米种菜，样样艰难。烧饭没引火柴，下米不知放多少水，都要求助于乡亲们。有时手忙脚乱，禁不住大呼小叫着请人帮忙。在屋里，叫得最多的是水莲娘和徐家老屋里的江有娘。

水莲娘就住在同屋的下堂，一家人挤在一个大间里，简陋的穿堂厅是餐厅，厨房和猪栏都设在翼屋里。厅堂和房间是租来的，翼屋是土改时分给她家的。水莲娘好像娘家没什么人，从小在后徐老虎家当丫头。她高高瘦瘦的，常穿一身灰扑扑的蓝布衫，由于常扎围裙，胸襟以下显得新一些。裤脚总要卷起一截，有时一边高一边低的。她才四十岁出头，可是“燥毛燥翼”（形容头发干枯），除了一双大眼睛较有灵气，脸上高高的颧骨，布着不少皱纹，一头干干的黄头发常夹在耳后，过去东家戏称她“红毛谷”。水莲娘虽然丫头出身，却不俗气，为人处事从容实在。每当我们生活上碰到难处呼喊时，她都会放下手中的活，大声问：“怎么啦？怎么啦？”一边急步过来帮一把。有一次，我们三个边烧饭择菜边抱怨没好菜吃。原来，队里给我们分了一块很好的菜地，我们三人都怕麻烦，只种无须经常浇水打理的芋头和毛豆，所以有段时间天天吃芋头，都吃腻了。毛凤芝反应最大，委屈地抱怨说：“天天都是糊（芋），糊，糊，都快把我糊死啦！”说到最后拖着哭腔。水莲娘正好也在天井边择菜，同情地说：“莫难过，莫难过，我这儿有南瓜，给你们换换口味。”边说边起身到厨房拎出半个南瓜，放在我们灶头。转身自言自语地说：“乡下哪有城里便当啊，真可怜。”

水莲娘的丈夫姓王，不知大名叫什么，所有人都叫他“窟仙倪”（小猴子），我们叫他“窟仙倪叔”。他是个老实人，相貌不俗，但耳聋体弱，常年腰痛，缺少劳动力。据说，他也是从小就在后徐老虎家长年干杂活的。也许他们青梅竹马惺惺相惜吧。他们六口之家，经济窘迫，却和睦安稳。水莲娘说：“无用的猫吓吓鼠，无用的丈夫作作主。”家里家外的事都要和丈夫商量，然后事无大小她一肩担着。“窟仙倪叔”有的时候还和她“抬杠”发火，她口头上和丈夫大声争辩，心里面一点不动气。争完了，骂一声“你样死男格东西（你个死东西）！”如果正巧我们在旁边“观战”，她还会冲我们笑着说：“你们看看，这男子死相不！”那双大眼睛里却没有一丝乌云。说完，转身里里外外忙活去了。比起那些“一哭二闹三上吊”、老想征服丈夫的妇女，水莲娘真是个可爱的贤妻良母！

她不仅家里粗细活全控，赚工分也毫不含糊，队里的活一天也不落下。活干得怎么样我不清楚，因我们不在同一个生产队，我只看她对田里的活很上心，碰到下雨天或者对当天做什么工种不清楚时，她早早就差遣儿子去队长家打听。有一天下雨，她打发三儿子合海去探问。合海七八岁，是个“大舌男”（严重口吃）。他接到指令，箭一样冲出门去，跑到队长家，“我，我我……”想问出工的事，却问不出来。队长习惯了，说：“是不是问出工的事？今天全队剥玉米。”合海点点头，返身往家跑，回到家仰头看着他妈，张嘴“剥、剥、剥……”剥了半天没“剥”出来，急得用手比画。水莲娘看懂了，说：“叫剥玉米，是不是？”合海右脚使劲一蹬，终于蹦出来一个“是”字，笑得我们三人赖在地上起不来。水莲娘也笑了，爱怜地骂了一句“你格死男（你个死人）”，边说边扎围裙，出门剥玉米去了。

有天中午，我歇工回屋，水莲娘还没回来，她那一岁左右的小儿子合金坐在天井沿头的“席车”（竹制小儿座椅）上，歪着头睡着了，眼泪鼻涕糊了一脸，一条狗在他屁股后面转悠。我过去一看，原来他拉了大便，还好有车横档隔着，否则狗会舔他的小屁股。这时，我又发现他的左手上臂有个烂疮口，又红又肿还在流脓，心痛得我直叫天。我正不知如何是好呢，水莲娘回来了。我大声说：“水莲娘，合金手臂烂成这样，你怎么不带去看医生？”她说：“我也正操心呢，就是这几天没，没工夫……”我责怪说：“你真煞心（狠心）！”还想讲几句重话发泄心中的不满情绪，但看她大眼睛里乌云密布，就要下雨的样子，我忽然明白：她不是没工夫，是没钱啊！我默然了，同时也知道我该怎么做了。

那些日子里，水莲娘还创造了一个奇迹，让我刻骨铭心，佩服至今。那是她第五个孩子待产时。一天早上，我出工前，看见她挺着个大肚子在喂猪，待我中午歇工回来，见她站在桌子边上择菜，衣襟下空荡荡的，只是头上扎了一圈布条。我惊愕地大叫起来："水莲娘，你的肚子怎么没了？怎么回事？"她平平淡淡地说："孩子生下来了，是个女的。"说完脸带喜色地洗菜去了。四个儿子了，生个女儿，儿女双全了，当然该高兴。可是她不要命了？从小听人说，女人生孩子好比到鬼门关转一回，"一只脚棺材里，一只脚棺材外"，伤筋动骨，不死也要脱层皮。所以，生完孩子应该"坐月子"，被人服侍着，休息调养一个月，否则后患无穷。水莲娘倒好，生完孩子就下床劳作，半天也没休息。没人服侍她，也没什么东西补充营养，除了没下田，家里粗细活她全干了。她简直成精啦！

那年水莲娘四十二三岁。她后来又生了个女儿，不过我已没长住王村了。我猜，她"坐月子"的方式肯定是如法炮制的。相比于现在的生养方式，水莲娘如此大逆不道地"做产"，老来肯定是身心俱伤、病痛不绝的。可是，以后三十来年，水莲娘却活得好好的。每次见到她，她都在手脚不停地干活，直到 73 岁那年安详辞世。那时，她六个儿女，个个成家立业，她已是子孙满堂的好命人啦！

水莲娘似乎没有常来常往的亲戚，也没有说长道短"长戚戚"的女朋友。我们和她是忘年的"君子之交"，有事需帮忙时尽力而为，事后也不需言谢，相处自然平淡。30 多年了，水莲娘的背影渐行渐远，可是，当我遇到相应场景时就会想起她。我很后悔，她健在时没有和她好好交流过。也许晚年的她，虽然外表看起来好好地活着，还不停地干活，其实是浑身病痛忍着不说吧。她虽然活到古稀之年，但身体比她差很多的"窟仙倪叔"却活到 85 岁，如果水莲娘不吃那么多苦，不至于只有 73 岁的寿命吧？当然，生命是立体的，哪能只比长度呢？她那么会包容，她的生命是厚重的。她厚重的生命承载了一个家，承载了六个儿女的希望，也承载了她的社会责任和朴实无华的爱！她永远也不会知道，在我心里，不识字的她是个好老师。她那平凡的生活作为，让少不更事的我悟到一些做人的道理，学到一些日后可以参考的为人模式。其中让我感悟最深的一点是："女人当自立。"从她身上我发现人的潜在能力是巨大的，不管身体承受能力还是心理承受能力，根据你气量的大小，都有很大的可塑性。所以身为女性不必自卑，无须恐惧，也不应矫情。无论你生活在哪种文化层面上，只要像水莲娘那样踏踏实实地做事、尽己所能地为他人付出、一门心思地过好当下的日子，那么，简简单单的幸福就在前边，实实在在的愿望定能实现。

砍柴

江山峡口王村公社王村大队1964年共接收30个下乡插队落户的知青，都是城关镇达道街居民的子女，大多是刚出校门、没有生活经验的小青年。都说“民以食为天，吃饭第一”，当时国家制定知青下放政策时也考虑到城里青年突然离开父母到农村自立门户不容易，所以给插队知青一年的粮食供应指标和生活补助费。可是，“柴米盐油酱醋茶”开门七件事，光有了米还不行。所以，我和郑群仙、毛凤芝三人开始半年被照顾在本队队长徐宗金家搭伙。宗金叔和妻子彩友娘待我们不错，我们每天出工回来吃现成饭，说说笑笑无忧无虑。后来队里在我们房间外砌了个土灶，三人得自己做饭了，从此柴米油盐酱醋茶得自己划算了。记得当时白手起家，要什么没什么，但我们三人还比较能吃苦，缺了什么到家里拿一点，乡亲们帮一点，没菜吃，就菜油拌饭；没油了，就大蒜盐当菜。最发愁的一件事就是：没柴烧！

王村是个大盆地，一眼望去是大片大片的稻田，周边只有长着稀稀拉拉小松树的黄土岗。土岗和田埂上连茅草都被剃光了，要到几千米路以外才有茅柴，二十千米以外才有硬杆柴。茅柴不经烧，一般都要到大山里去“拾”干柴。

第一次砍柴是村里几个年轻伙伴陪我们三人一起去的。我戴一顶竹笠，扎条小围裙，穿着草鞋，带了一盒油炒腌菜饭，和农友们说说笑笑，有时还唱唱，走了十几千米才到嵩峰山下一处叫大柴坑的深山里。当时我刚过16岁，根本不懂愁滋味，觉得深山里枯藤老树、泉水叮咚、山花烂漫，景色太美啦！心里乐滋滋的，恨不得冲上山顶，高歌一曲：“马儿啊！你慢些走，慢些走，我要把这迷人的景色看个够……”只奈时间不允许。兴冲冲挤进树林，在同伴指导下边哼着小曲边拾柴。渐渐地，觉得拾柴并不容易，枯枝“三家连四柱”盘根错节，砍了这根没那根。加上下刀乏力，又不得法，不一会右手掌虎口就起了泡，双手臂已有好几处被荆棘划破的血痕。好不容易砍断一枝，要拖出荆棘丛生的密林也很困难。特别是听到同伴警告小心毒蛇之后，更是提心吊胆。原来哼着“远方的大雁，请你快快飞”，不知不觉间哼成了“远方的小蛇，请你莫过来，莫过来”。同伴说万一看到五步蛇昂着脖子向你吐信子，不要怕，只要把柴刀往上高高抛起，蛇看到飞刀比它高，便会服气地溜走。虽然这么说了，心里还是战战兢兢的。直到午后，同伴捆绑好自己的柴担来帮忙时，我还没砍够一担，很是惭愧。捆柴成担，这是技术活，我们三个都由男青年代劳。看着扎好的柴担还不到同伴的一半那么多，像一对小枕头，我心有不甘，又捡几枝柴棒想塞进去。同伴说：“远路无轻担，这些柴能挑回去就不错了。”无奈，只好作罢。就着山泉吃完油炒饭，我们就前呼后应地打道回府了。真被同伴说中了，才走了三四千米路，我就觉得肩上沉得像挑着两座山，走几步就想歇一歇。因怕掉队，不敢多歇，只能不停地换肩。右肩挑没几步换到左肩，左肩路更短，没两步又转回右肩。转来转去肩头磨得又肿又痛，还磨破了皮，汗水一渍，痛得我龇牙咧嘴，步履踉踉跄跄。不久，脚又被草鞋磨破了，每迈一步都钻心地痛。就这样疼痛上下夹攻，可谓狼狈不堪！

当我们要穿越公路，走向广渡村时，正好开来一辆大巴车，车上有旅客发现我们几个挑柴的怂样子，大呼小叫起来：“喏喏喏，下放人员挑柴，滑稽不？”“挑了两个枕头倪（小枕头），像做戏一样。”“前世作孽了，罪过罪过！”车子一溜烟跑远了，卷起的沙土和着身心的痛苦、委屈一起袭来，只觉得肩上的担子更沉了。好不容易走过王家桥头，太阳落山了，离家已近，不怕掉队了。精神一松，更觉得痛、累、渴交加，实在挑不动了。看见大路旁有条小溪，扔下担子，一屁股坐下，将胀痛的双脚浸到清凉的溪水中，好爽！索性坐着不想动了。同伴着急地劝我们赶快起身，此时双脚浸不得冷水，湿气上身会生病的！又说：“歇一歇，去一截；停一停，慢一程。”催我们坚持赶路，争取天黑以前回到家。后来怎么回到家的？群仙和凤芝两个怎么样？都记不得了。好像农友帮我们接应了几肩才到家。

第二天，劳累“反生”，全身酸痛，小腿肚碰都碰不得，出不了工了。从此，我们讲起砍柴就发怵。有一年“双抢”（抢收抢种双季稻）前，村民都三三两两去砍柴备战了，我想我们三人应商量一下，是不是也去砍点柴？我对凤芝说：“就要双抢了，我们没柴怎么办？”她说：“我也不知道怎么办。”问群仙，她说：“没柴烧俺烧 kāo（方言脚的意思）！”我知道她们都怕了砍柴了。怕归怕，饭还是要吃的，所以砍柴的苦我们还是吃了好多次。

当然砍柴的日子给我留下的不只是苦，还有不少珍贵的人生体验和美好的情愫。忘不了那深山老林的自然美景，尤其是那澄清可爱、洗去我的汗污、带着我的遐想奔向远方的山间小溪；忘不了大山里招待过我们的老大娘、小媳妇的淳朴笑靥和悠悠的石香薷茶香、南瓜子香；忘不了那沉重的担子和多重痛苦压榨下的心境，以及这种心境萌生出来的对劳动者的敬畏和同情；更忘不了陪伴我砍柴的那些农友，他们是徐君寰、徐君密、徐宗根、徐光辉、徐龙喜、郑松祥等。他们中有的已经作古，有的至今还是我的莫逆之交。还忘不了曾经有过的一缕羡慕之情，羡慕在公社、供销社工作的青年，他们不用砍柴，“脚踏车浪浪，钢精锅打饭”，日子过得多么惬意！

时过境迁，如今都用电、用天燃气了，谁都不用再去砍柴了。有时“啪”的一声打开燃气炉，我心里会升起一缕感恩之念，不只是感恩燃气的便捷，也不只是感恩科技进步和社会发展带来的惬意人生，还深深地感恩命运给了我那一段砍柴的生活，让我从一个侧面真切地体验了人生的苦与乐，助长了我感恩的意识和感恩的能力。

（祝瑜英，衢州市人民政府咨询委副主任，曾任江山市副市长、衢州市政协副主席。）

知青岁月的苦辣酸甜

王月芝口述　姜荣珍整理

1964年10月，为响应毛主席“农村是一个广阔的天地，在那里是可以大有作为的”，知识青年“下乡上山去参加生产，参加社会主义建设的伟大事业”的号召，城关镇召开全镇待业青年上山下乡动员大会，动员组织第一批江山籍知识青年上山下乡，要求大家自愿报名。因家庭成分不好，当时待业在家，我当即在动员大会上表了决心，自愿报名下乡插队当农民。

10月中旬，我成为江山县第一批200多名下乡插队知青之一，被分配到峡口区王村公社，和邻居郑水萍一起被安插到王村大队第六小队。下田种地，上山砍柴，其间又打过零工、当过代课老师，一直到1978年12月才上调回城参加工作。

下乡插队是我当时唯一可走的路，我积极参加田间劳动，努力完成上级安排的各项任务，一来想通过劳动养活自己，二来我属于当时“可教育好子女”，我相信党的政策是英明的，不能自暴自弃，要努力上进。但是，下乡插队，对我这个刚刚走出校门的城镇姑娘来说，是180度的生活大转弯，每天参加生产队繁重的田间劳动，还要自己负责一日三餐的柴米油盐，我生活和思想的压力非常大，尝尽了苦辣酸甜的滋味。

艰苦繁重的生产劳动

王村公社地势平坦，农田旱地很多，是个产粮区，生产队每天都有干不完的活。我分到第六生产队不久，因为手脚勤快，写字工整清楚，被推选为生产队记工员、经济保管员。记工员，顾名思义就是每天为社员出工记工分。平时还好，男社员出一天工记十分，女社员出一天工记五分，碰到双抢时节可麻烦了，工种繁杂，割稻、打稻谷、耕田、插秧、拔秧，按劳动记分，多劳多得。一天繁重的劳动后，我要把全队各个社员的工分算好、记好，常常要到深夜11点多钟，又困又累，却不能有丝毫差错。

双抢时节烈日当头，酷暑难耐，我们知青和当地社员一样，从早忙到晚，晚上回来，还要自己生火做饭烧水，十分劳累。

因抢收抢种，我们每天天刚蒙蒙亮就出发，一直要干到天漆黑才收工，男社员割稻、耕田、插秧，女社员拔秧、耘田。秧田里灌满了水，太阳一晒水都发烫，我们女社员头戴笠帽，弯着腰从早到晚在秧田里拔秧，头上是赤日炎炎，脚下是发烫的水田，身上的衣服湿了又干、干了又湿，腰累得像断了似的不听使唤，蚊子成群，蚂蟥咬腿是家常便饭，真正体会到“谁知盘中餐，粒粒皆辛苦”的滋味。就这样早出晚归、一天不落，我们和当地社员一样干了两个月，直到双抢结束。

双抢期间，我们还要自己生火做饭烧菜。我记得为了不歇工，我们知青没时间去峡口买供应粮油，吃了十多天一滴油也没有的菜。在那种高强度的劳动后，没有油吃，让人感觉心窝燥热，体力难以恢复。以至于回城后这么多年，我炒菜总是要多放油，可能是想弥补以前炒菜没有油的不足吧！

生产队总有干不完的农活。记得有年冬天，下着雨夹雪，队里安排我们去山上旱田挖稻根（把留在田里的稻根挖出来埋到土里，能加速稻根腐烂）。我和队里一行人冒着雨夹雪出发，翻过小山坡来到田边，大家脱下鞋子、挽起裤脚，赤脚踩进冰冷的水田，一阵钻心的刺疼马上弥漫开来，刺骨的冰水一下就把双脚冻麻木了，简直迈不了步，整个人都给冻僵了，但是没办法，只能坚持。一些老社员实在冷得受不了，就到田边拿来整把稻草，点燃后火还没烧完，便迫不及待地把双脚踩进余火里取暖，说感觉暖和了许多。老社员们怂恿我和水萍也来试试，可是看到那红艳艳的火苗，胆小的我就是不敢把双脚踩进火堆里，冷得感觉时间都停滞了。

贫穷困苦的农村生活

我们知青插队，和当地社员一样是记工分吃饭的。男社员出工一天记十工分，女社员记五工分，到年底每十工分分红 0.3 元。我记得当年食盐每斤（0.5 千克）0.16 元，女社员出一天工还不够买一斤盐，可想而知，农民的生活是十分贫苦的。幸好最初我们有下乡知青国家补贴和生活补助费，还有定量粮油供应，才能勉强维持生活。

起初，我们这批插队知青住宿、吃饭都被安排在社员家，真正做到了和贫下中农同吃同住同劳动。最初，我被安排在贫农元金叔家搭伙。元金叔夫妻有两个女儿、一个儿子，3 个孩子都有轻微残疾，家里非常穷。记得第一次去他家吃饭，一走进家门，堂屋中间摆着一张黑乎乎的饭桌，紧挨饭桌的，左边是牛栏,右边是猪栏,都发出阵阵怪味,两头黑猪发出低沉的“呜呜”声，我胃里一阵翻江倒海，哪里还吃得下饭？几次三番后，所谓“入鲍鱼之肆，久而不闻其臭”，慢慢习惯了这样的环境，在繁重的劳动后，我也能就着猪栏臭味来吃饭。王村人还有个习惯，每逢杀猪，一定要在猪栏上挂一刀洒了猪血的草纸，可能是祈求上天保佑六畜兴旺吧。一天收工后去吃饭，恰逢元金叔家杀猪，元金叔端来一碗瘦肉，说：“你这娜妮（女孩）不吃肥肉，这瘦肉是给你留的。”我接过这碗香喷喷的瘦肉，非常感动，感谢他们一家这么关心我、惦记我，但看到饭桌边猪栏上挂着的带血草纸，我的胃又翻腾起来，让我左右为难。

王村大队没有高山,居家做饭所用柴火只能到远处保安乡的大山里砍伐。插队不到半年，我们知青就开始自己烧饭，也只能自己砍柴。上山砍柴是件大事，插队知青一般都和当地社员约好，结队去保安深山砍柴。大山深处山路崎岖，山崖很高，砍好的柴捆好后从山涧水沟推下山去，然后人沿着布满树杈杂草的小路攀爬下山，找到自己的木柴后，挑回王村。上下数十千米山路，又砍又捆又挑，对我们知青真的是一大考验，非常辛苦，非常劳累。

记得有一次，我们把咸菜炒饭带去当午餐，上山时随手放在草丛中，中午吃饭时，才发现饭里爬满了蚂蚁。我心想，把饭摊开让太阳晒一晒蚂蚁会逃走，谁知道太阳一晒，蚂蚁反而全部钻进饭里。我们可不敢吃蚂蚁饭，只好忍痛丢掉饭包，饿着肚子挑着一担柴回家。

因为天天打赤脚，有时到山上旱田劳动也是赤脚走山路，路上的小石子把双脚磨出了一层厚厚的老茧。记得有天中午收工回家烧饭，无意中我看了一下脚底，怎么双脚后跟老茧没有了，只露出一层红红的嫩肉，也没有痛感。我问了同屋的水萍，她也和我一样。天哪！这是怎么回事？可能是因为年轻加上劳累，睡得沉，脚后跟老茧被老鼠啃光了也毫无知觉，这老鼠也厉害，啃到刚好不出血。

艰苦迷茫中的温暖和鼓舞

下乡插队后，我克服了重重困难，希望靠劳动养活自己。我相信：出身不能选择，但道路可以自己选择。我白天参加生产队劳动，担任了生产队的记工员和经济保管员；晚上去大队部教贫下中农唱革命歌曲，还担任民校教师，教贫下中农识字扫盲。我相信党的政策是英明的，我要努力上进。

我上学期间学习成绩很好，插队到王村，就被选为民校教师，晚上去大队部开扫盲班，教贫下中农识字。那时农村识字的人很少，扫盲任务很重，教年纪大的人识字，难上加难。我就教社员从写自己的姓名学起，从各种牲畜、作物、农活、农具、土地的名称学起，带领社员学习标语口号，手把手地教社员们写字。我的耐心和努力得到了社员们的认可，我们大队的扫盲率排在公社前茅。由于工作努力，我被公社评为“先进民校教师”，但峡口区开表彰大会时，却没有通知我参加，安排别人代替我上台领奖，理由是：你的成分不好，不能参加表彰会。

这个成分烙印在当时就是个紧箍咒，区里的表彰会没有资格参加，其他的好事诸如升学、招工就更加轮不到自己，回城遥遥无期……生活的艰辛，精神的压力，无处诉说。我常常半夜坐在村里的小河边默默流泪，真的不知出路在何方。

当时，王村大队知青的档案，被大队书记放在他家的大衣柜抽屉里，他上小学的儿子无意中翻看后，“王月芝是地主和资本家的囡（女儿）”这个身份被他和几个孩子知晓了，我非常伤心。大队书记知道后，狠狠叱骂了他儿子和那几个小孩，叮嘱他们不准外传，又安慰我，让我不要过分担心。

生产队的社员对我们插队知青都很关心。一开始在社员家搭伙，他们拿出常年存放的腊肉、鱼干、豇豆干等，尽量给我们烧好吃的，遇到杀猪就专门给我们留好猪肉。后来知青自己做饭，社员们经常给我们送菜，教我们在自留地种菜。在劳动中，更是手把手地教我们插秧、耕田、割稻、打稻等农活。记得王村大队原任贫协主席、后任大队书记的王松科同志，关心知青生活，我们刚开始不会烧柴火灶，他接连几天上门教我们生火，教我们如何烧火灶火旺又不费柴，在劳动生活中处处教导关心我们，让我们感受到贫下中农对知青的关心爱护。

在这艰苦迷茫的日子里，“入团”给了我极大的鼓舞。我在农村一直表现很好，有上进心，受到了大家的好评。当时的团县委书记黄荣和知青办主任查国康几次遇见我，都鼓励我争取早日加入共青团。要知道在当时的社会环境下，像我这种家庭出身的人入团是件异常困难的事。本来能入团是件令人高兴的事，但想到要在大庭广众下（全大队团员大会上）宣读自己的家庭成分，介绍自己家庭成员的情况，想到“地主兼工商业”成分和父亲伪镇长的简历，团员大会上我会怎样的难堪啊！我感到十分苦恼和矛盾。返城回家时，和父亲说起了这件事。父亲对我说：“家庭出身不能选择，你必须面对现实，家庭出身和‘镇长’是历史问题，你要勇于面对，走好自己的路。”在大家的鼓励下，我鼓起勇气递交了入团申请书。1966年，在王村大队团员大会上，我的入团申请高票通过，我光荣地加入了中国共青团。入团这件事，给了我极大的鼓舞，更给了我继续积极上进的勇气。

1966年春节刚过，县领导为提高下乡青年政治文化水平和整体素质，由团县委和知青办组织全县下乡青年集中在刚开工修建的英岸水库，成立了下乡青年学习班。全体下乡知青白天参加劳动，晚上集中学习。我和毛立平等五位知青组成学习委员会，负责组织全体知青的学习。

1966年2月7日，《人民日报》发表长篇通讯《县委书记的好榜样——焦裕禄》和社论《向毛泽东同志的好学生——焦裕禄同志学习》。随后，各级各部门先后发出“向焦裕禄同志学习”的通知，全国掀起了向焦裕禄同志学习的热潮。作为知青的我们也不落后，在团县委和知青办的组织带领下，我们立即组织学习了《人民日报》长篇通讯和社论。学习班上，我朗读了长篇通讯和社论。作为县委书记，焦裕禄同志秉承全心全意为人民服务的宗旨，吃苦在前，享乐在后，心里装着群众，唯独没有自己；他实事求是，脚踏实地，艰苦奋斗，不向困难低头，不断开拓进取；他清正廉洁，无私奉献，为人民利益鞠躬尽瘁，死而后已。他的品格和精神感动了广大知青，也深深地打动了我，好多章节我都是流着眼泪读完的。

会后，学习班中掀起了学习焦裕禄精神的热潮。焦裕禄精神激励着我战胜生活中的困苦，走出迷茫苦闷的境地，成为我日后劳动和上调回城后工作生活的榜样。时至今日，焦裕禄精神已成为亿万人民心中一座永不磨灭的丰碑，鼓舞人们为社会主义建设奉献更多更大的力量。

坎坷艰辛是成功的奠基石

1978 年 12 月，那是让我一辈子都难以忘却的冬天，这个寒冷的冬天在我的人生路上却温暖如春。在邓小平同志的关心指示下，我们插队知青终于可以回城了！在返城大潮中，下乡插队整整 14 年的我，上调回城，被分配到商业系统工作。

当时江山县商业局为了安排部分下放知青和待业青年就业，筹建了新风被服厂，我被安排做了会计工作。当时国家还是计划经济，部分商品还需要凭票供应，新风被服厂的主要任务是承接百货公司凭布票购买的纱布蚊帐和劳动布工作服的加工任务，初步解决了部分待业青年的吃饭问题。几年后，随着计划经济的取消，企业逐步走向市场，自找出路。为此新风被服厂改名市劳保用品厂，我被任命为厂长。

说是工厂，其实一无所有，厂房是商业局所属的一座旧祠堂改建的，除了商业局出资购买的一批缝纫机，厂里真是一穷二白。

被任命为厂长后，我一抓生产，二搞建设，跑业务、跑资金、跑贷款，把这个一穷二白的小厂逐步完善起来。我和员工们一起加班加点，一起卸货送货，从不怕苦怕累。通过我们自力更生，艰苦创业，20 世纪 80 年代初，我厂在最繁华的解放路兴建了一座五层楼的厂房，改变了我厂的整体面貌，也改善了职工的生产经营环境。几年后，我们还清了建厂房的所有借款，在生产加工服装的基础上，又逐步增加了加工、经营劳保用品，同时又办起了服装鞋帽公司和销售门店，做到了有生产、有经营、有批发、有零售，规模和资产逐步扩大。20 世纪 90 年代，为响应和配合市政府创建文明城市的目标，经多方努力，我们创办了江山市首家饭店餐厅餐具消毒站。

我的努力付出，得到了党组织的肯定，我因此获得了很多荣誉：1990 年被评为江山市优秀共产党员，并被推选为江山市第八届党代表、江山市第十一届人民代表；1990 年和 1993 年两次被评为“浙江省商业劳动模范”。面对成绩和荣誉，我唯有带着感恩的心，感恩共产党，感恩社会，感恩改革开放后这个伟大的时代。

坎坷艰辛的知青岁月，磨炼了我不怕困难艰险的意志，培养了我热爱生活的思想品质，成就了我回城后的事业成功。退休后，在社区党委的领导下，我积极参加党组织的各项活动，被评为优秀党员、“党员联户之星”，现担任社区退休党支部书记，继续发挥余热，坚持为社区居民服务。回首过往，人生不易，马上就要“80 后”的我，更加珍惜今天的幸福生活。

（王月芝，浙江省商业劳动模范，曾任江山市劳保用品厂厂长。）

一份知青油印小报

蔡恭

农村是一个广阔的天地，在那里是可以大有作为的。

知识青年到农村去，接受贫下中农再教育，很有必要。

当我提起笔，构思这篇文章的时候，我仿佛又回到了那难忘的岁月，就自然地写下这两段几乎影响了我们一生的毛主席语录（又称“最高指示”）。在那“万岁不离口，语录不离手”的年代，一切文章都是以“语录”开头的。

“大有作为”与“接受再教育”，显然是两个不同的概念。前者或许是一种祝愿，一种鼓励。后者，作为“最高指示”，就是谁也不可违背的命令了。

1964 年 10 月 19 日上午，戴着大红花，兴奋、激动又无奈的我们，参加完在解放剧院举行的欢送会之后，在鼓乐声中，被夹道的人群送上汽车，缓缓地离开县城，去了“广阔天地”。

当时的农村，一个壮劳动力，一天干十来个小时，记 10 工分，报酬仅仅几角钱。当公家发给我们的半年生活费花完，知青点里的小食堂就难以为继了。我们就各自自起炉灶，到生产队自攒工分，自食其力了。那时，农村的分配制度叫“劳动抢粮”，即以工分分配粮食。我们全是二十来岁的青年，经过一段时间的锻炼，体力并不太弱。不少人（包括笔者）能够到 20 里（10 千米）外的高山上，挑回一担 150 斤（75 千克）左右的柴火。但耕作经验、生产技巧之类，显然是不行的。况且，仅仅凭这点能耐，要从当地农民的嘴里去“抢”本并不充足的口粮，就显得十分不自量力了。就笔者而言，所“抢”得的粮食，是不足以本人果腹的。

当时的江山县知识青年上山下乡办公室副主任查国康（正主任由县委常

委、组织部部长赵善修兼任），正三十来岁，也是朝气蓬勃的青年，与我们很谈得来，而且也很清楚我们的处境。他不懈地努力，争取到了一次长达数个月的集体打工机会（当时没处去，也不许外出打工）——本县修筑英岸水库（水轮泵站）。这使刚刚走出校园的我们，又恢复了无忧无虑、又说又笑、又唱又跳的集体生活。

查主任是个文学爱好者，写得一手好文章。为了活跃气氛，便于宣传教育，他决定创办一份油印小报，还起了几个响亮的报名，最后赵善修部长一锤定音：反映劳动的，就叫《劳动情况》好了。

《劳动情况》为 8 开 2 版手刻油印小报（有时也出 4 版或“号外”）。由查主任亲自主编，编委有祝渭洋（编辑、美术设计和刻钢版）、蔡恭（文字编辑）。祝瑜英当时是知青团支部的文娱委员，自然兼任编委。好像还有一位，可惜记不清名字了。

《劳动情况》来稿颇丰，而且内容丰富，形式多样。有劳动新闻、学习情况、议论、小品、诗歌、散文、寓言等。所反映的全是我们愉快的劳动、学习和生活。有时也婉转地批评一些不良倾向。

从 1966 年正月初到四月末，近四个月，共出 42 期。后因故停刊。

小报停办了，生活总得继续下去吧。于是，我们之中，只要有一点办法的，就自闯门路去了。笔者外出养蜂；祝渭洋外出画画与搞工艺美术；祝瑜英先去电影放映队，后又从教……一晃就是数十年。

不久前，祝渭洋来电话说，我们下乡 50 多年了，他那里还保存着全套的《劳动情况》，已经拷到光盘上，计划放到网上，希望我写点什么。这前后，也有其他知青找过我，希望做点什么纪念一下。

我想，全国知青上千万，办过小报的毕竟不多，能够完整保存 50 多年的更少，自然就更有保存价值了，这不仅是一段历史，还是一个缩影，一种见证。

50 多年了！我们的国家，已经不是 50 年前的国家。我们再也不必为“抢粮”、为果腹而忧愁了。我们已经走过了风风雨雨，已经趟过了急流险滩。我们呕心沥血地努力过，我们披星戴月地奋斗过。我们还在努力，还在奋斗。虽然我们没有干出过惊天动地的伟业，但我们问心无愧。

（蔡恭，浙江省作家协会会员，曾任江山市作家协会主席。）

回忆参加峡口水库建设

徐祥炎

我原是峡口詹家大队（现属峡东村）人。早在1959年小学毕业时就听大人们说:“县政府在后门滩筑坝拦河造水库没造成，大坝被冲垮，损失惨重。到1964年底，国民经济有点好转，县政府上报省政府，还要在牛头闯再造水库。”听到这个消息，大家都很高兴，奔走相告。

1965年3月，我们詹家大队5人去挖钻探平台，挖好一个钻一个，3个多月挖成5个钻探平台。天天听着钻机隆隆声，我知道要动真格造水库了。过了差不多一年，我看到很多的机械设备被拉到峡口白干淤等处，要动工了。过了半个多月，很多人来到峡口，不几天就把峡口住户挤满了，我家也不例外。5月，大队分给我们生产队一个名额参加水库建设，我有幸被选中。6月1日去上班时我们被安排去溪滩筛沙，这工种我没干过，但一下就会了。我们一个班的人都是本地人，当时有江山本地人1400多人，是当时县政府专门组织以党员、团员、基层干部、民兵为主体的精干人员，全县设六个营，分别是：清湖、坛石、淤头、上余、城关、峡口，设营长、教导员。公社编为连，大队编为排，有连、排长，军事化组织。工资由连造工资单报到营，由营汇总后到二处财务科领取。工资分27、30、33、36元四个等级。各营统一组织食堂，施工人员统一发菜票。我们峡口人是到周家大厅吃饭的，开会、睡觉在周汉俊家楼上。劳动之余每天晚上要开会评比先进。劳动工具统一发放，劳保用品去二处领，医药费全部报销，还有卫生员每天巡视工地。在这里我们体会到了在国有企业做工的好处。干了一个月后，我就领到36元工资，高兴极了，因为当时在生产队干活一天只有0.5元。筛了半年沙，指挥部又抽调了50多人去支援大坝挖地基，搅混凝土。我们进入大坝的基坑里，那比筛沙更辛苦，重活累活脏活都是我们干。我们组织了突击队互相比赛，比学赶帮超，比进度，比速度，比质量，这是当时工地上的真实写照。到年底冰寒雪冻，我们穿单衣，有的还打赤脚，为了赶进度，不分白天黑夜冲在前面拼命干，十分罕见。那时我们受苦受累毫无怨言，因为我们都怀着一颗红心和艰苦奋斗的目标，就是早日把水库造好，早日为江山人民谋福。

1968年底水库结顶后转入结尾阶段，二处领导佩服我们江山人肯吃苦勇担当的精神，准备把我们带到安吉老石坎水库去支援他们。但后来因故没有成行，只好辞退我们，并且敲锣打鼓地把大家各自送回家，每人都送了纪念品以示慰劳。回想过去,我们感到无比荣幸能参加这一省县重点工程，享受到与国企员工同等的待遇。

（徐祥炎，江山市峡口镇峡东村村民。）

五台山“吃”的故事

周辉芬

我生命中有三年半青春岁月（1966年3月至1969年9月）是在五台山度过的。我们500个知青去那儿的目的是绿化抗日战争时期焚毁的古寺庙。那呈莲花状辐射的峰峦和星罗棋布的古老寺院，如果没有绿树芳草的掩映显然是大煞风景的。我们当年的满腔激情,化作了今日仙山佛国中逶迤连绵、苍翠蓊郁的青松林。

当初激昂的情怀在现实无情的考验下，在光阴持续不断的碾磨下，已渐渐消解成遥远苍凉而又模糊不清的旧梦。在我记忆中若隐若现的是琐碎而平庸、真实与想象相交织的片片残萼。在朋友们的好心督促下，我用文字把它们捕捉连缀起来，但愿我无比尊敬的读者不会因其故事陈旧而心生厌倦。

留存在我脑海中最清晰的一幕与“吃”有关。因为吃在生命中的重要位置无法替代。我记得与我同睡一条长炕的田金莲初上五台山时因厌恶吃窝窝头和大白菜，伏在炕上大哭大闹。她那清亮委屈的哭声震动整座清寂空阔的洪泉寺，引动许多女孩子的思家情结。于是有人暗暗啜泣，有人呜咽如诉，有人痛哭流涕，那杂沓不齐的哭泣声在各个宿舍此起彼伏，忙坏了那瘦而高的指导员。

田金莲那年16岁，穿着玫红色灯芯绒外套，五官端正小巧，虽然哭得一把鼻涕一把眼泪，仍像一朵带露的桃花令人见而生怜。摆在她炕头的两只窝窝头和一碗寡淡无味的大白菜煮粉条早已凉如寒冰。我们都劝她吃点东西再哭，不然只怕有气无力不能持久。谁知她呼啦一下坐起来，把那碗白菜横扫在地，气呼呼地叫嚷道：“饿死我也不吃这猪狗食，死球拉倒。”

至此我才终于明白当年嫦娥为什么会因为吃厌了乌鸦炸酱面，而抛下她那个射九日杀封豕的英雄丈夫，一个人飞往月球甘守寂寞。吃饭问题具有打通现实与神话、时间与空间的力量，使我很快明白了许多原先想不透的问题。其实现在回忆起来，那林场食堂的大师傅实在是很尽心卖力的，只可惜他们也难为无米之炊。因为五台山是高寒地区，在盛夏阳光的照射下，东、南、西、北、中五个台顶依然寒光闪烁，白雪皑皑，所以五台山又名清凉山。清凉山三大特产是莜麦、大豆和山药蛋。至于别的粮食，那是不宜生长的，蔬菜品种更少。肥胖惨淡的大白菜秋季收起来藏在地窖里一年吃到头，让人一闻见那股泔水气味便伤了食欲。五台山离县城约100千米，但当时交通极不方便。一条螺旋形上升的盘山公路蜿蜒如带，一边是万丈深渊，一边是悬崖绝壁。汽车像甲虫一般在上面爬行，让人感到惊心动魄的恐惧。所以外面的食物运进来极为不易。

不知道什么原因，五台山一天只吃两餐。早餐是千篇一律的山药蛋、小米和玉米面熬的稀粥，下午是玉米面窝窝头、高粱面，或二米面发糕，饭的品种倒是花样翻新。每月有百分之十五的白面，一星期可改善一次生活，吃花卷、馒头或包子，那一天大家就像过节一样兴奋，敲着饭碗早早到窗口排队。饺子是过年过节才能享受的美馐，到时候分了馅子和面粉自己包。菜却永远是圆头圆脑的山药蛋和使人倒胃的大白菜唱独角戏。

然而田金莲的反抗像小孩子耍赖般可笑。她的绝食并不彻底。当太原家中带来的油饼挂面吃完时，食堂的饭菜依然如故，她终于抵挡不住饥饿的折磨，乖乖地去食堂排队买饭了。再后来，我们渐渐对那朴素单调的饭菜产生亲切温暖的依赖感，觉得那咸咸的米黄色糊糊粥很合胃口，那金黄色的枣窝窝甜丝丝，饿了不用菜也很好吃。只过了几个月，我们都变得又白又胖，而且肚子总像被掏过一样空落落的。我的饭量越来越大，人也越来越蠢，脑子极其简单，每天除了上山挖坑种树，一天到晚只记着一个字“吃”，尤其是空闲下来的时候更觉饥饿难熬。我就写信请求母亲给我买一只最大的碗。后来母亲果然从太原五一大楼给我买了一只巨大的搪瓷碗，像只小脸盆，外面的图案是一圈手拉手的墨绿色小人。可惜这只陪伴我7年的宝碗后来被我的丈夫丢弃了。由于不习惯，一天两餐使我们常常处于饥饿之中。于是我们就用钱、粮票、旧鞋、旧衣物与老乡换山药蛋吃。当没有东西可换时，淘气的男知青就在万籁俱寂的夜晚，跑到老乡地里偷山药蛋。偷回来放在炉子上烧得灰扑扑呈焦黄色，香糯得令人口角流涎。虽然只有极少数的人去偷食，但老乡对知青渐渐产生了成见，似乎知青都是不良青年，并使有的知青在后来遭受无妄之灾。

除了在食堂吃饭之外，我们每月发工资都要到杨林街打一次牙祭。杨林街在五台山的腹地台怀镇，周围古老壮观的寺院鳞次栉比。其中五台山最早最大的一座寺院显通寺，占地 4.37 万平方米，离我们洪泉寺仅有一千多米。那些寺院空空荡荡，香火断绝，我们跑进去玩半天也遇不见人影。我们在寺院里玩累了，就到小饭馆吃面条，有时吃刀削面，有时吃拉拉面。山西刀削面堪称天下一绝，曾有一首诗说得真切："一叶落锅一叶飘，一叶离面又出刀；银鱼落水翻白浪，柳叶乘风下树梢。"可是我更喜欢吃拉拉面，那里含有一种无限绵长的韧性与百折不挠的力度，使我这个南方姑娘感到不可思议。可惜我母亲到山西整整四十年还没学会刀削面和拉拉面。

我们这些馋鬼是免不了要吃零食的，而吃过之后一辈子忘不掉的是炒大豆、三角饼和驴蹄子。但我不爱吃卤得油光发亮的驴蹄子，那耳朵长长的小毛驴在我心中是极可爱温顺且有灵性的动物，与猪、狗、羊是不能类比的。那穿着红花袄的小媳妇骑着小毛驴慢悠悠地在风尘满天的黄土地上走着、走着，是人与动物和谐相处的优美画面。所以我不忍心吃驴蹄子。五台山炒大豆粒粒饱满，是栗黄色的，又香又脆，百吃不厌，二角钱一斤。三角饼一毛钱一只，烤得金黄柔软。这两样食品在我们眼中是天下最好吃的东西，因为当时我们确实找不到比这更实惠、更美味的食品了。但因为钱少，也舍不得常买多买。可是我们班长却常常买炒大豆和三角饼。我们选她当班长是因为她岁数大、力气大、个子大。其实她只比我们大一岁，却极通人情世故，貌似单纯无邪，却极有心计。只可惜她鼻子塌进去一块，两个鼻孔都被压扁了，说话像从嗓眼中挤出来一样，极其费劲，偏偏她又常常高兴得仰起脖子，头歪向一边，扯开嗓子高唱："大海航行靠舵手，万物生长靠太阳，雨露滋润禾苗壮，干革命靠的是毛泽东思想……"那歌声直刺耳膜，当然没人敢叫她别唱。但最令人难以承受的是她身上有一种奇臭终年不散，晚上她脱衣服时我们得憋住气钻进被窝。她后来爱上同场的一个姓杨的男知青。那小伙子似乎家境比较贫寒。黄班长常常提着炒大豆和三角饼去献殷勤，可是连一颗豆子也舍不得给小姐妹们吃，气得馋嘴天真的田金莲和美丽善舞的车兰花总是在背地里嘀咕她的坏话，还说什么谁要她谁家倒八辈子霉，谁瞎了狗眼。她们绝不相信清秀内向的小杨会喜欢黄班长。

然而，小杨最终成了炒大豆和三角饼的俘虏，成了黄班长忠实的丈夫。这是车、田两位小姐难以相信但又不得不信的事实。

（周辉芬，衢州市作家协会会员，曾任江山电机厂图书管理员。）

插队大陈的回忆

汪景浩

大陈，因为一首《妈妈的那碗大陈面》村歌而闻名全国，如今汪姓也成为大陈的代名词。我有幸姓汪，许多亲朋好友经常问我：你是不是“大陈汪”？我和“大陈汪”同属一个祖宗。“大陈汪”据说是500年前从安徽歙县搬迁至大陈的，而我的曾祖父则是100年前直接从安徽来江山经商的。我虽然不是“大陈汪”，但我确确实实是“大陈人”，是一个曾经有过大陈户口的汪姓人。

1966年7月，虽然毛主席的“知识青年到农村去，接受贫下中农再教育”还没有正式发表，江山已开始安排城镇中小学毕业生上山下乡了。那时候，县委工作组做工作，居委会统一安排，短短半个月就敲定了下乡人员的名单，大陈公社当时接收了三个居委会的城镇知识青年，分别到大陈村、夏家村、池茶村落户。我们平棋居委的19名青年算是最幸运的，被安排在大陈公社所在地，成立“大陈林场”，居住在文昌阁。县前居委的近20名青年被安排在邻近的夏家大队。孝子居委的10多名青年被安排到最偏远的池茶大队，那里没有公路，据说要翻过两座大山、步行两三个小时才能到达。

我们这19名青年（11男、8女）就在文昌阁安了家，女的住在戏台上方的阁楼上，男的住在上堂大厅里，政府每月发给8元生活费，不足部分自食其力。8元的生活费只够买米买菜，不足以买柴火，因此必须要上山砍柴。记得第一次上山砍柴，我们11名男青年主动承担了责任，问附近村民借了柴刀、柴冲，到离住地10千米的高山上去砍柴。令我们意想不到的是，当我们挑回柴火后，8名女青年已烧好了热菜热饭，文昌阁的天井边整齐摆放了11个装满凉水的脸盆，这让我们忘记了劳累，感动得热泪盈眶。可惜这种和谐团结的好日子不长，这年11月，大陈公社书记毛榜梓、社长吴步火突然来看望我们，告诉我们“文化大革命”开始了，动员我们去参加“串连”，于是我们停止了暂时安逸平静的生活，免费坐火车、免费住宿北上南下“大串连”。

一年后，根据中央指示要“就地干革命”，我们这10多名青年又回到了大陈。后来我们这些知青又重新插队、安置，被分配在江山各个乡镇。50年过去了，很少有人回到大陈。

2014年，我们5名当年下放大陈的老知青突然萌发了重访故地的想法，回到了当年的“老家”文昌阁，第一次登上了当年女知青住宿的阁楼，没想到的是阁楼上人都站不直。回忆过去，我们对当时的环境都无怨无悔，而当时男女知青之间情同手足的纯朴感情，就像是文昌阁传递给我们的一种精神，给我们50年风雨沧桑的生涯注入了无价的精神食粮。难怪，当年19名大陈知青开玩笑地说，夏家、池茶的兄弟姐妹们都有多位告别人世，唯有我们都还健在，可能是文昌阁保佑我们呢！

我同大陈村书记汪衍君谈起50年前的这段故事，半开玩笑地问他，我算不算“大陈人”，他说：“你应该算是‘新大陈人’。”

（汪景浩，多家报刊优秀通讯员，曾任江山市铁合金厂副厂长。）

一路坎坷一路歌

孔繁钧口述　王石良整理

小荷崭露尖尖角

1968 年 12 月 22 日，《人民日报》发表毛主席指示:“知识青年到农村去，接受贫下中农再教育，很有必要。”轰轰烈烈的上山下乡运动，在全国范围内迅速展开。1969 年 2 月，接到上山下乡的通知后，我满怀激动、兴奋又忐忑的心情，来到江山县江郎公社西山村。

当时，江郎公社竟然没有一台扩音器，每次举行社员大会，都是派人步行 10 多千米，到浙江电工器材厂借的。我就找到公社书记朱树廉，说：“我可以为我们公社装配一台扩音器。”

我的自信来源于父亲。父亲曾经做过柴油机发电技师，是江山中学粮食加工技术员，开办过“永孚无线电商行”。受父亲的影响，我很小的时候就能装配收音机这些电子设备了。

朱书记眼里放出光芒：“真的？好啊！”如果公社有了自己的扩音器，开展宣传、教育工作就更方便了。“有什么要求，请提出来，我们一定配合。希望你在九大结束前装配成功。”

记得那天是 3 月 28 日，离党的九大召开只有三天。时间紧迫，说干就干。第二天，我和公社会计周振华前往衢州、金华等地采购扩音器配件。当晚赶回后，又立即投入图纸设计和配件安装。

与装配收音机相比，装配扩音器难度要大得多。我一边安装试验，一边学习相关电器知识。那些天，除了上厕所、去食堂打饭，我几乎寸步不离工作室。困了打个瞌睡，醒了继续干。

经过七昼夜的加班加点，一台 120 瓦功率输出电子管扩音器终于装配成功。4 月 8 日，江郎公社举行传达、学习党的九大精神社员大会，新装配的扩音器摆在主席台上，音量平稳，声音清晰，顺利通过考验。会后，朱书记特地走到我面前，握住我的手摇了摇："谢谢，你辛苦了！"

那些天，我一直被自豪感和幸福感包围着，能为他人、为集体做一些有意义、有价值的事，真是人生快事。

在农村，我不但学会了修理电器、农机具等，还经常给村民免费修理雨伞、脸盆、门锁、手电筒、收音机等，村民都亲切地叫我"万金油"。学有所用，学以致用，上山下乡期间，能为农民的生活、农村的生产、农业的发展发挥应有的作用，让我感到很自豪，很有成就感。感谢知青生活，给我提供了这样的机会。

难忘东坑，难忘乡情

1971 年 6 月的一个上午，一个叫林龙根的中年男人，大汗淋漓地找到江郎西山村，邀请我去大峦口东坑村帮忙修理柴油发电机。

江郎到东坑村要翻越好几座山头，看他焦急的样子，我二话没说，背起工具包就上路了，下午三点多钟才赶到东坑村。不顾饥肠辘辘，我就开始认真测试发电机空载运行性能，初步判断是发电机转速太快。找到了问题，也就找到了解决的办法。我让村里木匠就地取材，用木头制成替代零件，使发动机神奇地轰鸣了起来。

问题解决了，东坑村人却不让我走了。这之前由于缺乏专人维护，发电机经常出问题，村民饱受断电之苦。村干部表示，强烈希望我能留下来，做好水电站维护工作。山里人的质朴善良感动了我，征得西山村同意后，我来到了东坑村。

东坑不是我的故乡，我却享受到了浓浓的乡情。一天下午，我正准备关上电闸，突然咔嚓一声，一个零件从转轮中跳出来，重重地击中了我的左眼，我一下子昏迷过去。

当我醒过来时，已躺在大峦口卫生院，病床前站着两个小伙子。医生告诉我，就是他们用竹躺椅把我抬到这里的。东坑距离大峦口有 10 多千米，全是崎岖不平的山路，又是暗夜行路，该有多么辛苦不易！

这两个小伙子，一个叫毛方章，一个叫林龙兴。看到我醒过来，都很高兴，说："终于醒过来了！接下去你继续好好养伤，我们就先回去了，明天还要下地干活。徐洪武，你就留下来好好照顾孔繁钧了。"

徐洪武是东坑小学老师徐增礼的儿子，那几天学校放农忙假，他父亲特地安排他来照顾我。

大恩不言谢，但我一直牢记在心。有一次重回东坑，我特地拜访了毛方章，却没见到林龙兴——前些年他因病去世了！我深切地感觉到，树欲静而风不止，感恩当及时！

徐洪武中学毕业后曾经跟我学过电器修理，高考恢复后考上了大学，现在已经是所在行业的专家。

人间处处有真情，我从他们身上学到了很多。

遇见歌声遇见爱

我一直喜欢唱歌。上学的路上唱，文娱课、班团活动课、文艺晚会上更要唱。下放农村后，休息时唱，干活时唱，回到知青屋更要唱。唱走疲劳，唱走烦恼，唱出快乐，唱来越来越多的朋友，一路坎坷一路歌。

西山村有一支文艺宣传队，是江郎公社办得最好、最活跃的，而我是这支队伍的主唱和"导演"——队员选拔、节目排练、上下联系等，都由我负责策划。

我所住的知青屋，被村民称为"乡村音乐教室"。早上我还睡在床上，就有人推门进来，要听我唱歌；晚上夜很深了，还有人"赖"着不走，要听我唱最后一首歌。

我和妻子相识相爱，也缘于歌声。我的妻子叫周梅芳，江郎山下泉井人。因为我经常登台演出，渐渐引起了她的注意。我呢，也早倾心于这位美丽大方、心灵手巧的姑娘，两颗年轻的心因为音乐走到了一起。

但好事多磨，梅芳有个亲戚竭力反对这门婚事。他对我老丈人说："这小伙子不会种田，又不会什么手艺，只会唱歌跳舞——这能当饭吃？”一桩好姻缘差点就这样擦肩而过。

但我没有消沉，我用歌声驱散心头的阴霾，而梅芳也一直没有再找对象。用她后来的话说，我的歌声已经唱进了她的心房，再难有他人能够走进去。直到1975年，东坑村茶丰电站的巫占荣，重新为我们牵起失联的红丝线。老丈人最终被我们的真诚和坚持所打动，同意了这门婚事。

1976年11月，有情人终成眷属，我们的婚房就在西山村知青屋，现西山村12号。婚礼很简朴，晚宴上我唱了一首又一首的歌曲，表达我的幸福之情。

1979年，全国各地开始落实知识青年回城政策。我觉得我的价值在农村，就出人意料地将户口迁到了大峦口，投身于乡办企业。第二年，才借调到“城关农机厂（筹）”。同年6月，我开始承包该厂修理部，开办了“凯歌无线电修理部”，迈出了创业的第一步。1989年5月，借江山撤县设市的东风，我又成立了“凯歌家电有限公司”。20多年来，公司始终坚持“以信誉求生存，以服务求市场，以管理求效益”的经营宗旨，赢得了广大用户的信赖，平稳发展。

不忘初心，方得始终。今天事业的发展，生活的幸福，需要感谢方方面面的关心照顾，尤其需要感谢十年知青生活的砥砺，让年轻的我不断得到锻炼，收获生产劳动和机电修理等方面知识，收获了浓浓的乡情、友情和甜蜜的爱情。我深深感到，只要出发，永远不会太迟。

（孔繁钧，江山市凯歌家电有限公司董事长，曾任江山市政协委员。）

峡口水库建设的难忘记忆

周天水口述　余存义整理

峡口水库是江山早期最大的水利骨干工程，建成至今虽已近50年，但每当回忆当初建设中的一些往事，我却久久难以忘怀。作为峡口人，我为能亲眼看见和亲身经历峡口水库的建设深感荣幸。

地处钱江源头之一的峡口，水资源极为丰富。截住源头水建造峡口水库，变水害为水利，是江山人民多年的心愿。早在20世纪50年代，党和政府就组织力量，进行峡口水库建设的尝试。我清楚地记得，那是1958年9月的一天，我放学回家，发现家里的翼屋厢房住进了50多个陌生的面孔。到其他同学家一看，他们家空闲的房子里，也都住着来自江山各地的人。后来听大人们说，这些是来峡口建造拦水坝的民工。据有关资料记载，1958年9月在江山全县建水库、修水利的热潮中，江山最大的灌溉工程峡口拦水坝动工兴建。当时的设计施工方案是不用钢筋水泥的土石混合坝，坝长460米、宽10米，基础长720米，坝高118米。拦水坝建设到二十几米高时，一场洪水将拦水坝冲毁。鉴于当时的技术条件，建造拦水坝工程只能暂时停止。据后来我的同事傅锦林讲，1968年8月，他和他的开挖班老班长王竹根第一次来到大坝基础现场时，还发现上游不远处当年建造拦水坝废弃的水泵、铁架等遗留物。

1966年9月，峡口水库正式动工建设。整个峡口还有周边旧街等地，家家户户第二次住满了工人和民工。来峡口参加水库建设的，是浙江省水电二处的工人和技术人员，民工则从江山各地抽调而来，有近5000人。那时，我正在峡口初中读书，星期天经常约上同学去峡里，观看水库工程建设。工地上，机声隆隆，人来车往，热闹非凡。挖掘基础的机器声震耳欲聋，此起彼伏；运送钢筋水泥的车辆一辆接着一辆，川流不息；肩挑手拉的民工忙忙碌碌，干得热火朝天；更有长长的小火车，满载着沙石料，在溪滩新铺设的铁轨上来回奔跑，声声汽笛，响彻云霄。这场景，深深地吸引着我，我想自己要是能够参加水库的建设该有多好。

1970 年 3 月，我终于有幸加入峡口水库东西干渠建设的行列。8 月初，我被分配到峡口水库指挥部组建的一支由七人组成的东西干渠水准测量队，参加水准测量。当时，水库指挥部领导反复强调，要求测量队克服困难，抓紧时间，尽快完成测量任务，打好东西干渠建设第一仗。面对炎热的天气和时间紧、任务重的情况，我们测量队全体同志发扬不怕苦与累和连续作战的作风，每天早上五点出发，晚上六点多收工，中午也不休息，在火辣辣的太阳底下工作，大家的衣服湿了又干，干了又湿，皮肤晒得黑黑的，人也瘦了好多。

记得有一次，我们测量队完成当天任务，回到当时的上铺森工组住宿地时已是晚上八点多，食堂员工早已下班，森工组大门也关上了，大家只好到外面简单吃了一点,然后回来翻爬围墙才进了住宿房间。第二天早上五点，我们又准时出发，开始新一天的工作。连续 20 天，我们测量队队员每天早出晚归，肩扛测量仪器，踏遍东西干渠，终于在每个角落打好桩，做好一个个水准点，较好地完成了东西干渠水准点测量任务，保证了 10 月底前水库指挥部如期完成东西干渠设计放样工作。在整个测量工作中，我们做到团结协作，每次出发前，大家都抢着背最笨重的测量工具。测量队负责人老姜、老郑，不仅精通业务，而且处处以身作则，白天测量做外业，晚上别人休息了，他们还要计算校对测量数据，做好内页，以便第二天正常工作。在测量队，我年纪最轻，主要是负责扛测量标尺，测量仪器到哪里，我就跟到哪里，每天双脚不停留，但我从不叫苦，在空闲时见缝插针，向老同志们请教学习测量技术，而老姜、老郑他们也经常耐心地指导我，有时他们亲自去扛标尺，让我上仪器参加实地测量。经过一段时间的努力，我初步掌握了水准仪的测量技术，到东西干渠全线结束时，自己已能独当一面了。测量队工作结束后，我较长一段时间在西干渠负责渠道施工，学到的测量技术在实际工作中得到运用。

回顾20世纪70年代在峡口水库指挥部测量队的那段经历，我终生难忘，它是我人生赢得的第一桶金，不仅使我一个初出校门的年轻人学到一门测量施工技术，更使我从老姜、老郑这些年长的老同志身上学到做人做事的道理，拓宽了视野，坚定了自己的人生目标。后来，由于组织的关怀和同志们的信任，我从一个普通民工走上了峡口水库管理局主要领导的岗位，在测量队积累的工作经验，让我受益无穷。

在建设峡口水库东西干渠中，有一支特殊的工程队。据我一位参加工程队布网排的同事回忆，1970年2月，当时的江山县委发出“学大寨，学林县，自力更生，艰苦奋斗，誓把江山河山重安排”的号召，筹建了一支由灌区公社抽调民工组成的专业工程队，主要承担东西干渠700多处大小建筑物的施工任务。工程队共有598人，下设30多个工种，按连、排、班设置。在诸多建筑物中，最主要的是钢丝网，薄壳渡槽有12处3577米。面对当时缺技术的问题，峡口水库指挥部组织由干部、技术员和民工组成的30人学习队伍到永康县红旗渠学习培训。三个月后，又从永康请来三名师傅成立织网排、钢筋排、布网排，边学边干，开始投入正常施工生产。在渡槽建设中，建好一处后就转移到下一个工地，流动性很大，有时借住民房，有时住用毛竹和油毡纸临时搭建的工棚。进驻大悲山工地时，住的是临时工棚，睡的床铺是两层的，也用毛竹搭成。当时正值冬季，寒气袭人，一次夜里下大雪，雪花飘进了工棚，睡上铺的工友被子上盖了一层白雪。早上起床后连忙抖掉被子上的积雪，匆忙吃点早饭又投入新一天的工作。同样，当时的生产条件也十分艰苦，布网排在布扎槽身钢丝网时，由于槽身两头相通，寒风呼啸而过，人就像站在谷扇（扬谷的工具）口似的，冻得浑身发抖，可大家从不叫一声苦，任劳任怨。特别是1972年新塘边渡槽工程建设，更使人难忘。新塘边渡槽150节，全长1800米，是当时浙江省最长的引水渡槽。为加快工程建设，水库指挥部党委向工程队发出“革命加拼命，苦干加巧干，尽快完成新塘边渡槽建设”的号召，工程队布网排的党团员们响应号召，大搞技术革新，开展劳动竞赛，布网速度日益加快，从原来的四天四夜完成一节槽身的布网任务，到一天一夜就完成了一节槽身的布网任务，超过了当时永康县的先进水平。新塘边渡槽横跨浙赣铁路毛家仓321+990段，在最后阶段施工中，我们连续几天几夜加班加点，确保了跨铁路工程又快又好地完成。织网、钢筋、浇捣、吊装等排，各司其职，分工合作，紧张有序地开展工作。尤其是浇捣环节，属露天作业，大家晴天一身汗，雨天一身泥，为圆满完成任务经常挑灯夜战、披星戴月。

如今，半个世纪过去了，当年的水利设施，特别是一座座高高耸立的渡槽，仍在“南水北调”中发挥着重要作用，也为江山农业的丰收书写着壮丽的篇章。每当看到这些，我都浮想联翩，不仅为党和政府的正确决策连声赞叹，为家乡人民改造山河那巧夺天工的创举喝彩，也为自己投身重点水利工程建设奉献青春年华感到自豪。

（周天水，曾任江山市人大常委会委员、峡口水库管理局局长。）

我在东西干渠的日日夜夜

周朝禄

我自1970年4月来峡口水库指挥部直到1984年10月调离,经过了15载,为它献出了15年的青春。15年,我从一个民工成为正式工,是水库建设锻炼了我,给了我丰厚的回报。我常回忆起这些岁月,回忆起与我一起奋斗的同事们,回忆起那15个奋斗的年头。

在峡口水库大坝建设进入关键时刻的1969年,县革委会决定成立江山县峡口水库建设指挥部,抽调一批干部来到峡口,拉开了建设东西干渠的序幕。1970年4月我持公社的介绍信,以民工的身份来指挥部报到,是县革委会生产指挥组发文指定参加渠道建设的10名民(技)工之一。我是电工,其他的还有钳工、机修工、电焊工、钣金工等工种,但最后报到者只有三人。

东西干渠概况

西干渠从峡口电站尾水节制闸开始,经峡口、王村、凤林、卅二都、茅坂、淤头、新塘边,到吴村公社耕读村一分为二,一条支渠去大桥公社,另一条经坛石,到何家山公社敌垄水库。原规划全长72.27千米,后来在施工中,经过实地改线后为58.6千米。

东干渠从峡里渠首节制闸开始,经峡口、凤林,在江郎公社的青山头,分出一条支渠向礼贤方向,到敖坪公社东塘水库,另一条支渠经界牌,到石门公社清漾(联家弄)水库,全长50.47千米。

我到指挥部以后，曾做过电工和政宣工作，经历过多种场合，了解到整个工程概况是这样的：西干渠原设计开挖土石方171.6万方，渡槽11处3887米，隧道8处1344米，过河暗渠2处222米，公路桥11处，跌水4处，人行桥112处。人行桥在施工过程中，根据实际情况有适量增减。

东干渠原设计开挖土石方148.6万方，隧道3处，过河暗渠4处，公路桥5处，跌水3处，人行桥34处。人行桥在实际施工过程中也有适量增减。姜村弄大填方在实际施工中，考虑到安全因素，临时决定增加石拱渡槽1处。

另外还有节制闸、灌溉闸、排洪闸、溢洪道和渠道电站等。

按设计概算，东西干渠需开挖土石方320.2万方，投放劳动力723.7万工。

工程从1969年开始测量规划，按规划可灌溉农田20万亩（约13334万平方米），开发黄土丘陵10万亩（约6667万平方米），灌区涉及18个公社。后来根据实际情况，灌区调整为22个公社、277个大队，受益面积为18.5万亩（约12334万平方米）。

东西干渠除了渡槽、过河暗涵、隧道、倒虹吸等工程外，还有大量的土石方开挖工程，那都由各公社组织民工分段实施。县里给灌区公社每个义务工工具补贴费5分钱，非灌区公社每个义务工补贴4角钱。工分由各生产大队自己记工，上工地的民工补贴由他们自己支付。各地的补贴标准也不相同。义务工负担的多少按受益面积摊分确定。任务由县统一分配到各公社，各公社再分派到大队。工程队民工的义务工票可以抵销各公社的义务工任务，在工程结束时进行结算。为了鼓励各公社的积极性，截至1973年8月，县财政已兑现给各公社补贴费41.5万元，这在当时可不是小数目。

在实践中学做电工

原先，我只懂一些电气基本知识，比如电灯、开关的安装，地线与火线（相线）的差别，单相电与三相电的不同等，而操作经验甚少，从没做过10千伏高压线和400伏低压线路的架设。到水库后，从挖电线杆洞、立电线杆、制作横担、放线、紧线与做拉线，直到制作简易配电板等技术都是在工作中逐步掌握的。王村、大悲山、贺社渡槽工地的高、低压线路我都参与架设，其中大悲山一至四号渡槽的高、低压线路是我主持完成的。那是1970年7

至 8 月盛夏季节，天气炎热，野外架线，要在大悲山那马粪石（俗称红石夹）中挖 1 米多深、直径只有 30 厘米的电线杆洞，谈何容易，满头大汗不说，手上都起了血泡，爬上电线杆顶安装横担，登在爬杆铁脚上，双腿酸得发麻……那真是够辛苦的。我与周真诚、鲍振禹三人，本着领导在场与不在场都一个样的原则，早上班，晚下班，避开中午大太阳，经过半个多月的努力，终于按时完成任务，保证工地进场时的用电需要。因我报到早，工作中又能任劳任怨，后来工程队领导让我担任机电组组长，负责工地用电工作。在工地上，主要工作是架设低压线路，用电设备（插入式、平板式震动器，电焊机，拌和机等）的布线及接线，出现用电短路跳闸或其他原因断电时及时恢复供电，包括接保险丝、检查断线故障、安装或更换工地照明灯泡、水泵的安装及调试。这些都是在实践中逐步学会的，有时不小心被电触到的一刹那真是难受，“心惊肉跳”的滋味就可想而知了。还有水泵的安装调试，如果不掌握排气原理，那就无论如何也抽不上水。

从大悲山工程开始，随着施工队伍的不断增加、工作面的不断铺开和工地的移动，电工工作量越来越大。机电组人少，忙不过来，工程队决定从现有队伍中抽调些年轻、有一定文化、肯学习的民工到机电组学做电工，边学习边工作。经过陆续的补充，到新塘边时，人数从原来的 3 人增到 10 多人，我们认真做好传、帮、带，他们也很快掌握了基本操作技术，满足了工地用电工作的需求。这些人在实践中学会了电工基本知识和操作技术，工程结束回去后他们成了当地的骨干。

峡口水库指挥部工程队

组建峡口水库指挥部工程队主要是为了配合西干渠渡槽工程建设。它是指挥部的内设机构，领导及技术员由指挥部派遣，其余人大多是各公社派来的民工。按工作需要，工程队设立机电组、木工排、泥工排、钢筋排、布网排、运输排、食堂，后来还成立了政宣组。木工、泥工、钢筋工在建筑行业都属于技术工种，在工程队里也有其专业性，所以单独设班排组织，以便管理。布网工是建渡槽特有的工种，在其他工程中不多见，在这里也必须成立班排组织。运输排是根据当时工地各种复杂的物资运输以及大量的混凝土需要从搅拌机拌出来后往浇筑现场输送的情况，单独设立的班排。

政宣组是随着工程的进展和民工的不断增加，为加强思想政治工作而设的，其目的是通过工地广播、创办《工地战报》的形式，以及其他如办墙报、黑板报方式，以表扬好人好事为主，提高广大民工的积极性，激发他们的工作热情，服务于工程建设。

工程队的职能就是组织这支队伍完成渡槽工程建设任务。工程队还成立党支部，支部书记前后任分别是金祖友、周锡浩。生产工作基本上由周兆和同志负责。工地上放样测量由钟嘉利负责，她是整个指挥部唯一的女同志，自始至终，直到指挥部完成历史使命才离开。

所有民工待遇都一样，每出工一天，指挥部给补贴4角，由指挥部出具记工分的通知单到生产队里记一天的工分，在生产队的底分是几分就记几分。有10分的，也有8分的。记工的工票每月由指挥部统一造册寄往公社，由公社通知各生产大队予以记分。在王村工地时，民工只有80多人，到大悲山工地以后，逐渐多起来，最多的时候有700多人，但常有流动性，因为有的生产队要换人，也有生产队不愿派工就干脆抽回去不来了。后来少时也有300多人在工地上从事正常施工。这些民工中，有部分人原来就有技术，如木工、泥工、电工、电焊工等，与普通民工的确有所不同，后来他们提出增加技术补贴的要求，经指挥部同意他们每人每天增加1角钱的技术补贴。我也由每天4角增加到5角。

我们民工在劳动时间上与厂矿一样，实行八小时工作制。对外来说虽是民工，但我们内心仍有一种优越感。因为这里与生产队不一样，生产队出工从早到晚，都以太阳为准，太阳出来早，劳动时间就长，在工程队则是八小时。

在实际工作中，经常出现工作白天完不成，又不能拖到第二天，必须加班加点干的情况。开始大家都没感到什么，做了就做了。但民工中毕竟也有些人在正式单位工作过，知道加班加点必须给劳动者一定的报酬，所以加班费和夜班补贴的问题被提了出来。领导也支持我们应得的部分，于是加个夜班可以发夜班费2角和0.25两粮票，相当于吃一碗面条。加夜班6小时以上的还给予补休。这样，广大民工就更不怕苦不怕累了，喜欢加班，因为虽说加个班只有2角钱和0.25两粮票，但如果经常加班，长年累月可以拿到的粮票也不少，这在当时口粮紧张的年代，是很重要的一种补充。加一个班有 2 角补贴，加上原来的，这天就有 6 角了，也增加了经济收入。正因如此，不少民工还是愿意在工程队的。当然加班补休只能调休，不能记工，因为每月出工天数不能超出当月天数。

渡槽建设工程

钢筋混凝土渡槽都集中在西干渠，由槽身、排架和基础三部分组成。槽身每节长 12 米，呈 U 形。

各段渡槽的大小有所不同，王村至贺社的渡槽是每秒 10 个流量，坝头是 9 个流量，毛家仓是 6.7 个流量，坛石只有 5 个流量。因沿途要不断地放水灌溉，越往下渠道也越小，渡槽规格也越小。

排架的大小、高低与槽身的大小有关，也与所在地地面高程有关，为保证水流畅通，渡槽必须保持千分之一的坡降。在这个坡降下，地面高的地方，排架就短（矮）些；地面低的地方，排架就长（高）一些。

最长的排架在毛家仓渡槽，有 25.87 米，它要分两段施工和吊装，两段间要用角钢焊接，砂浆回填。这种排架也粗壮些，重达 43 吨。

基础的大小要跟排架的长短相匹配。它要承受槽身、排架和水的所有重量，像毛家仓最长的排架基础要承受 100 多吨的重量，所以做基础时一般都要挖到基岩或坚隔土才放心。

王村渡槽的建设

1970 年 4 月 3 日，我到指挥部报到，第二天就准备雨具、工具开始挖高压线电线杆洞。所做的第一件事是为王村渡槽（俗称“天桥”）架设 10 千伏的高压线。

指挥部领导与峡口供电所确定线路的走向后请来江山供电局外线班（主要是贺村供电所的师傅）来架设，因为高压线只有供电部门才有资格架设。这是他们内部的规定，是为了供电安全起见。我给他们打下手，配合工作。

4 月初，从峡口乌石畈村向王村架一条电力线路，遇到的困难就是在泥田里挖电线杆洞。下雨、天冷暂且不说，主要是缺劳动力。我作为民工参加挖洞，自然是情理中的事，除了我就没有其他人了，供电所的师傅只好亲自干起来。经过十多天的努力，高压线路架好了，从中我学到了高压外线架设的基本常识和操作要领。

接着是从变压器至工地间低压线路的架设，其实我也没有做过。在架高压线的基础上，我仔细研读《电工基本知识》，参照书上规定，在冯技术员的帮助下，边学边干，最终架设好了线路，为以后大悲山和贺社渡槽工地的外线架设奠定了基础。但配电板的设置与安装又难住了我，供电部门只负责供电，至于配电板，各用电单位的情况不一，要因地而宜，供电部门不负责这工作。在冯技术员的带领下，经过集思广益和反复试验，我们终于搞好了符合工地要求的配电板。

为建好渡槽工程，1970 年 2 月（春节过后），指挥部就派人到永康县参观学习，还请永康的师傅来工地具体指导帮助，主要是钢筋的调直、绑扎和织网、布网工作。又从峡口水电二处请来两位混凝土振捣工，协助渡槽混凝土振捣工作，并负责传、帮、带。另外，还从江建公司、县交通服务站、长台手工业社、贺村铁业社等单位抽调专业技工来参加工程建设。

王村渡槽是整个指挥部的第一个工程。万事开头难，由于从未建过渡槽，我们一直担心这个头怎么开。经过一段时间的准备，在电气、机械设备就绪之后，我们按照图纸的技术要求，经由木工立模、钢筋绑扎和布网等工序，在 1970 年 6 月中旬的一天开始浇筑。当时整个指挥部和工程队领导都来到现场，亲自参加施工，给施工队伍很大的鼓舞。这天从早上一直干到午后很长一段时间，才完成第一节渡槽的浇捣，为后续渡槽施工开了个头。我作为电工，本职工作是做好施工现场的用电保障工作，可当时我也投入浇捣中去，只不过是哪里忙我就到哪里帮，没有固定在一个地方，这样反而更累。

大悲山渡槽的建设

王村渡槽只有 7 节（其中一节仅 10 米长），施工工期短，前期准备工作花了很长时间，包括施工队伍的组建、相关物资的准备、施工场地的平整和渡槽的施工、放样，还有民工住宿的安排、施工工棚的搭建，因为都是第一次。

根据王村渡槽工程的前期准备工作量情况，工程队在第一节渡槽完成浇捣之后立即开始下个工程——大悲山渡槽的施工前期准备工作。大悲山渡槽一共有四段，各自独立，分为一号、二号、三号、四号渡槽；每段渡槽规格相同，长度不同，四号渡槽最长；一号渡槽的施工难度最大，因为它的排架最高，这就意味着难度要大些;二号渡槽最容易，因为这里地势平坦，高差不多，排架很短，做起来很快，当然槽身是相同的。

电在任何工作中都是先行官，任何工程都把用电放在首位，有了电才能顺利地开展其他各项工作。我作为电工与其他打前站的人一起来到大悲山。两三个同行由工程队安排,在技术员冯传法的带领下征得供电部门同意，与当地大队联系后，立即开始 10 千伏高压线路的架设。

为加快大悲山工程施工进度，民工数量从王村的 80 多人逐步增加到 300 多人。该村的民房较少，满足不了民工住宿，指挥部请来峡口篾业社的师傅，在山上搭工棚。整座工棚以毛竹为主，屋顶用平瓦，四周是竹篱笆墙（黄泥加些稻草混合打浆糊在竹篱笆上）。门也是毛竹做的。除了民工宿舍外，钢筋棚、临时仓库等也都这样。当时的条件差，很艰苦，可民工们没有一点怨言。

记得在当年 9 月,整个工程队就来到大悲山。由于施工现场条件比较好，四段渡槽相距很近，工地搬家很容易，整个施工队伍基本上不动，只需搬动施工设备就可以。同时现场布置也方便，定点、放样、立模、沙石料堆放、施工通道等都不相互制约。由于施工队伍力量不断增强，人员思想比较稳定，操作技术也一天天地熟练起来，所以施工进度比预期快。由于顺风顺水，1971 年底工程就完成了。

这时根据需要，工程队决定成立政宣组。由两人来做这项工作，我是其中之一，并继续兼做电工。当时的政宣工作比较简单，只是安装一套广播在工地上，向工地播放些音乐节目，增加工地的氛围，不定期地出几期墙报。

贺社渡槽的施工建设

1971 年下半年，大悲山渡槽施工进入尾声，工程队开始准备下一个工程——贺社渡槽的前期准备工作。

大悲山与贺社相距很近，前期准备工作比较顺手，打前站的人白天去贺社，晚上可回大悲山住。

贺社村子比较大，住房较宽裕，经过精心安排，民工都住在民房里，只工地上有些临时工棚，用以存放工具、材料之类。

这里有一条从卅二都流来的小山溪，古人对这里有个“两丝潭”的说法，意思是过去这里的水潭很深，与一两丝的长度差不多。在这里挖基础时碰到流沙层，挖不到基岩。用钻探机进行物探，也无济于事。这对渡槽的安全是大敌。为此，工程部派钟嘉利同志将流沙样本送往省水利厅进行技术鉴定，以测定其承载力。最后根据测定结果，我们用活松木打基础桩和扩大基础面积的办法解决。没想到的是小溪以外的其他基础位置也存在流沙层，我们用同样的办法解决，花费了大量的人力、物力和时间。

毛家仓渡槽与坝头渡槽

为了不拖整个西干渠的施工后腿，1971 年下半年，工程队留下一部分人继续在贺社工地施工，其余人分别开进毛家仓和坝头工地，三处渡槽同时开展施工，整个队伍一分为三。

坝头渡槽较短，只 11 节 132 米长，施工比较容易。

毛家仓渡槽长 1800 米，槽身宽 2.87 米，高 2.3 米，内空 2.4 米，重 11.3 吨，加 6.7 个流量的水共重 80 吨；中间有个转角，并横跨浙赣铁路。其实毛家仓渡槽原设计有两条渡槽从不同的地方伸向吴村公社，但那样渠底高程要比现在低 7 米多，比吴村公社龙头水库还低。为了扩大吴村及其后续灌区的灌溉面积，特别是解决那一大片黄土丘陵开发后的灌溉用水，决定将两条渡槽合并为现在的毛家仓渡槽。这样，建设难度大了，风险也提高了。施工中遇到的难题是渡槽进口段田垄是一条“烂糊垄”，挖不到基岩，如按原设计就不存在这个问题，也不会有跨铁路的问题。

对于软基础问题，因我们有了贺社工地处理软基的经验，那就容易多了。

1972 年初工程队搬进毛家仓，到达后便立即利用春节前的短暂时间，做些施工准备，本想在春节前把补贴发给民工，好让他们回家过个好年。没想到春节前的一天夜里，突然下了一场大雪，封住了所有公路，整个江山客车都停止运行。前一天去峡口指挥部领钱的郑善和会计被封堵在峡口，只得动用指挥部的履带式东方红拖拉机把他送回毛家仓。民工们领到补贴后，艰难地走着雪路回家过年。

经前面几段渡槽的施工，我们已积累了相当丰富的施工经验。毛家仓渡槽共有 150 节，通过精心、严密的安排，基本上每两天就能完成一节渡槽的浇捣任务。由于施工进度快，沙石料一度供应不上，影响了正常施工。在指挥部的协调下，当地几个公社组织各大队抢运，一场千军万马运送沙石料的雄壮队伍，呈现在淤头至毛家仓的公路上，及时满足了需要。1973 年上半年基本完成主体工程浇捣任务，等待吊装队进场吊装。

1973 年 1 月，毛家仓还在施工中，我与其他七八个后勤人员一起前往坛石工地打前站，做施工前的准备工作，还有一些人前往早田坂打前站。当毛家仓渡槽完工后，一部分队伍到坛石工地，另一部分人则到早田坂倒虹吸工地开展施工。按原规划，早田坂是建 360 米长的渡槽，后来根据实际情况，改作倒虹吸，施工快还节省投资，也便于日后管理，更不会影响通水能力。

创办《工地战报》

在贺社工地时，民工的思想不像以前那样简单了，遇到的问题多，思想也越来越复杂。工程队领导决定在原政宣组的基础上，加强宣传工作，要求创办《工地战报》。

这时的我已基本脱离机电组的工作，以政宣工作为主。

当时的宣传工作主要有：一是通过广播表扬好人好事，通过播放音乐增加工地氛围；二是办《工地战报》。为了更好地做好这项工作，我们组建内部通信网络，建立各班排通讯员，他们发现好人好事来投稿，我们做些文字修改，然后通过广播和《工地战报》表扬、宣传。另外，根据工地青年多的特点，与工地团支部联系，开展多种文艺演出活动，组织宣传队在重大节日书写大型标语等，宣传党的政策和好人好事，以提高他们的思想觉悟。

我是宣传工作的门外汉，办《工地战报》更是从未做过的事情。我想，要办战报，首先起码得有稿件，然后要有必需的材料和工具。当时没有打字机，更无电脑、复印机，所以必须有钢板、油印机、油墨和纸张等。

作为一个泥腿子的我，的确有点犯傻。还好我原来在部队当过文书，在部队围海工地上做过几天类似的宣传工作。看来部队还真是个大学校。

电工很快就把高音喇叭架好了，欢乐的乐曲响彻工地上空。当时播放的是音乐唱片、样板戏等，同时也播放中央人民广播电台的新闻和文艺节目。有稿件时，也播放工地上的好人好事。

政宣组由三人组成：姜正才、祝龙光和我。姜以广播为主，我与祝以办《工地战报》为主。先不管版面的大小，首先得要有稿件，我们毕竟没有写过什么文章，还好是自己办报，自己组稿，文章写得好不好，外界不知道，只有工程队内部和自己清楚。所以，只要把它办起来，就是胜利。于是我们俩深入各班排，找排长、班长了解好人好事的情况，自己动手写稿，写好的稿件先送给工程队领导过目，让领导来审查把关文章的情节和文字的表达是否合理。

在领导的关怀下，我们决定第一期《工地战报》办成 8 开大小。经过十多天的努力，稿件自己写，钢板自己刻，印刷自己来，第一期《工地战报》终于与广大民工同志见面了。在报上受到表扬的同志感到非常高兴，其他民工同志也非常喜欢这种做法。民工的工作积极性在无形中得到激发。工程队领导非常满意。我们也感到这份辛苦是值得的。

为了增加办报期数，扩大稿件来源，我们在各班排物色一些会写点短文的通讯员，让他们把自己班排的好人好事写出来。当他们有稿件来时，我就感到有底气了，因为稿件来源不成问题，办报就不难了。稿件经我们俩修改，仍以他们为作者署名在《工地战报》上，这样他们就有写稿的积极性。受到表扬的人也高兴，既感激定稿的人，也感激《工地战报》。

重回水库指挥部

生活在20世纪70年代又是退伍军人的我，经常想的是成为一个正式工人，这样生活才有保障，这也是当时每个人梦寐以求的愿望。而当时我在指挥部工程队是个民工，只享受工分加补贴的待遇，工作辛苦不要紧，微薄的经济收入对家庭的开销却起不到什么作用。地上许多民工和我一样，都希望在工程结束时能留下来做管理人员，争取有份稳定的工作。

1973年春节后，我正在贺社渡槽书写大字标语，忽然接到公社通知，要我回去当民办教师，这也是一种工作安排。因为做民工，说实在谁也不知道能否跳出“农门”，所以那时我常到公社请求有条件时帮助分配工作，公社书记周勤达很同情我，知道我原来代过课，大队领导也知道这情况。还有就是我的民工工分票拿回本生产队记分，队里很有意见，大队领导感到压力较大，所以才这样安排。我向指挥部工程队说明情况后，于2月20日至22日到指挥部办理手续，23日就到姜家小学报到，办起了春季班，招收了20多个一年级的小学生。

可上了一个星期的课后，我又接到公社通知，要我继续回指挥部，因为指挥部副指挥王晓雯同志打电话到公社对周书记说，水库的工作离不开这人，他做的工作现在就搁在那里没人接得上。其实就是在渡槽上写了一半的大字标语没人接得了手。就这样我又回到西干渠，继续书写贺社渡槽大字。当时指挥部技术员钟嘉利与工程队其他人见我回来了，都很高兴。

要是当时不回水库，继续再当几年民办教师也能转成正式教师，因为退伍军人教书（无论是代课教师还是民办教师）都逐步转正了，最后大部分民办教师都陆续转公办了，时间可能比在水库正式招工还要早些。

书写大字标语

1971年10月，县里要求在渡槽上写大字宣传标语。开始时请相关部门的人来做这项工作，可没人愿意，后来县文化馆的程逵鹏老师同意来了，指挥部让我跟他学，先从大悲山一号渡槽开始写，一个字长2米，宽1.8米，简直是画图画一样。可他是从县城里来的，吃、住都不方便，从二号渡槽开始就由我一个人写了。四号渡槽写完后，再回到王村渡槽去写，之后陆续写到坝头、新塘边、坛石渡槽。书写的内容如下：

贺社渡槽东边："胜利一定是人民的，一切魔鬼通通都会被消灭""伟大的领袖毛主席万岁！"；西边："穷则思变，要干，要革命""一张白纸，没有负担，好写最新最美的文字，好画最新最美的图画"。

坝头渡槽东边："天连五岭银锄落，地动山河铁臂摇"；西边："路线是个纲，纲举目张"。

毛家仓渡槽东边："生气勃勃的创造性的社会主义是由人民群众自己创立的""认真看书学习，弄通马克思主义""全世界无产者联合起来""团结起来，争取更大的胜利"；西边："人民，只有人民，才是创造世界历史的动力""思想上政治上的路线正确与否是决定一切的""只有解放全人类，才能最后解放无产阶级自己""中国应当对于人类有较大的贡献""愚公移山，改造中国""水利是农业的命脉"……

大字写（画）好后，就刷两次红漆，这样在较远的路上看上去也能比较显眼。可是当年 10 月书写的大字标语，到了第二年上半年就褪色得厉害。为解决这个问题，1972 年 4 月 11 日我专门前往平岗山电工器材厂学油漆技术，因为他们对电气产品的防锈技术有专门研究。根据他们介绍，在渡槽上刷油漆，首先要等槽身干燥透彻，否则会影响油漆的黏合程度；其次是要先刷两次底漆，再刷两次面漆，两次底漆之间要等上次的漆完全干燥才能进行下次，但两次面漆（红漆）之间，间隔不能太长，只要干燥即可，因为间隔太长了对大字的光泽有影响，还会影响黏合。后来的大字就先上两次底漆后才上面漆，效果果然好得多。

渡槽上面的大字因为处于高空状态，以后难以进行复漆，所以到现在字体颜色都褪光了，基本上看不见字了。

在毛家仓时，正在修建火车站，车站与工程队联系后让我写"新塘边站"四个大字，由泥工朱日云用水泥砂浆粉刷在候车室的前门上，做的过程中我具体修改笔画、笔锋，最后用红漆涂红，效果还不错。另外还有"红旗隧道""新塘边渡槽""胡达岭隧道"都进行了书写和砂浆粉刷。

渠道首次试通水

渠道工程从1970年初开始，全县广大群众经过三年多的艰苦奋斗，尚不知渠道水是怎么回事，不少群众对此产生了怀疑，特别是新塘边、坛石、大桥等地的老百姓。为了解除群众疑虑，指挥部根据县里部署，决定于1973年7月30日进行一次西干渠通水试验。

当时，县里对这次通水作出了四条指示：一是在月底前西干渠一定要通水55华里（27.5千米）；二是为了通水如期实现，各级书记（县、公社、大队）要亲自上渠道；三是要充分发动群众，依靠群众的力量，再搞一次大干西干渠的群众运动；四是要以立足防灾精神来保证试水成功。

我有幸参加当时的试通水全过程。

7月30日凌晨3点，峡口水库电站开机发电，3点10分，轮机开足，发电并网成功。

3点45分，测得峡里段渠底水深0.9米，流速0.645米/秒，之后渠道水位慢慢抬高，水流逐渐加快。我跟着水头在渠道边上走。

在峡口电站开闸的同时，桐村过河处打开了河边进水闸门，将水放进渠道，以加快放水进度和增加流量。

早上6点15分，水头到贺社渡槽进口处；6点29分，到达出口。全长706米，流量0.5立方米/秒。

当天中午，水到达茅坂公社坝头大队。官田坞大队一位73岁的长者，趁在坝头看电影的机会，留下来在亲戚的陪同下撑着伞，观看了坝头渡槽的通水过程。她老人家深有体会地说：在毛主席的领导下，现在的人本事强得很了，凭着一张图纸，就能做得这么好，把峡口的水都调到这边来了。

13点46分，水到达红旗隧道出口处；13点51分，水进入白马泉水库。当时这个水库是作为一个调节库容来处理的（既可作洪水期的缓冲蓄水池，也可充分利用这个小水库灌区的渠系发挥作用），冲库时间比较长。

7月31日上午，水从白马泉水库流入西干渠；8点30分左右，水到妙里圳公社民主大队地段，当时为0.5个流量。渠道两边有生产队的社员正在收割稻子，按老百姓的说法，当时正是白田等水的时候。一些渠道边的群众见真的有渠道水来了，立马改变种植计划，原来种旱地作物的改成种双季晚稻。当天，民主大队有30多人在渠边茶叶山上锄草，60岁的钱元同老人说："好，我得好好看一看廿七都来的水。"他说："这是测量队的功劳，是毛主席的功劳！"一句朴素而又实在的话语，是对水库建设者的赞誉，是对共产党的褒奖。

31日中午11点50分，水终于到达毛家仓渡槽南端。水从渡槽进口前的排洪闸排放出去，流向新塘边、吴村、淤头公社部分区域，发挥出它应有的作用。本次西干渠部分试通水成功。因为当时毛家仓渡槽接头尚未完全做好，并且后续渠道也未贯通，不能通水。

这次试通水成功，对后续东西干渠的施工，起到了很大的促进和推动作用。广大群众看到了峡口水库的水的确能来到需要它的地方，眼见为实，感到以前的努力没有白费。

到渠道管理处当临时工

1974年七八月，县里下文成立渠道管理处（下文简称"渠管处"），公布渠管处领导小组成员。组长徐培根，副组长祝谓有是从卅二都公社调来的，组员分别是王理根、姜昌忠、徐容发。

渠管处在物色临时工人选时，竞争很激烈，几百个民工都想留在水库长期干下去，可当时只需要14名临时工。为了更好地服务灌区，照顾灌区利益，渠管处决定在灌区内相关公社的民工中选拔。最后这14人分别是吴村公社3人，大桥公社2人，新塘边公社2人，妙里圳公社2人，坛石公社1人，淤头公社1人，礼贤公社1人，贺村公社1人（周顺有，他是司机），我是作为敖坪公社的名额留下的。另外还有一个司机毛洪效是后来因工作需要，临时雇来的。在具体定员时，当时的竞争相当激烈，大家都想得到这个机会，可名额就这么些。从1974年10月起，我作为临时工被安排在渠管处办公室做文书兼打字员，当时是老式的打字机，所有的字都安放在字盘上，不仅手法要熟练，还要把字盘上的字都记住，才能打得又快又好。从记工分到发工资，是个很大的变化，不仅在经济上，而且在身份上、待遇上也有相当大的不同。当时的月工资是33元加3元粮差补贴，因为户口还在农村，有的人还要拿出一部分钱到生产队里买工分。

当时农民外出赚钱是要向生产队买工分的，这是不成文的规定，一块钱到队里买 10 分工分。到年终时，10 分工分的分红少的只有 1—2 角钱，一般的是 3—5 角钱，农村副业收入好的生产队才有 7—8 角钱，而这样的生产队也就不要你买工分了，要买也不是一块钱 10 分，而是大于一块钱才能买 10 分，当然各地的做法是不一样的。

尽管这样，在民工中我们这 14 位算是幸运者，从民工到临时工也是一个台阶，总算有一点盼头，事实上也是如此。当时回去的人，就没有机会参加水库招工了。这 14 人对当时仍在水库工作的民工产生了很大的思想波动，他们各有各的反应，有羡慕的，更有不服气的："凭什么这 14 人可以留下，而我们就不行？"但毕竟大局已定，该干什么还得干什么。后来水库管理局成立时，根据工作需要留下 34 位同志继续工作，有的还成了管理骨干，走上领导岗位。

群众是创造历史的英雄

自 1970 年下半年秋收结束后起，各公社、生产大队组织广大民工以千军万马之势奔赴工程建设第一线，奋斗在东西干渠上，没有经历过那种场面的人很难想象那是什么样的一种景象。工地上人山人海，男女老幼，比比皆是，红旗招展，学大寨的豪言壮语、各种标语口号到处都是，群众真的发动起来了。

西干渠渡槽工程建设之所以能顺利进行，与当时周边公社广大群众的支持是分不开的，我们专业队伍只是负责建筑物的浇筑制作工作，但大量的沙石料，是事先由各公社发动下属生产大队的群众凭他们自己辛勤劳动送来的。在各个渡槽建设工程开始之前，各公社就根据指挥部的要求，组织力量开展渡槽工程沙石料备战工作。各公社大队的做法不同，有的生产队以队为单位，组织人力车或手扶拖拉机统一运输；有的生产队则将任务分配到户，由各家各户自行肩挑或车推，各种形式，各路人马，各显神通。男女老少齐上阵，争先恐后，把整个公路堵得没法通行，开车的还不如肩挑的快，有的还连夜加班。他们自己带饭带水，从早上出发，到晚上才回家，都是为了完成上级交给的土石方任务。要不是这些无私奉献的广大群众，这个工程不知什么时候才能完成。因此，群众是创造历史的英雄。

（周朝禄，曾任江山市峡口水库管理局党委委员。）

知青——我难忘的岁月

何克胜

也许人到花甲之年，都有一种怀旧的心理。空闲时我常翻开我那尘封已久的相册。其中有一张略泛黄的4寸黑白照片，照片上前排是五名女知青，后排除了两名是当时村里和公社的带队领导，其他七名均为男知青。都是风华正茂的年轻人，个个目光坚定，紧靠在一起，呈现出一个充满朝气而又向往理想的知青战友集体，照片题头写着“和睦公社出席首届知青积代会全体代表合影”，时间“1976年5月1日”。

岁月悠悠，人生如梦，蓦然回首，我曾经历五个年头的知青岁月，转眼已过去40多年了。每当看到这张我唯一保存至今的“知青合影”时，一颗无法平静的心，总把我的思绪带回到40多年前的知青年代。这是我走向社会的第一步，也是我参加工作的开端，至今在我的脑海中显得如此清晰，恍如昨日。

20世纪70年代初，我是一名初中刚毕业的城镇居民。那是一个特殊的年代，不像现在，初中毕业可以上高中或就业，我们只要家里有兄弟姐妹已参加工作的，唯一的出路就是“到农村去，接受贫下中农的再教育”。知青上山下乡成为一种热潮，城镇的街头巷尾，随处可见充满激情的标语:“广阔天地，大有作为”“广阔天地，炼红心”……我自然也不例外。1972年11月25日是我终生难忘的日子，那天，17虚岁的我，成了中国千百万知青的一员。当时不知何原因，我们这批下放知青，走的时候没有人山人海、红旗招展欢送的热闹场面，到了目的地也没敲锣打鼓的人群来迎接。我依依不舍、流着眼泪告别父母，带上县知青办的通知，和几个同学背上简单的背包，带着沉重的心情，徒步沿着崎岖的山路，经过几个小时，来到和睦公社贺仓大队报到。然后，生产队长带我们到了生产队，安排我们住在社员家里。这意味着今后我将与社员们同甘共苦，风雨同舟，开始踏上人生中未知的征程。

记得初到生产队时，我看到村里那些无序的土墙瓦房，望着那又高又陡的大山，心里感到无比委屈和困惑。由于人地生疏，加之在家时从没有接触过农活，我内心凄凉地感到一切是那样无所适从，一切都那样不协调，开头的几个月，经常晚上一个人在房间里偷偷地流眼泪。说实在的，当时碰到的第一个考验，就是怎么生存。每天除了上工和社员一同干农活外，还要自己烧火做饭，离开了父母，一切要靠自己。除了学会干农活，还要学会种菜、砍柴、煮饭、洗衣服、做家务。幸好，生产队的社员们和我的队长都是善良朴实的人，他们没把我当外人看，问寒问暖，像亲人一样关心我，生活上照顾我，农活上耐心细致地教导我，让我离开家又有了家的温暖；离开了母亲，又有了被母亲照料的感觉。在种菜上，生产队也想得周到，分给我的自留地，地好，离我的住所又近，平时哪个季节需种什么菜，都会先告诉我怎样做，要怎样管理。这样经过了三四个月的学习和锻炼，我朴实的态度和付出的劳动得到了他们的认可，我也慢慢地与他们融合在一起，很快地学会了一些农活，有了操持家务的能力。自食其力，使我初次体验了劳动的艰辛和生活的快乐。

在下乡生活中，我碰到的第二个考验，就是身体力行地参加劳动。1973 年是我插队落户的第一年，记得刚开始下田干活时，队里安排给我的都是轻活，尽管不会干，甚至有时没干好，但在记工分时，都会像生产队同龄人一样记工分照顾我。我记忆中最苦的农活，还是农忙季节，即“春耕生产”和“夏收夏种”（双抢），它们关系到整个生产队社员一年的收入和吃饭大事。那时春耕生产整田是老农的活，我们队里年轻人、妇女的主要任务是插秧。整个插秧时间有一个多月，从早到晚弯着腰插秧，有时为了完成预定任务，到晚上 8 点多才完工。一天下来不仅疲劳，更要命的是腰酸腿麻。春耕后几个月，夏收夏种农忙季节又开始了，我们主要的农活是割稻子、插秧，每天同生产队社员一道，日出而作，日落而息。一天十几个小时的农活干下来，筋疲力尽，腰酸背痛不算，有时手上不但磨出血泡，而且还留有伤口，尤其在烈日下，汗水就像小溪水顺着额头、脖子和脊背往下淌。口渴了，就到田边上喝点泉水，到了中午，火辣的太阳仿佛要把人烤焦似的，收工时身上的衣服几乎被汗水浸透了。繁重的体力活，使我第一次真正明白了“面朝黄土背朝天”的意义。

我碰到的第三个考验，就是枯燥寂寞的生活与意志的考验。当时，我插队的生产队是一个背靠大山的小山村。村里共有两个生产队，100多人，住的都是土墙瓦房。每当夜幕降临时，远山近水一片漆黑，静静的大山里时不时传来各种鸟兽的怪叫声。由于从小没有在乡下住过，我常常担惊受怕，忐忑不安。下乡的第二年，生产队在离村口十几米的地方给我盖了一间半的土墙瓦房，房子不远处就有几座老坟。我搬进去后，晚上常因为害怕连觉都不敢睡，开着灯坐着盼天亮。那时农村本来就生活单调，缺乏文娱生活，我白天参加劳动，一到晚上便觉枯燥乏味，难以消遣时光，总是带着一天的疲劳，在孤独的灯下看书、写日记，来打发一个又一个麻木的夜晚。正当我日复一日地重复劳作和寂寞、青春的激情慢慢消退时，大队根据公社的指示，帮助我们建立了知青学习小组。每周两个晚上，我们七八个知青在一起，交流感情，谈谈感受，以此消除疲困，打发闲余时光，让大家暂时忘记寂寞和思恋之苦。随着时间的推移，我与队里的年轻小伙们打成了一片，除了每周两个晚上学习小组活动，其他闲余时间，几个爱好乐器的同龄人一起在我的住处吹口琴、笛子，拉二胡，吹拉弹唱，自娱自乐。慢慢地，我的生活增添了乐趣，消除了寂寞枯燥，增强了信心，我用汗水和劳动换来了许多书本上学不到的知识，这使我在后来的人生道路上受益匪浅。

1974年，我在摸爬滚打的实践中，逐步学会了一些农活，如插秧、割稻、种麦、锄地、挑担、上山砍柴……可以说队里的农活基本都能干了。我的行动和努力得到了社员的认可和信任，我不仅适应了环境，而且适应了农耕的生活，成了一名地地道道的农民。当然学会这些也不是一帆风顺的，是我通过苦涩与艰辛的磨炼，用血水与汗水浇灌而成的。这一年“双抢”结束后的10月，队里根据大队落实的任务，让我作为队里选出来的队委，带领部分青壮年劳动力，奔赴江郎山，干起了战天斗地的挖峡口水库东干渠的任务。记得我们20多名年轻人，挑着箩筐走进江郎街，租住在一名农户家的楼上。大伙同住、同吃、同干活，当时每人每天要挖泥挑土五六十担，整个任务持续了一个月。虽然每天都很疲倦，但是又笑又闹的集体生活很有意义，也很快乐。

1975 年是我插队落户的第三年，大队组建了副业队，需要从每个生产队抽派一名劳力参加。春节一过，队长派我去副业队干活，19 岁的我很快与 10 个生产队抽去的人员打成了一片。记得当时副业队的任务是在大队驻地村前一座小山坡上挖沟种植桑树，发展养蚕业。当时没有技术员，我根据队长的安排，充当技术员，每天从早到晚跑上跑下，既要帮农户划线下任务，又要验收农户挖的沟、记录、打证明。整个任务持续了六个多月才完成。这年下半年，知青回城流开始了，昔日一同下放的知青同伴，开始通过各种关系和途径返城，有的招工，有的上工农兵大学，有的病返。我们这些还在干活的知青，虽然心烦意乱，却也只能在艰辛苦涩中翘首以待，期待着暖春时刻早日到来！

1976 年是我下乡插队落户的第四个年头，由于我的表现得到了社员们的普遍认可，大队知青战友们推选我为知青代表。这年的 5 月 1 日，我光荣地出席了县首届知青积极分子代表大会。短短的三天会议，我听到了许多知青先进事迹的报告，又认识了许多在同一线的知青战友，很受教育和鼓励。我第一次感到作为一名知青的光荣和自豪，第一次得到启发，我的命运必须是自我的理智选择和努力的结果，要靠品德自持和劳动实践才能找到希望。这一年春夏之交的一天，我们正在山坡上干活，突然浓烟滚滚，村里一农户家中发生火灾，碰巧整个村里的劳动力都到山上砍柴去了，只有我们副业队的十来个人。火灾险情就是命令，我们在队长的带领下，毫不犹豫地冲下山，赶到现场，冒着滚滚浓烟和熊熊大火，冲进去抢救农户的财产。经过几个小时的拼搏，火终于灭了，我们也筋疲力尽。虽然我们抢出了一些东西，人员没有伤亡，但是这次火灾造成的损失很大，一幢四合院的房子，几乎坍塌了。这一天的晚上，碰巧公社放映队到我们村里放电影，放映前，公社的领导专门在广播上表扬我们救火的行为。这件事虽然已过去多年，但当时的情景，也可以说那场血与火的考验，给我留下了深深的印象。

40 多年过去了，往事历历在目。当年青春似火、风华正茂的我们这一代知青，如今都已两鬓斑白，踏入老年。上山下乡给我和知青战友们留下了抹不掉的记忆。每个人的感受是不同的，也许是一段峥嵘的岁月，也许是一段困惑的悠悠岁月，也许是一段不堪回首的蹉跎岁月，但是无论如何，我认为，它还是磨炼了我们这代人的意志，培养了我们这代人吃苦耐劳的优良品质。

每个人都会经历一个或几个对其一生有着重要影响的阶段，于我而言，就是知青岁月。它虽然谈不上是“火红的青春”，但却是我的荣耀，是我踏入人生征程和成长的关键时期。这段岁月使我更多地认识了解了农村，懂得了我们伟大的中华民族的农耕生活，让我锻炼了筋骨，磨炼了意志，学会了劳动和做人，懂得了艰苦朴素，培养了我正直、坚毅的性格。这段岁月深刻地影响和改变了我的人生观和价值观，为我后来的人生道路打下了坚实的基础。

1976 年 11 月 15 日，我带着无限感触，也带着无限眷恋，离开了那片曾经生活战斗一千多个日日夜夜的广阔天地——我的第二故乡，走上了新的工作岗位。当年历史赋予我们“知青”称号，留下了我们的青春足迹，虽然经历无数痛苦，流下无数泪水，但重要的是，我们见证了那段岁月，获得了宝贵的精神财富。我青春无悔，并将永远铭记这段岁月。

（何克胜，中国工程建设优秀执业经理人，曾任浙江万厦建设有限公司董事长、总经理。）

难忘知青生活

项阳

离开农村已有40多个年头了。40多年前，由于众所周知的原因，刚从中学毕业的我，“插队”去了一个地多人少的小村，度过了几年“战天斗地”的岁月。虽然那段日子苦涩多于甜蜜、艰辛多于幸福，但却使我常常忆起。

记得到生产队报到后第一天出工的日子，是1974年7月23日。这天烈日当空，暑气逼人，队里大部分社员的活儿是到离村2里（1千米）路外的水田里割稻。为了给贫下中农留下个好印象，我谢绝了队长让我们几个知青和几位老伯去桑树地里采摘“饭豇豆”的轻松活，自恃在学校曾是“运动员”的体魄，硬是要求跟大伙儿去割稻。起先，我用的是一种称作“利戟”的工具，割了一会儿，我看到不少社员用的是“稻弓”，“唰、唰、唰”，干净、利索，且双手分开操作，比“利戟”方便，便要求换用“稻弓”。在几位社员手把手的指点下，我将“稻弓”套在手指上，小心翼翼地收割起来，慢慢地似乎有些熟练了，便逐渐加快了速度。可是，干了一阵子，从未在头顶暴晒、脚下水烫（稻田里的水也晒烫了）的环境下剧烈劳动的我，渐渐地吃不消了（可社员们是割完一丘田，几乎没有休息，又接下去割下一丘田了）。我浑身被汗水湿透，脸上的汗水几次模糊了眼睛，只听“哎哟”一声，我的右手拇指被“稻弓”狠狠地划了一个口子，顿时鲜血直流，旁边的几位社员立刻停下手中的活儿，忙着从身上撕下布条给我包扎起来……

后来，经过较长时间的磨炼，渐渐地我也能在离村三四里的地方，割稻、插秧至歇工，中午往往要到12点以后，晚上要到天完全黑下来，在口干舌燥、饿得前胸贴后背的情况下，还要挑回满满的一担稻谷。

又记得是在一个夏日的晚上，劳累了一天，我独自一人待在“知青屋”里，坐在床沿洗脚，准备就寝。这时，忽然看见一条拇指粗细、带花纹的蛇悄悄爬进我的房间。顿时，我汗毛直竖，赶紧跳上床，顺着墙角，急速摸了一根竹竿，站在床上，瞅准机会，狠狠地打了下去，然后我又迅速跳下床来，一鼓作气，将蛇打死，心却还在怦怦直跳。

三年农村生活中，我和农民打成一片。我抽过老农们递过来的旱烟筒，也喝过他们用沾满茶垢的茶杯泡的苦涩的茶水。正是由于生活在他们中间，我懂得了生活的艰辛，懂得了不少人情世故。农村生活磨炼了我吃苦耐劳的品质，培养了我真诚、朴实、谦逊、自强的品格。虽然我到机关工作40多年了，并有了一个温馨幸福的家，但我总觉得那段生活经历给予我很多有益的东西，激励着我的一生。

（项阳，曾任江山市总工会主席。）

难忘的知青岁月

王绍顺

2021年5月的一天，我再次回到当年插队务农的大贤坂村叶村自然村，欣赏了美丽的村容村貌，找到童海根等当年的好友交流畅谈。站在当年居住的知青屋前，我浮想联翩，40多年前的知青往事，纷纷浮上脑海。

1974年7月30日上午，江山县政府门前人山人海，红旗飘飘，锣鼓喧天，一辆辆贴着大红标语的汽车排列在路上，无数知青披红挂绿地集合在一起。在震耳欲聋的鞭炮声中，在母亲依依不舍的眼光里，我们唱着歌，喊着口号，满怀激情，义无反顾地踏上了上山下乡、到农村去的道路。

一路欢笑一路歌。汽车把我们这批20多名知青送到离县城20多里（10多千米）的贺村区敖平公社。简短的欢迎仪式后，我和另外一位叫何建华的知青被分配到叶村大队。

敖坪到叶村有2里（1千米）多地，途经一片很大的田坂时，带队的领导介绍说：这叫大贤坂，是江山第二大的田坂，总面积有3800多亩（约2.53平方千米），非常适合农业机械化发展。望着绿油油、交错纵横、一望无际的大地，从未出过远门，一直生活在小街道、小弄堂的我被震撼了，能在这么广阔的天地生活，以后肯定大有作为。

大队领导十分重视我们的到来，特别关心我们的生活，把我们安置到条件比较好的农户家中（那时还未建知青点）。我被分到周元祥家。男主人会一些小手艺，还是个土郎中，会用中草药治一些头痛脑热的小毛病。女主人叫童衰梅，个子不高，但和蔼可亲。儿子叫周仁发（后来当过村主任），与我差不多年龄。家中条件尚可，有三间二小厅的房屋，房前有一条小溪，屋后有一棵大樟树，枝繁叶茂，耸立在村路口，十分引人注目。对于我的到来，他们一家人很欢迎，也很客气，我也就很快安下心来。

大队领导关心和照顾我们，把我们安排到副业队，使我们能够比较轻松地参加劳动，还从当时比较困难的集体经济中拨出一些口粮和每月5元现金补贴，加上我们知青第一年每月有国家发给的28斤粮票和10元现金补贴给住户，使我们放下思想包袱，吃住无忧。

我在副业队主要的农活是维护桑树林、养蚕，以及在桑林中种花生、大麦、小麦等农作物。桑林面积很大，有100多亩（6万多平方米），蚕也养得很多，每季最多养20张蚕种苗，可产生几百斤（1斤为0.5千克）蚕茧，是当时敖坪公社乃至江山远近闻名的养蚕大户。副业队有20多名社员，队长童世根是位专业技术全面、责任心强的领导。每天我跟他们迎着朝霞去采桑叶，顶着烈日在桑树林挥汗如雨，锄草施肥。由于桑树林几乎密不透风，又闷又热，加上我容易出汗，衣服干了湿，湿了干，每次收工回家，衣服上都会有一层白霜，汗臭难闻。

养蚕有技术。幼蚕从卵里孵出来，要特别小心地对待它。队友兼好友周仁义经常手把手地教我如何用嫩桑叶喂蚕，如何为蚕宝宝换位，如何清除蚕粪，我渐渐掌握了一些养蚕技巧。幼蚕慢慢长大后，需用不同的桑叶喂养，每天需喂三四次。养殖室还要定期做好消毒工作，预防发病。

等蚕在用麦秆扎成的枝枝杈杈的窝里结茧后，就摘下蚕茧，然后挑到公社供销社去卖。这是大家最高兴的时候，“小气”的童队长会大方地给大家加工分，发实物，以示慰劳。我们副业队的工分很值钱，每10分工有1元钱分红，收入水平位居全县前列。我二哥下放在何家山公社麻车大队，那里10分工分不到2毛钱。我每天的工分是8分，有8毛钱，是个不得了的数目。

在副业队，虽然比较辛苦，但我劳动生活很充实愉快。刚到农村，19岁的我人高马大，能吃苦，干活不怕累，所以食量特别大，每顿饭没有两三大碗是吃不饱的。记得有一天，副业队收工比较迟，回到房东家已比较晚了，当时我很饿，所以特别能吃，三碗饭吃完后还想再吃。碰巧在场的邻居大爷开玩笑说：“怎么这么能吃！”虽然是开玩笑，但敏感的我十分难受，放下碗后，越想越伤心委屈，一路哭着回到住处。

第二天，大队书记叶洪修同志、大队长童华德同志知道这件事后，十分重视，专门召开队委会，商量决定了几件事：一是把我们搬到小溪对面学校边暂住，二是马上建造知青点。当时建立知青点国家有优惠政策，有一点钱补助，我记得每位知青有两三百元。叶村大队千方百计克服困难，挤出经费，目标在三个月内完成建设。

知青战友何建华在这件事上出了不小的力。何建华父亲是县城二轻联社供销公司的经理，帮助村里买到了十分紧俏的钢材、水泥。有了这些物资的支持，知青点建设进度很快，我每天也参与打下手，记工分。不到三个月，年前，知青点六间平房就顺利完工了。六间房一字排列，我分在第二间。有了新房，我真正感到有家了。

有新房、有家后，盐、油、酱、醋，特别是如何做饭就成了大问题，有柴火没灶头，有煤油炉没柴油。大队领导很关心我们，大队长童华德同志利用一次去公社开会的机会，亲自向公社领导反映知青烧饭的一些实际困难，公社领导当即做出决定，从当时十分紧张的柴油配给中，按每位知青每月 10 斤（5 千克）定量供应，且是公价，解决了知青烧饭用油困难问题，使大家都方便实惠。

知青点门前边上是叶村小学操场。学校的周老师会拉二胡，声音很动听，我们经常跑去听。我喜欢下象棋、军棋，所以，知青点很快就成了村里年轻人玩乐的场所。我也结交了许多好朋友，像周土修、叶元清等人经常找我下棋，当时的村团支部书记、民兵连副连长叶春高，以及叶坤水、周元雄、童海根等人也经常找我们玩，大家天南地北地聊天侃大山。志同道合的我们，有时还会去贺村赶集，晚上走 10 里（5 千米）多路去外村看电影，让我们的生活尽可能丰富多彩一些。叶春高是我在叶村最好的朋友，我天真、上进心强，他一点一滴地指导帮助我，介绍我入团、加入民兵连，最终我还担任了村团支部副书记、民兵连排长的职务。

1975 年，即下乡的第二年，为了磨炼和考验自己，我主动要求去条件艰苦的第一生产队劳动。一队有水田 150 亩左右（约 10 万平方米），还有一些旱地。水田主要分布在大贤坂，主要种植水稻等农作物，旱地主要种植小麦、番薯、土豆等。在农业队，我学会了春夏秋冬四季不同的农活，特别是夏收夏种。我还曾兼植保员。

记得有一天清晨，为了节省时间，我早早地起床多做了一些米饭，吃完早餐后，6 点左右我与几位植保员去水田里治虫，然后随社员们去割稻、打稻谷、挑稻谷。中午，把早上留下的冷饭草草地热了一下后，就着咸菜下饭。下午的农活是耙田除草，傍晚接着又去插番薯苗。为了提高番薯苗的成活率，需全部插好苗种才行，一直到晚上快 12 点才结束收工。回家的路上，真是又累又饿。回到家后我正准备煮点吃的，这时邻居周大娘端来一碗番薯粥给我吃，可把我高兴坏了，吃起来感觉比山珍海味都好吃。大娘怕我吃得太快，提醒我说，慢慢吃，不够家里还有。这句话感动得我红了眼睛，一辈子难忘。

新来的知青慢慢多起来，徐敏、张雷风、赵本福、余绍琪他们也先后来到叶村，先后有 10 人之多。1976 年 8 月底，我经公社和大队推荐，抽调参加工作，分配在贺村农机厂，一年后调到江山电器胶木厂。

两年多的上山下乡经历，让我们品味了生活的甜酸苦辣，我们辛劳的汗水洒遍大贤坂的每一块土地，艰苦的环境磨砺了我们吃苦耐劳的意志，培养了我们刚毅向上的品格和坚忍不拔的进取精神。此外，还让我们深切地感受到了浓浓的乡情，让我们相信爱在人间温暖多。

参加工作后，我从供销员干起，当过供销科长、经营厂长和厂长。春去秋来，岁月如梭，转眼间我已从当年的青春小伙变成满头白发的“老头子”，退休养生了。退休后我继续发挥余热，担任江山市围棋协会主席。其间也碰到了许多曲折困难，但与农村的艰苦岁月相比，感觉都是小菜一碟。

无论岁月如何变化，知青情结永驻心间。

（王绍顺，江山市劳动模范，曾任江山开关厂厂长。）

追忆青春岁月

童海根

叶村在敖坪公社算不上人口多的一个村庄，但是下放知青却不少，有10人之多。翻看了《江山敖坪下放知青通讯录（2015年1月）》以后，我发现敖坪总共有102名知青（不完全统计），最多的是湖前村16人；第二多的是10人，有三个村庄，分别是民主、团结、叶村。三个当中，叶村是人口最少的村庄，那时全村只有700余人。四个村庄几乎占了近半数知青。叶村为何会有那么多知青呢？因为叶村地方好，田多水秀，村民纯朴友好、不排外。

当时叶村的分红，即每工能分到的钱，一般有八九角人民币，年份好时，好的生产队分红会超过一元。到年底扣除口粮款以外，还有钱分到手头，能够自足。有知青回忆当年的手表是来时父母花钱给买的，年底分红后，能把钱还给父母。而敖坪公社分红少的大队只有三四角或五六角一个工，做到年底，连口粮钱都不够缴。

还有个原因：叶村处于河边，土地以沙性为主，劳作时，与那些主要是黄土地的地方相比，要轻松得多。可怜天下父母心，谁都希望子女能过得好一点。因此，送往叶村的知青也多一些。

1974年最早来的是两位，分别是王绍顺与何建华。直到1977年，前后四年陆续来了有10人之多。

工作与生活

叶村大队当时分四个生产队加一个副业队，生产队只是种田，副业队则种桃树梨树、养蚕、养猪、养鱼等。

生产队和副业队都分有知青，一开始都落实到户，吃在农户。后来知青自己开伙，自备煤油炉、小锅等。生产队给分了一块地，离住地很近，土质肥沃，供其种菜。因肥料稀缺，所以差的地很难种出蔬菜来，这也是生产队从照顾知青、爱护知青出发而为。有时邻居会将自己种的菜放在知青门前，有时会让他们到自己的菜地去摘，总之，村民见知青小小年纪一个人在外，要出工，要种菜，要洗衣，很不容易，时而帮助他们。

为了知青来后能安定地生活，叶村大队在资金不是很充裕的条件下，专门为知青建了一栋房，就叫“知青房”。六间一字排开，前后开窗，空气流通，白墙红瓦，玻璃窗，木门，门口有一个大广场，让外地来串门的知青看了眼红，说叶村的知青福气真好，恨自己没有到叶村来。

来往趣事

那时的娱乐可以说少得可怜，农村连电视机都没有，只有那挂在墙上的喇叭，或叫广播。当我心情不好时，总会对它发火，整天吵哄哄的，也没有什么新鲜的东西播放。但有一个好处是广播会及时播出当晚或第二天晚上在哪里放电影。遇上放电影，大家都兴高采烈的，一个村接着一个村地去看，接连看上几个晚上。知青与当地青年会一起去看。在那放电影的广场上（一般是晒谷场）会碰到其他村的知青，这样大家也就慢慢地熟悉起来，电影散后，还会聚在一起谈谈电影情节再回家。

记忆最深的是麦饼的故事。有一年春天小麦收割以后，有几个知青到我家小坐（因年龄相仿，平时也谈得来）。母亲见知青来，家中也没有什么东西吃，急急地跑到灶间，烙了几个麦饼。用新鲜的面粉烙出的饼很香，有一位女知青吃到嘴里，乐呵呵地说，这干麦疙瘩真好吃，真香。大家都笑了起来。在大家的笑声中，她知道了原委，也笑了起来，想起了准确的叫法，急忙说，呵呵，是叫干麦饼。大家又笑了起来，因为我们只叫麦饼，不加“干”字。麦疙瘩是指面粉用水调和，稀点或略干点，一小坨一小坨的，用手拧出，或用竹筷挑出，直接在稀饭中或者开水中烧熟，是带水的，而麦饼则是干的。因此以后大家见到她都会开玩笑说干麦疙瘩来了。此女知青长得高挑又漂亮，温柔又善良，与那黑黑的麦疙瘩实在不相称。大家只是笑笑而已，在那个年代也是一种亲切的表示。40 多年过去了，我却想不起来此女知青叫什么了。

知青年会

2016 年 1 月 9 日，贺村镇大贤坂村叶村自然村迎来了敖坪公社大部分的知青，原来是在举行江山原敖坪公社下放知识青年联谊会。这是他们离开敖坪后的第一次聚会。生活在江山本地的知青来了，在宁波、湖州、杭州、衢州工作的知青也来了，远在台湾的知青叶锦凤女士得到消息也专门赶回来了。共有 48 位知青参加了此次聚会，接近当年知青人数的一半。他们与叶村的新老干部、同龄人及村民 20 余人齐聚一堂，共同追寻知青文化、农村文化，畅叙亲情。

在会上王绍顺代表驻村知青发言，说出了当时的喜乐哀愁。他说，从到叶村那天起，与所有的知青一样，我们走向了农村，走向了社会，尝到了生活的艰辛，担负起了社会的责任。记得在村民家中搭伙吃饭，每每晚上回来，肚子空空，腰酸背痛，但最后都坚持了下来。他印象特别深的是两件事。有一次回来很晚了，邻居奶奶端了一碗地瓜粥给他吃，那感觉比什么都好吃，一下子一碗就下肚了，奶奶看在眼里，痛在心里，让其慢慢吃，嘴上说着“锅里还有的，还有的，管饱”。热烈的掌声在会堂里响起，大家为老奶奶的言行而鼓掌。还有一件事是他事后才知道的，其本人的一次大哭，被时任大队长童华德知道了，童队长就在公社会议上提出知青吃饭烧柴的困难，公社书记根据此情况作出对每位知青补贴十斤柴油的决定。此时会场再次响起热烈的掌声，感谢社会体谅、理解知青的困难，在生活困难之时，及时地给予支持。

王绍顺说，他是 1974 年到叶村的，那年才 19 岁，至今已经有 40 多个年头。时隔 40 多年回到曾经劳动过的地方，特别有感情，看到乡亲们的生活大变样，新修的房子比比皆是，水泥道路修进了村里，大家也用上了自来水，居住环境和原来完全不一样了，为此也由衷地高兴。有了知青的这一段经历，他对以后的工作更加珍惜，也更加努力，因此也取得了一些成绩。

现任村干部周立华介绍了目前的情况和未来的打算，感谢知青能回来看看，希望他们能经常来乡下互动，给乡村带来新的点子。

记忆中的伙伴，见面后握手拍肩，那简单的肢体语言，把时间一下就缩短了，好像昨天还在一起，畅谈甚欢。

知青们参观了叶村的新貌，在原知青居驻点逗留了若干时间，谈古论今，拍照留念。

村民用最朴素也是最隆重的方式——打麻糍来迎接知青，那软软的、热乎乎的、粘着芝麻糖的甜甜的麻糍，非常可口。知青们不仅自己吃了，还带回去让家人也尝尝。

为了记住这段历史，知青们在文化礼堂前面合了影。

叶村知青点现状

叶村知青点，也就是当年知青住的房子，至今还在那儿，门口的树都长起来了，已经超过屋面。墙面没有过去白了，体现出历史的沧桑感。

边上的蚕棚还在，有的知青就在那里面养蚕，从怕蚕，到见蚕就笑，这一个过程是那样的清晰，就像昨天刚发生一样。

召开原敖坪公社下放知识青年联谊会的叶村文化礼堂，也就是最早的大会堂，建于 1978 年，这是见证叶村与知青关系的丰碑。当年知青也参加了建造，挑石头，搬砖块，当时材料相当紧张，知青们利用外围关系采购了急需的材料。

这几年每年都有知青回去走走看看，为了让知青记住那段回忆，叶村计划重新修整该房，在边上立碑，把门口的场地变成知青广场。相信不久的将来，会有一个大变样。当他们再次来到之时，可以再次住在知青点，重温当年的生活场景。

（童海根，高级工程师，曾任中国水利水电第十二工程局企业管理办公室主任。）

知青点的歌声

杨建

1976年初春，刚满17岁的我，因为家里缺少劳力，初中一毕业就回队里挣工分了。那个时候，我们这里刚刚来了一群从杭州、江山等城市下乡的知识青年。大队支书知道我念过几年书，他大约觉得刚走出校门的小青年，都需要一个苦地方去磨磨，也觉得我们与这群插队的知青说得上话，就决定建立一个知青点，将我和另外两个回乡青年，连同12个下乡知青，编成一个副业队，开进一个离家几十里（1里为0.5千米）的深山老林里，与大山做伴。

经过一整天披荆斩棘的攀爬，顺着一条羊肠小道，我们到达一条山沟沟。几座新搭建的茅草棚出现在眼前，那些还没干透的泥巴墙上，贴着几条大红标语："知识青年到农村去，接受贫下中农的再教育""广阔天地炼红心，扎根农村志不移""向荒山要粮，要河水让路"。看到这个场景，我便知道这就是知青们战天斗地大有作为的场所了。

我虽然出生在农村，但从踏进这深山野岭的那刻起，心里就像被大山挤压得喘不过气来似的。我当时一个人静静地站在一角，默默地望着这人迹罕至的重重群山，耳朵被阵阵的鸟声和沙沙的林声填得满满的，整个人让飞舞着的山蚊子、小虫子围得实实的。想到要在这样的地方待着，心里不觉五味杂陈。而那群城市青年，因初来乍到而兴奋连连，一边高喊着我们是"夹皮沟"的居民啦，一边满山跑摘野果子。这也难怪，如果放在现在，我们劳作的那个知青点算得上好地方了。天上白云飘忽，地上万顷苍翠，环立的群山蓄着一湾碧水，山中巨树参天，水里白雾蒙蒙，是个原生态的世外桃源。

那时，我们的任务是劈柴开荒，先放火烧山，然后开垦播种。那些年，我们种过花生番薯，也种过玉米大豆。虽然刚出土的苗儿就让虫子吃了，刚结下的果子就被野兽啃了，但我们从没歇下过开山锄，以“滚一身泥巴，炼一颗红心，干一辈子革命”的豪情壮志，让黑油油的土地，从我们脚跟下一寸一寸地向外延伸……多少年之后，我曾专程回访我们曾经改天换地的地方，如今，那儿已成为一个茶园，所产的茶叶远近闻名。

那个时候生活非常呆板单调，副业队里没有电灯，没有广播电视，唯一的娱乐和消遣就是唱歌。劳作完毕的夜晚，抑或是早起的清晨，知青们就用一首首的歌曲，送走了一日又一日，用一声声的歌唱，度过了一段最珍贵的青春年华。

几个月相处下来，我发现那些来自天南海北的伙伴们，竟然有个共同的爱好，那就是在所有的歌曲里，他们对电影故事片《怒潮》的插曲《送别》情有独钟。

那是怎样的一个情景啊。在宁静的夜晚，四周一片漆黑，昏黄的灯光从窗口漫出，知青房里出现了短暂的沉寂。每每这时，那曲深沉的情意缠绵的《送别》，便从草房里飘出来：“送君送到大路旁，君的恩情永不忘……半间屋前川水流，革命的友谊才开头……送君送到江水边，知心话儿说不完……”歌声穿过树林，漫过山峦，在浓浓的月夜中默默穿行。歌声中虽无刻骨铭心的宣泄，但在那深深的情意中不免透着淡淡的惆怅和欲说还休的缱绻。歌声中更有对远方亲人的思念，对人间真情的渴望。

知青们唱得最投入、最煽情的时刻，也正是在送别同伴的时候。知青们或被推荐上大学，或上调回城工作，每走一人，留守的就用《送别》一歌相送。那情那意实在叫人动容难忘。返城的知青，此时将与几年相处、情同手足的朋友各处一方，他们都将难离之情浓缩在两行热泪里；相送的人，则将千言万语唱进一曲《送别》之中。天刚蒙蒙亮，叙了一夜情谊的我们，将返城者送上山路，一程又一程，而那首情景交融的《送别》，则一阵阵地在山间回荡，歌声一直伴着一步三回头的行路人消失在山尽头……

随着下乡知青返城高潮的到来，几乎隔上一段时间，我们就会上演一回用《送别》的歌声送别同伴的情景。当最后一名知青离开深山走进闹市时，此歌已在大山中飘荡了三个春秋。我想，每个在这里插过队的知青都应该记得，大山也应该记得。

一首《送别》之歌，唱走了我们多少寂寞和困倦，也唱出了我们几多情感和愿望。有些东西，在记忆中是永远无法磨掉的，比如这首刻在心扉的《送别》，尽管岁月更迭，时过境迁，但当我为情所牵或为物所触时，便会情不自禁地从心底缓缓地流出来，心头涌起阵阵暖意。时至今日，只要我们一唱起或一听到这首老歌，旋律过往处，眼前就会浮现出一张张熟悉的脸孔来，让你想起了我，使我想起了你；侧耳倾听，也会勾起在那深山老林里的桩桩往事，便觉无比亲切，不免感慨万千。

（杨建，浙江省作家协会会员，曾任职于浙江江山化工股份有限公司。）

我在江山水泥厂当厂长

在这里留有最深的记忆

李治贵口述 杜渐整理

江山水泥厂开始建厂时，为了尽快建立一支技术工人队伍，国家决定从江苏南京的中国水泥厂抽调一批技术工人支援建设。因为我1953年就入了党，政治素质过硬，又在北京琉璃河技工学校接受过回转窑管理、化验技术等专业系统的学习，还参加过广州水泥厂的技术会诊，所以我成为这支队伍的一员，在1958年11月调到江山水泥厂，参与工厂建设和负责窑系统管理。

我是1976年当厂长的。当时“文化大革命”刚刚结束，百废待兴，工厂生产还不太正常，干部职工早晚须参加学习，但我当时的首要任务是想尽办法让工厂生产尽快恢复正常。

后来，水泥生产慢慢回到正轨。在保证质量的同时产量也逐年提高，工厂效益不断提升。我又把改善职工的生活福利提上议事日程，在江山率先让水泥厂职工用上了煤气，提高了福利待遇，让职工们安心搞生产。当时工人们都为在水泥厂上班感到自豪。

1980年，为了更好地支援国家建设，我们抓住改革开放初期全国建设水泥用量大的时机，上报新建3号窑项目，得到了浙江省政府和地方政府的支持，扩大了江山水泥厂的生产规模。

1982年，浙江长兴水泥厂建设完毕，省里把我调去担任第一任厂长。后来我又在长兴水泥厂当顾问，直到1989年退休。

我这一辈子工作四十几年，经历了三个水泥厂，为浙江水泥工业的建设做了一些工作，其中在江山水泥厂工作的时间最长，感情也最深。有这么长的发展历史，而且现在仍然充满活力的工厂已经不多了，衷心祝愿“江泥”越来越好。

（李治贵，曾任浙江江山水泥厂厂长、浙江长兴水泥厂厂长。）

不惧岁月蹉跎，只为真心做事

李辛龙口述　杜渐整理

我叫李辛龙，生于 1935 年 5 月，浙江湖州人。1957 年，我从南京工学院化工系硅酸盐（水泥工艺学）专业毕业，被分配到江山水泥厂筹备处工作。

因 1957 年反右运动影响，我受到不公正待遇。1971 年摘掉“右派分子帽子”后回到技术岗位。

1978 年我正式平反，担任江山水泥厂总工程师助理。1980 年提拔为副厂长、总工程师。1982 年担任厂长，一年后调任金华地区行政公署担任分管工业的副专员，兼任江山水泥厂厂长。再后来又先后调任长兴水泥厂厂长，浙江省建材工业总公司党委书记、总经理，浙江省水泥协会会长等。可以说，我一辈子都没有离开过建材行业。

回想在江山水泥厂的那段工作经历，感触很多。就我个人而言，报效祖国的理想信念坚定不移。20 世纪 80 年代初，厂里建设 3 号窑，那是江山水泥厂的第一条全国产化的生产线，我负责这个项目。全厂干部职工自己施工建设，为国家节约了一大笔建设费用。

我担任厂长时，正值改革开放初期，国企改革是一大课题。为了推行经济体制改革和技术创新，争取为国家多做贡献，为职工多谋福利，我当时在全省国有企业中率先实行“利润包干”。虽说当时存在一定的风险和压力，但此举得到了党和政府的支持和批准，实践证明是正确的，为国家多创了效益，为企业的发展备足了资金，为职工谋了福利。厂里产量增加了、效益高了，工人的收入多了、福利越来越好了，劳动积极性自然就上来了。当时省级报纸和电台进行了专题报道。

就江山水泥厂而言，我觉得有三点是值得肯定的。

第一，1958年，来自全国各地的建设者，发扬艰苦创业、勤俭奋斗、吃苦耐劳的精神,从无到有,在荒山沟里建起了两条湿法水泥回转窑。“江泥”是全省乃至全国发展水泥工业最早的国有企业之一，具有标杆作用。

第二,“江泥”对国家的贡献非常大。生产的都是高标号、高质量的水泥，先后支援了新安江水电站、南京长江大桥、宁波港等一大批20世纪六七十年代国家和省里的重点工程建设。企业的效益也是相当好的，撑起了当时江山县地方财政的半壁江山。

第三，“江泥”培养了一大批水泥工业的管理和科技人才，为浙江省水泥工业的发展奠定了坚实的基础。

（李辛龙，曾任浙江江山水泥厂厂长，浙江长兴水泥厂厂长，浙江省建材工业总公司党委书记、总经理。）

激情创业，满怀感恩，不忘初心

王宽口述　龚洪芳整理

艰苦创业建厂

我于1958年进厂,当时厂区还是一片荒山。建厂初期,生活设施简陋，黄泥墙的瓦房算是好房子，很多人住草棚，冬天下雪，雪花都能飘进来。

因为这是浙江省第一个大中型水泥企业，国家调配了全国各地的人来支援。当时机械施工和汽车运输设备很少，驻江部队便指派战士参加挑土建设（所以后来江山水泥厂与驻江部队一直保持很好的关系）。因为工厂基建需要毛竹，很多职工就去山里扛毛竹，靠着大家一双双手和一双双脚，把毛竹背到了工地上。那时候大家参加建设的热情高涨，没有人叫苦。

1号窑从1958年4月18日开始兴建，到1959年4月18日投产。我参加了当年第一台窑的投产点火，磕磕碰碰摸索着，直到1959年9月16日生产才算走上正常轨道。

质量就是效益

1986 年我从经营副厂长走上厂长岗位，一直到 1997 年退休，先后建设了 4 号、5 号、6 号窑。我那时候最关注的就是产品质量，1991 年我们的水泥获得了全国银质奖章。当时全国 80 多家企业参评，但只有 5 家获奖，靠的都是硬指标：产品合格率、出厂合格率、富裕标号、标准偏差等。我们强调产品质量第一，以质量求生存。

评上全国银质奖章，对企业是一个大促进。产品质量好，企业的效益也高了。当时江山水泥厂的水泥价格每吨比其他厂至少高出 10 元钱，虽然价格高，用户也买。特别是温州人，他们觉得建房子是百年大计，质量好多花点钱也合算。还有像宁波港、南京长江大桥、秦山核电站等重点工程，都是选用我们的水泥。当时就是因为我们厂水泥质量好、信誉高，虎山水泥成了紧俏货，企业经济效益也水涨船高，上缴税收一度占了江山财政的 55% 左右。

上市不成功有遗憾

1993 年企业开始搞股份制改革，主要目的是上市。股份制改革后，江山水泥厂实际分为两个部分，一个是江泥股份有限公司，一个是江山水泥厂。当时想通过股份制改革把企业办社会事业的部分剥离出去，但实际没有剥离，企业办的幼儿园、小学、中学等都是靠江泥股份公司来养。后来省里来做上市评估，企业没有获准上市，这是一件比较遗憾的事情。

现在想想，那时候改革不彻底，企业办社会事业包袱背得太重。但后来在张剑星手上企业成功改制，他带领企业华丽转身，加盟南方水泥，实现了双赢。

不忘初心亦感恩

我们水泥厂就像一个水泥历史博物馆，先后经历了鸭蛋窑、土窑、湿法回转窑、湿磨干烧和全干法窑，再到如今先进的窑外分解窑。这个发展历程是紧跟党的改革开放政策的。

江山水泥厂有辉煌光荣的历史，也培养了很多会管理懂技术的干部，为社会输送了很多人才。那时支援长兴县建水泥厂，我们一次就选送了60多个生产技术骨干。

江山水泥厂的名气很响亮，成就了很多人，包括我在内。我当过两届浙江省人大代表，江山的省人大代表名额有限（两届中一届3个人，一届4个人），我都是其中之一。我当选就是靠水泥厂的知名度。1987年我被评为浙江省劳动模范。1989年被评选为全国劳动模范，在省里开会时我就说这是江山水泥厂的荣誉。江山水泥厂的荣誉是怎么得来的？就是靠全厂职工共同努力、共同创造得来的。

习主席说，要不忘初心。企业发展要锐意改革、开拓进取，但艰苦奋斗不能丢。我们企业领导提高经济效益的同时，也要切切实实地把提高工人福利的事放在心上。

（王宽，全国劳动模范，曾任浙江江山水泥厂厂长。）

我在江山县委机关做知青工作的回忆

姜裕满

“知青岁月永留传。”20世纪70年代，毛主席发出“知识青年到农村去，接受贫下中农再教育，很有必要，各地的同志应当欢迎他们去……”的号召。当时中共江山县委的领导对毛主席发出的号召非常重视，组织领导干部学习、领会精神。此后，县委又接到浙江省知青办的电话通知。对此，县委及时召开领导成员会议，按照省委、省知青办的意见，制定我县上山下乡知识青年工作计划，首先决定领导班子，开展有计划、有步骤的工作。为便于上下领导联系，要求各区、各公社和有关单位成立知识青年上山下乡领导小组，由公社主要领导任组长。在知识青年到来之前，要求公社、大队提前做好有关准备工作，建设和维修住房，准备床铺以及生活用具，做到“知青未到，各种需要的物资当先，一步一个脚印地实做实踏”。事后，经县委知青办的不完全统计，共新建和维修住房90多间，准备床铺100多床、各种生产生活用具500多件。

知识青年上山下乡是一个新事物，任务重，时间紧，工作细，是青年人的工作，不能马虎，要扎扎实实。据省知青办的通知，杭州来江山的上山下乡知识青年有30多人，分别来自上城区、下城区、西湖区和拱墅区。为了把这项工作做细做好，县委知青办通知长台、峡口等公社和江山林场等单位，派出九名有经验的干部分别去杭州的这几个区联系工作。同时，又决定走访有关公社、大队，了解基本情况和自然条件，使每个知青和他们的家长心中有数，放心来江山。

江山干部去杭州前后有一个月，然后把30多名知青带来江山，逐个落实到公社、大队，安排好住处和生活场地。本县的上山下乡知识青年有百余人，分别被安排到大桥、坛石、贺村、四都、上余、溪滩、丰足等公社。各公社也派干部到每个居委会联系，走访每个知青和他们的父母，使他们也心中有数，并带江山的知青到公社、大队，落实、安排好住地、生活和工作。

当时，县委认为，知识青年上山下乡接受贫下中农再教育，重要的是培养提高知识青年，在劳动中创造世界，在劳动中锻炼自已。因此，要求每个公社、大队和企业单位，要注重知识青年的健康成长。领导要多接触知青，了解情况，要多发现积极分子，培养他们，带领他们参加党的活动，组织建立学习小组，学习农业科学技术和社会知识。

在1977年的秋冬季节，我因公去界牌公社，听说该公社界牌大队的杭州知青很爱学习，并订有每月两次集中学习的制度。这天晚上明月高照，也是知青的学习日，我便去界牌大队会议室，看到室内电灯亮着。我走进会议室，有七八个男女青年笑着谈天，我介绍完我的来历，便坐在桌边。晚上七点半，学习开始，男青年讲了几句话后，一位女青年笑眯眯地开口发言，我随笔简要记下。她说，她来江山一年多，感到自已有三个变化：第一，嘴巴变了，不是变大，也不是变小，更不是变成歪嘴巴，而是饭进嘴里特别香，菜进嘴里特别甜，不知为什么，和在杭州家里不一样；第二，肩膀变硬了，在杭州时，她从没挑过担，到江山后一次她到田里去剥玉米，挑了半箩筐回到大队，满头大汗，叫保管员称一下有多重，一称连筐有121斤（1斤为0.5千克），比她还重了十多斤，她高兴地跳了起来；第三，身体结实了，在杭州家里，经常失眠睡不好，经常感冒进医院，现在天天夜里睡得香香的，没有感冒，没有服药，一切都好。接着她又说，也看到两大奇事，在杭州是看不到的：首先，在大队屋里，看到做篾师傅把一根根又圆又长的毛竹破开，加工成一双双箩筐、畚斗和又长又阔的晒谷簟，真有本事；其次，在大队畜牧场内，一只母猪产下10多只又肥又胖的小猪，小猪们趴在母猪肚下抢奶吃，真有意思，这在杭州是根本看不到的。

紧接着一位高高胖胖的男知青，从口袋里拿出一本日记本翻开发言。他说，时间过得真快，从杭州来江山已一年多了，学的东西不多，但算起也有一大堆，都留在了日记本中。他向老农学会了耕田耙田，学会了做秧床播谷种、盖地膜育壮秧、大田插秧等技术。懂得了一年四季作物种植技巧，如早中稻插秧，大麦小麦、玉米花生、番薯芝麻等面积秧种子的数量、管理施肥。又说，他来江山一年多了，他最尊敬的农民伯伯，一年四季，不管夏天太阳晒还是冬天降霜结冰都下田下地辛勤劳动，他们实在太辛苦了。这一切他都记在日记本上，如有机会回杭州，他会把农业生产的故事讲给杭州市民听，或以后讲给子孙听。

应该肯定，我县上山下乡知识青年表现都很好，每个人都有一颗勤劳、好学、能干的上进心，农业上的土地平整、绿化造林、水利建设等，都有知识青年的一份功劳。公社和大队的领导也十分关心他们的进步，每年在大队评比时，不少知青都评上好青年、好知青，有 7 人加入中国共产党，其中女知青 2 人。同时，公社干部还为知青当“红娘”。廿七都某大队有一位男知青，他虽从大城市杭州来到深山区廿七都，但一直表现很好，被大队一女青年看中，两人谈起了恋爱。公社干部为他俩当“红娘”，带他俩办理好结婚登记手续，成就了“杭男江女”的美满婚姻。后来他带着老婆小孩一道回杭州去了。

政府早有政策，知识青年上山下乡几年后要回城，江山也不例外。县委把知青回城工作做在前面，由县知识青年上山下乡办公室通知有关社队和企业单位，知青回城前要召开知青座谈会，知青回城时有困难要帮助解决，要帮助办好每个知青的户粮关系，办好党员、团员的组织关系，使每个知青高兴回城。事后，据了解，回杭州的知青全部安排了工作，有的在居委会和街道当了领导和负责人。江山回城的知青也全部安排了工作，有的在居委会当上骨干、领导，有的在公社任职。

20 世纪 70 年代的知青上山下乡，已经过去 40 多年了，当时朝气蓬勃的青年，现在都 60 多岁了。如今，他们可能偶尔也会想起江山的青山绿水、一草一木，想起自己的知青岁月。

（姜裕满，曾先后在中共江山市纪委、组织部和新塘边镇政府任职。）

回忆地山岗劈山造田

陈良水

1977年，“双抢”尚未结束，有一天下午4点多，我在田里插秧，大队支部书记赵祥贵把我叫上田塍，说他刚从公社开会回来，通知我第二天6点前带饭到公社开会。我问:“怎么这么早开会？”他说:“去了你就知道了。”（我那年23岁，不久前刚接任民兵连长。）

第二天我一早起床，赶紧吃完早饭，拎上一盒中饭按时赶到横渡公社。上午6点，公社书记把各大队支部书记和民兵连长集中起来说：“今天你们的任务是去地山岗接受开田任务，并安排好上地山岗开田民兵的住宿地方。”接着，我们就坐上大型拖拉机（那时每个公社有一台大型拖拉机），一路顶着太阳，迎着路上车开过卷起的泥沙，临近中午到了地山岗，下车跟着公社领导走了近5里（2.5千米）路。

到了造田的地方，先接受任务，按竹签号我们大队分到6丘田，任务是削平3个山头，填平一条20多米宽、10多米高的大山沟。我们大队人口多，接受的任务比别人重。当时县里抽调的技术人员少，只是对田的面积大小进行了测量和划定，对每一丘田的工程量只粗略估算，大队与大队之间的任务极不均匀，少的两个多月就能完成，多的三个月也未必能完工。

任务分配完后就地吃饭，饭后公社干部带我们去找住宿的地方。由于地山岗都是大片的黄土丘陵，附近村庄少，房子大一点、近一点的农户，都已有人住宿。我们被安排在离开田的地方不少于15里（7.5千米）的凤林镇高坂村，中间隔一条大河，附近又没有桥，需要涉水过河，路程远，极不方便。我同支部书记商议，征得公社领导同意，自己到附近找房子住宿，但要在下午3点钟前到指定的地点集中。我同支部书记从地山底到地山岗逐户走访，好的大的房子早被人定去了，小的房子又不能住，最后找到地山岗的一个生产队长，跟他商量是否能帮忙。他说，他队各户社员有空房的都安排人住了，只有队集体牛栏屋有点空，可以去看看。我们去看后发现，牛栏屋虽然破旧低矮，但面积较大，除中间牛栏外，周围放稻草（当时没有多少稻草）。我同书记商量，认为只能这样了。队长看到我们这样的地方都能接受，极为动情，把自己的三间新屋让出一间给我们，自己住旧房，劝说女儿把床铺也搬到旧房。一间约20平方米的新屋让给我们的女民兵住，给我一张竹床同他未婚儿子住一个房间，晚上把竹床放平睡觉，白天支起来不会占地方。同时把大灶台也让给我们，自己临时砌了一个小灶，这样我们来回的距离缩小了一半。联系好后，我同支部书记按时到达指定地点，向公社带队领导做了汇报，得到了公社领导的同意。

回来后，通过5天的三级（公社、大队、生产队）发动，全大队报了80多名民兵赴地山岗开田。出发前的晚上，支部书记宣布由我带队，他在家做好后勤保障工作。那一个晚上我久久不能入睡，感到肩上担子重，去的都是热血青年，自己年轻，怕领导不好、出乱子。

集合出发的时间是全县统一的。早晨民兵按时把行李放在大队部，由支部书记负责按时送到地山岗住宿地。我带上民兵队伍到公社集合，由公社武装部部长统一带队步行赴地山岗。8月中旬，天气炎热，全公社集合的民兵以连为编制，扛着红旗，跟着部长，头顶烈日，汗流浃背，一路欢歌地奔赴地山岗。中午在贺村吃饭，饭后略休息就匆忙出发。下午在泥沙公路上赶路，一辆车过后就带起一阵风沙，走到淤头已是满头“白发”，衣服上积起了厚厚的一层白沙，大家你看看我，我看看你，不管男和女，个个都是“白头翁”，不禁哈哈大笑。下午5点，步行90里（45千米）路后，我们终于到了地山岗。民兵同志们领回行李，按划定的铺位，铺好地铺。洗过澡后，有的因走得太累，没吃晚饭就睡觉了。我把民兵编成2个排8个班，安排了两名炊事员。晚上12点，我去宿舍检查，由于走路太累，大家都睡得很香。

第二天上午县委在大悲山召开万人大会，沿途墙上、地上、田头都是显眼的标语：“抓纲治国”“农业学大赛”“战天斗地，人定胜天”“大战一百天，造田一万亩”……露天主席台前广阔的山地上站着整齐的民兵，人山人海。

上午9点，大会正式开始。县委书记董朝才说，这次治山治水大会战是响应华主席的号召，大搞农田基本建设，尽快实现四个现代化。这是江山有史以来参与人员最多、规模最大的一次战天斗地大会战，是造福子孙万代的宏伟基业。民兵要服从领导，听从指挥，学习革命先烈“一不怕苦，二不怕死”的精神，不怕苦不怕累，以实际行动全面完成这次劈山造田的战斗任务。

誓师会很短，散会后，我立即把民兵带到造田现场，按每班一组划定了施工场地。下午，全体民兵按照班长分工，带上畚箕、锄头、洋镐等，开始了紧张而有序的劈山造田工作。在工地上，一眼望去，漫山遍野都是民兵，到处插着鲜艳的红旗，高音喇叭播放着欢乐的歌曲，民兵们挖的挖，扒的扒，挑的挑，你追我赶，挥汗如雨地劳动着。喇叭里响起收工号时，民兵们按时收工，早晨6点出工，中午11点半收工。几天下来，由于我安排比较周到，自己又亲临第一线，工地上没有出现问题。

但在后期生活上碰到许多问题，我都及时解决了：

一是民兵自带水不够喝，我安排了一个民兵配合后勤每天烧两次水，用野茶泡两桶，挑到工地，保证有水喝。

二是中午吃的是家里带来的干菜，大家都说太累，吃不下饭。我想起家里大队林场有喂猪的南瓜，马上向在家的支部书记汇报，建议把南瓜运到工地，煮南瓜汤分给每个民兵。书记马上同意，第二天就把南瓜拉到地山岗，中午煮了一锅分给每一个人。他们为每天吃得到新鲜带汤的菜欢呼，夸我想得周到，安排得很好。

三是由于蒸饭的炊事员没有经验，民兵们多次吃夹生饭，很有意见。我到厨房教炊事员怎样蒸饭，炊事员按照我的说法去蒸，再也没出现夹生饭了。炊事员问我是怎么学会蒸饭的，我说我7岁时母亲离开后，就学会蒸饭了。

四是没有文化活动，晚上年轻人经常到峡口和凤林等地去玩，有的时候很迟才回来。我怕出事，就把有文化的音乐爱好者集起来商议，决定把民兵集中到队里的晒谷场，教大家唱歌、表演节目（吹笛子、拉二胡、独唱、合唱），开展丰富多彩的文艺活动。这项活动深受年轻民兵的喜爱，当地青年也踊跃参加，他们把晚上学的歌带到工地上唱，工地上出现了一边劳动一边唱歌的快乐场景。

五是我大队分到的田是长条形的，挖的泥要挑到两头去填，一段时间下来路程越来越长，进度越来越慢。我想老家经常看到有人用独轮车推东西，是否可以给独轮车配上可装5至8担的拖斗，投入工地，既可加快进度，又可减轻劳累。我把设计好的方案报给大队，大队领导很支持，立即安排了。10个木匠到大队，只用了两天时间，就把20辆独轮畚斗车送到了工地。我以每个班二辆车编好号落实到工地，立即发挥了作用，年轻人都争推独轮车。我在高处仔细观察，小伙子们推着装满泥的车飞速来回奔跑，劳动场面忙碌而有序，大大加快了施工进度，工地场面一天一个样，两天大变样。在第一期公社评比中，我大队被评为第一名，循环红旗插在了我大队的工地上，指挥所领导还组织全公社民兵连长到我大队工地参观。我介绍了制作独轮车的情况，公社领导要求各大队民兵连都使用独轮车来加快工程进度。一个多月下来，工程进展顺利，有的村由于工程总量少，进度较快，已完成了50%以上。在第二期评比中，循环红旗被进度快的村夺走了，我心中很不快，盘算着如何加快进度。我又想出定额包量计分的承包方法。我把8个班分成6个班，每班8人（6男2女），留下部分年龄较大的做杂工。然后用箩索代替皮尺，做好20多个界址桩，带上两个排长，把量好的72方硬泥平均分成6块，定好界址，按一组12方泥（每人1.5方）作为一天的工作量，完成记15分，由班长参加抽签定位置。任务落实后，第二天早晨3点，班长就带着本班民兵上工地，不到9点就全部完成回来吃饭，上午休息，下午睡觉，安排得很合理。几天下来，他们未感觉到劳累，反而感到轻松。为了加快进度，我同班长商定加倍增加工作量，加倍给每人记分，他们同意了。任务落实后，晚上12点他们就出发上工地，中午1点前就完成了承包任务，每天记30分工分，每天搬走200多方泥。头天看到一个山头，第二天就消失了。在那没有机械化的年代，这种速度出人意料。有一天中午我从指挥所开会回来，天气突变，下起了倾盆大雨，承包班的民兵还没有回来吃饭，我赶紧与炊事员到隔壁借来50多件雨具送往工地。到了工地，看他们个个被雨淋得像落汤鸡一样，但还在拼命地挖泥运泥，没一个人有怨言。我把雨具分给他们，他们说不用了，反正全身都湿了，再干半个小时就能完工了，决不因为雷阵雨造成工程未能结束而影响第二天的工程。我被他们的这种精神所感动，也投入紧张而有序的劳动中，直到工程全部结束才回去吃饭。他们冒雨战天斗地的劳动场面，像电影镜头一样深深地印入我的脑海，这种大无畏的奉献精神永远值得我学习。

有一天县指挥部和公社指挥所的领导到工地检查，看到我的工程进展如此之快，十分奇怪，问我用何种办法取得这么快的进度。我介绍了定额包量计分的方法，一天干三天的活。指挥部领导现场表扬了我们，并把这种做法编印成简报在全县推广，循环红旗也被我们民兵连抢回来了。

工程接近尾声时，主要是做田塍、平整田地，我留下 20 多个民兵扫尾。在平整土地中，靠眼力是看不出田平不平的，验收的时候要用仪器测量，不达标要返工，下次再验收，很麻烦。我安排好留下的民兵先做田塍，自己往指挥所跑，要求派技术员先给测量。指挥所领导说，技术员很忙，现在做大坝的测量任务很重，只有验收时技术人员才能到场，但有一副水准仪放在指挥所。我问:“我读书时学过测量，曾测过水渠，水准仪可以借给我吗？”领导同意了，我借回水准仪，做了 100 个桩，在每一丘田选择一个水平点，然后每丘选择 20 多个点以测量高多少，低多少，把要挖要填的数字刻在竹片上。平均一天完成一丘田，全部平整并做好田塍后，我书面申请指挥部派人验收。验收人员到工地一测量，当场宣布达标合格。我兴奋得看看天，看看地，看看周围民兵连在继续奋战，听听周围一片喧闹声，像电影里打了胜仗一样高兴。我们大大超前完成了劈山造田的任务！

工程基本结束，附近农户都依依不舍，认为相处的日子太短了。我们同他们结下了鱼水情，白天劳动，晚上青年男女在一起唱歌，有些在农户家听老伯拉家常、讲笑话、讲故事，与农户同用一缸水，同用一个脸盆，饭也拿到农户家吃，边吃饭边聊天边开玩笑，有好菜共享受，有事帮着做，真的亲如一家。有好几对青年恋爱成功,后来成为佳侣。我也有一段美好的记忆。

我的房东（队长）有个女儿叫周仙英，小我两岁，活泼可爱，每次我们见面都会相视一笑。有时我换下的衣服没有及时洗，傍晚回来总是晒干叠好放在那里，起初我以为是炊事员帮我洗的，后来才知道是房东的女儿悄悄帮我洗的。她母亲曾向炊事员打听我的家庭情况、有没有对象。听说我没有恋爱后，对我更好，有客人时总要叫我一起上桌吃饭。听说工程快结束了，仙英托炊事员送了我一张照片。工程结束我邀请队长到我家玩，认识一下我那偏僻的村庄。队长同意后，仙英跟她父亲说她也要来。我收拾好工具行李，和队长父女一起乘坐手扶拖拉机（当时没有其他交通工具）回到家。

队长与仙英在我家住了一个晚上，第二天吃过中饭，我用手扶拖拉机把父女俩送到贺村。分别时，我们俩依依不舍。过了一段时间，我想请炊事员给我做媒去提亲，炊事员说仙英已跟他通了电话，说她父亲不同意把她嫁给我，原因是我人虽好，但家里交通不便，家中没有电灯，房子又旧，不愿意让女儿和我结亲。仙英还同她父亲争吵并大哭了一场。我听了心里像被东西刺了一下，一句话也说不出来。

后来我参加工作了，1982 年春天，我骑自行车去看我造的田，田里已全部种上柑橘。我围绕 6 丘田转了一圈，盛开的橘花清香扑鼻，我依依不舍地离开橘园去看望队长。队长留我吃饭，知道我回去后参加了工作，现已是公社副书记，像是有一点后悔，说女儿仙英嫁在峡口，现已有一个女儿。我看看里屋，看看外面，心中别有一番滋味，大有唐代崔护“去年今日此门中，人面桃花相映红。人面不知何处去，桃花依旧笑春风”的感觉。

回来后过了一段时间，公社召开庆功大会，我在全公社党员、生产队长参加的大会上得到了表彰。我大队的民兵连被江山县委、县政府评为“地山岗片治山治水先进民兵连”，我个人被评为“治山治水先进分子”（至今奖状还保留着）。

岁月交替，物换星移，如今那片地已成为移民新村，道路宽敞，新屋林立。那段苦累与欢乐并存的日子，深深地留在了我的心里。

（陈良水，曾任江山市贺村镇党委副书记。）

淤头大山参战记

童海根

20 世纪 70 年代末期，我县掀起开发黄土丘陵的高潮，地方政府将任务分派到各公社、各大队，再由大队分派到生产队，生产队分派到户。

记得那年我们村接到任务后，积极响应上级号召，根据农田生产情况，安排在农事适当的时机（秋收之后），派出青壮年劳力参加淤头大山建设，我也毫不例外地参与其中。当时是按义务工摊派任务。为了公平起见，村中各生产队按照任务下达到各户，不能去参加的，年底扣回相应的工分；去参加的，若超过义务工天数的则另记工分。我们叶村有四个生产队，我在三队，那年（1978 年）刚刚评上十分底，是生产队的正劳力。

当时大队书记周洪修自己带队，参加会战。因为我们去得晚，分到的工作面是一块相对平整的地方，工作面宽阔，但运距有点远，有一百多米。我们村的人员,每天都是一字排开工作。由于当时住宿较困难,人多,难以安排，所以生产队按照批次轮流进场施工。

我们被分配住在当时的桥头临街一栋房子的二楼，即淤头老街茶店姜崇英家里。其房子临街一间,往里有三间。在二楼要猫着腰才能到睡觉的床上。说床，实际上就是在楼板上铺上稻草，再在上面铺一张单人草席而已。草席挨着草席，翻个身都会碰到对方，站在上面都直不起腰来。我是靠近街面这边的第三个铺，边上有用木板做的小窗，可推开看外面的风景。说是风景，其实只能看到对面的房子及对侧一段，以及天空。有这个小窗，早上知道什么时候天亮了，那个时候好像没有手表，只靠天色来判断时间。

我们十多个青壮年住在一起，记得这栋房子除了我之外，还住有周才福、周子礼、叶江青、周德胜、叶善壮等，其他人住在另外几栋房子里。晚上睡觉，交响乐时起，有说梦话的，有打呼噜的，不过劳累了一天，大家都会很快进入梦乡。

当时没有什么吃的，大家三五天回家拿一次菜，每个队派人烧饭、热菜。记得来此干活十多天后，我肚子里一点油水都没有了，每天路过淤头达埂的一个小店，闻到那香味，口水直往肚子里流。有一天晚上回来后，我拿了一只茶缸，到小店里要了一份油豆腐烧肉。师傅在烧的时候，我与老板聊了起来，见其腿有点拐，便问其原委。他说是做水利工程留下的后遗症，以前骑自行车骑得飞快，现在骑不了了。我说我父亲在水电十二局工作，很少回家。说着说着，他去了厨房一趟，回来又和我聊。烧好后，给我盛了满满一茶缸。我别提有多开心了，走出小店，就用手拿出一块往肚子里填。啊，真香！没有比这更好吃的了。

这份菜花了二角五分钱，在当时已经很奢侈了。拿回来后，我与大家分享。那时大家都很克制，都只夹了一点。

在那干了个把月，这是我唯一一次出去买菜吃。母亲给我一块钱，回去的时候还有七角五分，又还给了母亲。

我们被分在离淤头村不远的地方，走十多分钟就能到达现场。挖镐、畚箕、锄头、扁担，这些工具都是自己带的。

那时没有机械，全部靠手挖肩挑，因为实行计量制，挖完挑完即可回家，所以大家都很主动，那土每担都是满满的，挑起来几乎一路小跑。挖土的用二齿镐先挖，挑土的人过来了，马上放下镐拿起锄头，往畚箕里装土，就像机器一样，来回运动。从早到晚，除了中午吃饭以外，挑的人两条腿像鸵鸟似的都在奔跑，挖的人两只手都在做曲柄运动。

有一处我们挖到了页岩（丹霞地貌石质），需要放炮，当时没人放过炮，也没人打过炮眼，一切从头开始，边学边做。我们先到其他的工作面去看人家是怎么做的，不懂的请教一下，从指挥部领来工具就开始做了，是年长一点的周子礼和叶善壮完成这项工作的。指挥部的人在放炮前会过来检查一下，每次放炮发一包“新安江”香烟。这种做法在当时是很普遍的，若放到当今，那是万万不行的，没有职业证是动也动不了的。社会在发展，我们的安全意识在提高，把人的生命放在第一位。

那时每天每人平均要挑 2 立方米多的土方，把烧饭的也算在内，运距至少一百多米。没有人叫苦叫累，大家只想尽快完成任务，早点回家。

晚上回来后我们会跑到溪里洗洗，然后把衣服洗了，第二天有时不太干也得穿上再接着干。白天干活时，我是光脚，没有穿鞋，只有来回的路上穿上鞋，很多人都这样。有人开玩笑说，其他鞋质量再好也会穿破扔掉，唯有父母造的鞋，跟随我们一生，穿不破扔不掉。

记得有一天晚上，大家刚回到住地，后面渠道上放炮，一块十几厘米见方的飞石落在灶台旁，差点把锅给砸了，正在烧饭的阿姨吓得大叫起来。我们在正屋堂上，听到响声也跑过来看，见人没有事，心也就放下了。

我喜静，晚上实在没有事，就去问房东有没有什么书借看一下。房东找了一本出来，和课本差不多大小，里面还有画。我上楼躺在床上翻了起来，里面的内容几乎看不懂,但知道此书是学看风水的书。当时我看得云里雾里，而且干活的时间不长，也没有仔细地去翻、去研究，回来之前就还给房东了。

周子礼“六叔”的雅号，就是得自那时。他在家排行第六，与其侄儿周德胜相差没几岁。农村人一般都很规矩，虽然岁数相差不大，礼数是要到的，长辈就是长辈，所以每天见面周德胜总是叫他“六叔”，边上的小青年也跟着叫。久而久之，村里人也都叫周子礼“六叔”了。

时间一晃而过，四十多年过去了。与一些同龄人谈起过去，大家都会侃侃而谈，感慨万千。当时干活虽苦虽累，但大家都很开心。那些美好的记忆，时时挥之不去。

（童海根，高级工程师，曾任中国水利水电第十二工程局企业管理办公室主任。）

初建江山化肥厂时的点滴回忆

周方新

1979年5月1日下午3时，时任江山县委书记董朝才同志，手持熊熊的火把点燃锅炉——江山化肥厂（下文简称“江化”）开始化工试车。6日试产出第一包碳酸氢铵，达成一次试车成功，一次达到设计能力，一次取得比较好的经济效益的成绩。当年综合能耗标煤2601千克/吨，含氮量17%以上。当年实现不补贴有盈余。省计委当月就把“江化”列入省计划指标考核。从此，江山有了自己生产的化肥，为我县农业生产做出了很大贡献。40多年来，这个小小的化肥厂由小到大，通过多次改革、扩建，发展成为江山第一个上市企业，甲胺、DMF等产品远销东南亚、韩国等国家和地区。回忆当年初建时的往事，记忆犹新，历历在目。

在党的十一届三中全会精神指引下，江山县委领导在“解放思想，大干快上”的大好形势下，克服一切不利因素，为建设“江化”尽最大的努力。

县委大开绿灯，在各个方面给予支持。当时煤是按计划分配的，十分紧张。县委把全县五千大卡的煤全都让给了“江化”，确保“江化”在供电十分紧张的情况下，用电不受限制。集中全县11个比较有实力的建筑施工企业搞土建大会战，江山建筑公司将食堂、办公室都搬到了工地。驻江部队无偿借给氧气瓶。从全县抽调精干的干部、技术人员前来支援。安装公司进入时，设备到货率还不到70%，安装公司不讲条件，从实际出发，有什么安装什么。整个工地热火朝天，白天人来车往，机声隆隆，夜间探照灯闪亮，如同白昼。施工现场日新月异，天天变样，捷报频传。外来参观、取经人员应接不暇。在每次全县干部大会和工业会议上，可以说逢会就有“江化”的典型发言。驻江部队还邀请“江化”党委书记刘会雯同志到驻地，向全体官兵作专题报告。县委副书记、工程指挥部总指挥赵子相同志在全县干部大会和工业会议上，多次自豪地宣称：全国提出向“深圳速度看齐”，江山也有“江化速度”值得学习。

建厂过程中遇到了各种各样的困难，但办法总比困难多，只要有信心，就一定有应对之策。如：锅炉、造气炉、碳化塔等重型设备，到货时卸在江山火车站站台，这些庞然大物怎样运回厂区？没有能承重运载的车辆，当时唯一的跨须江大桥——东门双曲拱公路大桥，载重量不够，这确实是一道难以跨越的障碍。厂党委与指挥部多次召开“诸葛亮”会议，问策于群众，省劳模、安装公司的张洪德队长，起重班班长郭永林师傅及有关技术人员献计献策，集思广益，最后决定采用“汽车牵引、钢管滚滑”的“笨”办法，用钢管滚滑分散重量支点。这个土办法速度虽慢，如蜗牛爬行，但较安全，经过 50 多个小时的日夜奋战，我们终于将这些庞然大物安全运回了厂区。

省石化厅、金华地区轻化局多次在“江化”召开现场会议，介绍推广“江化”经验。试产成功的当年年底，为准备春节后现场会议的典型发言材料，刘会雯书记和我通宵在厂招待所商量文稿大纲。我按照大纲要求连夜写出初稿，翌日我们共同修改，完稿打印后，第三天刘书记命我送到省石化厅。厅长郭维城在参加省委组织的“党的十一届三中全会”精神学习班，白天不准请假。晚上石化厅基建处的李松年同志带我到郭厅长家中，将文稿送给郭厅长审阅。两天后我和李松年同志再次到郭厅长家，郭厅长按省委学习班的新精神作了指示。我在电话里将情况向刘会雯书记作了汇报，刘书记指示：“按省厅领导的指示重写，省厅满意通过后，你再回厂。”我在杭城红楼招待所住了十多天，终于完成了任务。当时大雪纷飞，寒风凛冽，确实难熬。回厂后已是除夕。春节期间我在厂里将文稿校对、印刷、装订好，未耽误节后开会，对此省厅及厂领导都很满意。但我因未回家过年，受到了家人的埋怨。

光阴荏苒，这些往事却像刚发生一样，未曾远去。

（周方新，江山市人力社保局退休干部，曾在江山县建设化肥厂工程指挥部办公室工作。）

开拓江滨新区

杨芝荣

粉碎“四人帮”之后，我担任江山县委和县革委会常委、县计委主任。当时县人民政府尚未恢复，县计委承担着大半个政府的职能。按县委分工，我分管整个工业交通线和计委、城建等工作。通过调查研究，我发现亟待解决的一个问题是城市发展的空间问题。

江山古城建于明朝中期，规模极小，不足一平方千米。想要发展城区，必须冲出城门，寻找发展空间。当时城南、城北均是成片的良田，珍惜良田是时尚。城西是西山，又为铁路线所隔。唯有城东是一片广阔的河滩淤地，只要建筑一条防洪堤坝，大片干河滩即可填土建房。此处又毗邻老城区，坐北朝南，东、西贴着水面，是一片极为理想的居民住宅区。据此，我向县委常委会作了专题汇报，建议兴建沿江防洪大堤，开辟江滨居民住宅区。县委一致同意了这一方案，并决定从峡口电站上缴款中拨出20万元资金，用以支持防洪大堤建设。同时成立了以我为总指挥、城建局局长刘振华为副指挥的江滨大堤建设指挥部。我当即抽调力量，借江山自来水厂作为指挥部办公场所，进行现场指挥。

工程于1979年汛期过后上马。第一步是发动机关、部队和各界群众参加义务劳动，从河边挖挑土石方，筑成一条堤坝坯子。第二步是分段承包给若干个工程队砌石，形成防洪大堤。第三步是在堤内划段，按土方量分派任务，由各行各业各单位义务运土填方，从低洼的干河滩填土二至四米，完全依靠人力，运土填出一条美丽的江滨路和江滨公园。这项工程可说是民心工程，它得到了广大干部群众的热烈拥护。各级领导均参加工地劳动，特别是驻江各部队，均由首长亲自带领官兵在工地与工人们同吃饭、同劳动。从东门桥至中医院的整个一期工程，一年左右就告完成，仅花费18多万元工程款。以后就在这个基础上建成了江滨路、江滨公园和江滨居民住宅区(江滨一区)。

20世纪80年代和90年代先后两次编制城市规划时，专家们都充分肯定了沿江滨路西面规划住宅区的设想。浙江省城市规划设计院的老专家胡绪渭先生还专门找我谈，认为沿江滨路东面设一条带状公园的规划是成功之作，是江山城市的一大特色，希望我们一定要坚持继续延伸下去。现在江滨大堤上下延伸已达5000米，江滨住宅区也从一区延伸到了四区，而号称十里长廊的江滨公园已成为市民茶余饭后的憩息之地。

（杨芝荣，曾任江山县县长、江山市人大常委会主任。）

江郎山初期拓荒开发

杨芝荣

1981 年县人民政府恢复以来，连年收到有关开发建设江郎山的代表议案。作为县长的我，于 1982 年的一天，在江郎乡党委书记、县人民代表毛存贵的陪同下，首次爬上江郎山。当时的感觉是，景观确实好，但根本无路可走，只好带刀披荆斩棘，匍匐前进。难怪江山人自古都称“爬”江郎山，从不讲“游”江郎山。而爬江郎山又只能是青年人的专利，寻找刺激而已。游客只可远望，不能近游。

为此，毛存贵同志多次要求县政府投资开发江郎山，并表示乡政府愿出劳力。当时县财政确实很困难，但我们还是千方百计拨出 700 元，补助江郎山修路。数额虽少，但这是有史以来政府对江郎山的第一次投资拨款。

1983 年县政府又拨款 1500 元，初步修通了从烟霞亭到鸡舍弄的游步道和咫尺桥，修建了毛竹结构的烟霞亭。1984 年政府拨款 3000 元，初步修通了大弄和小弄的游步道，其中安排 500 元用于 475 亩（约 31.7 万平方米）山场的苗木补助。同年县交通局拨款 25000 元，补助建设从达店至老鹰石的上山公路。1985 年县政府拨款 7000 元，重建被风刮倒的烟霞亭，拉电上山，安装电灯、电话。1986 年县政府拨款 10000 元，凿通从会仙岩至小弄口的石壁山道 416 米，修建从开明寺至会仙岩的游步道 2000 米。这样初步形成了十八曲—会仙岩—小弄—大弄—烟霞亭循环游道。至此江郎乡政府开始接待游客，收取二角钱的门票。这就是江郎山开发的早期阶段，这阶段的开发以乡政府为主建设，县政府拨款补助，起到引导催化作用。

1987 年起，江郎山的开发建设进入了一个新的阶段。当时我县的经济实力有所增强，正酝酿撤县设市，须江公园建设亦已初具规模，人民群众对建设江郎山的呼声日益高涨。据此，徐仁敏县长与我商议，要我在负责建好须江公园的同时，把江郎山、仙霞关的开发建设一起抓起来。我们议定，由借调在江山报社工作的周航同志来专抓江郎山的建设，组建江郎山景区开发建设办公室，周航同志担任主任，归口城建局。同年夏天，徐仁敏、楼兆棣和我在江郎山现场召开了一整天由有关局、办、乡镇领导及有关专家参加的规划协调会议，经现场察看论证，议定：开凿郎峰登顶步道和恢复开明寺。会后，一面请上海同济大学帮助我们做规划，一面组织行动。从1987年至1989年，市财政和各有关局对江郎山的投资拨款达40.6万元(其中交通4万元，林业3万元，城建1万元)。主要建设项目有：开凿郎峰步道680米，做栏杆扶手610米，共完成投资22万元；建6米跨度石拱天桥（2万元）；建郎峰顶瞭望亭（3万元）；建霞客亭；整修、开凿游步道1151米；恢复开明寺；新建老鹰石至开明寺的盘山公路2千米等。这三年可说是江郎山的大建设时期，初步使江郎山形成一个风景旅游点。1990年10月，江山市政府正式发文，成立江郎山风景旅游管理处，由周航同志继续担任主任，毛增勇、周日章任副主任。

现在的江郎山已是国家AAAAA级风景旅游区了，不论景观还是旅游设施，与20世纪80年代相比，当然不可同日而语了。但初期的开发建设，是在最困难的环境下，创建出重要的开发基础，我们绝不能忘掉江郎山的拓荒者。

毛存贵是土生土长的江郎人，对江郎山怀有特殊的感情。他担任过江郎人民公社社长、书记和江山县人民代表、县人大常委会委员。他对江郎山的开发，可说是“念念不忘”。每年人代会上，他都有开发江郎山的议案，每逢各级领导来江郎，他都要邀请其爬一爬江郎山，要求支持开发江郎山。1982年至1983年县政府仅拨款2200元，他就大造声势，发动群众，开凿了从烟霞亭至鸡舍弄的游步道，建起了毛竹结构的烟霞亭和咫尺桥，揭开了开发江郎山的序幕。

周航同志是个多才多艺的文化人。他懂行、敬业，从1987年5月至1994年年底，前后近8年，在江郎山上辛勤耕耘，工作非常出色。在郎峰建设中，当游步道开到顶后，我们发现看似整体巨石的郎峰上面，又出现一条 100 多米深、6 米宽的小弄，把郎峰一分为二。周航提议建一座天桥，以登上峰顶。当时，徐仁敏市长提出用钢轨架座平桥，周航同志坚持要建 6 米跨度的石拱桥，认为峰顶的天桥应力求美观。但在这峰顶建石拱桥，谈何容易，连水都得从山下背上去，造价多高呀！他算了算说，2 万元左右即可。我立即拍板说："如果 2 万元能建成石拱桥，你立刻就可动工。"结果他真的以未突破 2 万元的造价，建成了一座美观的石拱桥，架在那蓝天白云之间。

1989 年的某一天，周航听党校的同志说，党校以 3 万元把徐祠卖给何家山人了。他即刻找到财政局局长黄景阳，说党校的徐祠如移建到江郎山开明寺，非常合适，可惜仅 3 万元就被人买走了。黄局长当即说，这是件好事，3 万元他负责解决。并立即打电话通知党校，说徐祠政府另有用场。周航立即找到何家山买主，谈妥以 3 万元买回，并以 2 万元承包给他，让他负责拆、运到江郎山。就这样，财政局拨款 5 万元，顺利把徐祠移到了开明寺。

从老鹰石至开明寺的盘山公路工程，我和徐市长商定由交通局负责技术，乡政府负责劳动力，材料技工费和劳动力报酬各 4 万元。工程于 1989 年 1 月顺利开工。一天，省建设厅胡厅长和省人大文教工委的领导来江郎山考察，看到满山的人在开挖土石方，胡厅长很不高兴，认为这样会破坏生态景观。陪同的钟祥副市长表示，此事政府未讨论过，他也不知道谁定的，随即向叶锡宏书记汇报，要求立即停下来。其时我正在杭州列席省人大常委会议，接到叶书记电话，告知胡厅长来江考察情况，意欲停建盘山公路，征询我的意见。我当即告诉叶书记，这两千米盘山公路，是我和徐市长商定上马的，我的意见是坚决不能停，因公路不通，山上各项工程都无法施工。叶书记说："那请你向省里有关同志疏通一下吧。"我找到省人大文教工委的胡一元副主任，说明如果工程尚未动工，照省领导的意见，可以不开工，可是现在树已经砍了、山皮已挖开了，如这样停下来，势必造成水土流失，挨群众痛骂还是次要的，更重要的是山上建天桥等的笨重材料运不上去，势必停工，怎么办？胡主任说："那天胡厅长是提了意见，但是你们钟市长说马上停下来的。"我说胡厅长我不熟悉，请他帮我们疏通一下，胡主任笑笑点头了。我即电告江郎山景区开发建设办公室的周航同志，请他抓紧公路施工，限期完成。

在江郎山建设中，涌现出一批有智慧、有创意、实实在在的能工巧匠。有一位名叫徐石位的石匠师傅，是凤林一村人，他虽是个普通石匠，但勤劳、勇敢、聪明，江郎山的所有游步道，无不留下他的汗水和足迹。还有个周德善，是江郎乡的一个知识青年，由办公室聘请来做领工员和调度员，也非常聪明能干。他和徐师傅们每天在山上摸、爬、滚，在没有设计图纸的情况下，靠他们的实践经验，边学习，边谋划，边施工，终于将郎峰通天游道和郎峰天桥建了起来。

（杨芝荣，曾任江山县县长、江山市人大常委会主任。）

回望淤头乡完善农业生产责任制试点工作

余连根

今年是中国共产党成立 100 周年。砥砺 100 载，一代又一代中国共产党人践行党旗下的誓言，深入基层，到群众中去调查研究，解决问题，与人民群众心连心的优良传统和作风绵延传承。在这喜庆的日子里，我的脑海中浮现出 38 年前的一次在原江山县淤头乡开展农业生产责任制试点工作的生动画面。按党组织的要求，坚持群众路线，到基层去，尊重广大群众的意愿和要求，帮助完善农业生产责任制的情景，至今历历在目，仿佛就在昨天。

从未想过的难得机遇，必须完成的艰巨任务

那是 1983 年 9 月，根据中共中央（1983）一号文件精神和金华地委部署（当年江山县隶属金华地区），县委组织平原地区的区、乡书记及部分县机关干部在淤头乡开展完善农业生产责任制试点工作。这次试点工作，县委研究决定由我领队，担任大组长。试点工作从 9 月 13 日开始到 9 月 30 日结束，历时半个多月。

稳定和完善农业生产责任制是一件关系全局、牵动千家万户的大事，金华地委对这项工作高度重视又非常谨慎，召开各县县委书记会议，作专题研究部署，强调各县要积极开展试点工作，要加大干部培训力度，分批有序展开，并要求进一步完善工作责任制，县委书记要亲自挂帅抓好试点，抓好干部培训。

按照地委的要求，本应由县委书记陈明达带队，但因他在金华参加县委

书记会议期间已感身体不适，回县主持召开了县委常委会议，传达了地委会议精神，研究部署了江山县试点工作，并确定我县平原地区的试点工作放在淤头乡后，经地委批准就住院治疗去了。江山县的试点工作，地委领导同意由我（时任县委办公室主任）领队。这是我从来没有想过，可能也是绝无仅有的“历史的误会”吧！

我在县委办公室工作已有20多个春秋，也常到农村调研，同农村、农业、农民有直接或间接的联系，但没有独立担任过这样事关全局的重任。担任大组长，我讶然，而又平静，既然地委同意了，也好，这是党组织为自己搭建的平台，是提高自我的良机，应当大胆地去实践，积极有为，干出成绩，从而回报组织的信任。

卓有成效的培训锻炼，群众路线的生动实践

县委对完善农业生产责任制试点工作很重视，集中了平原33个区、乡书记和县机关部分干部共计88人参加。我根据县委提出的每个区、乡书记都要亲自蹲点一个生产队，并全程负责的要求，安排各区委书记为各大队（现为村）工作小组长，乡党委书记为副组长（或组员）。

淤头乡是个平原粮棉产区，共有19个生产大队。我们选择了不同类型的8个大队（淤头、达埂、高路、棠坂、和村、市上村、官前、石后）、84个生产队，占全乡135个生产队的62%。选择淤头乡为试点地，主要是因为淤头乡于1981年冬实行联产承包责任制以后，农业生产有了很大发展，广大群众在实践中已经尝到了责任制的甜头。工作组进村后，一些干部和群众热情高涨，笑颜相迎，腾房扫屋，拉家搭伙……忙得不亦乐乎。

为了进一步统一各级干群思想，工作组进驻淤头乡的第三天，淤头乡党委主持召开了由全乡生产队长以上干部和试点工作组全体成员参加的动员大会。我在会上宣讲中共中央（1983）一号文件精神，并根据县委讨论的意见结合淤头乡实际，着重讲了完善责任制工作的重要性和必要性，强调这次试点工作关键是要深入调查研究，正确分析责任制的落实现状，完善的中心内容，是延长土地承包期限，认真处理好各方面的经济关系。广大群众要求责任制长期不变的核心问题，就是要求稳定承包土地，这也是

这次完善责任制的基石。要承前启后，在稳定中不断完善。工作中要充分发动群众，坚持从实际出发，因地制宜，尊重大多数群众意愿，把选择权、决定权真正交给群众。

与此同时，为及时了解掌握试点工作的情况和问题，有效地组织和领导好这次试点工作，我把达埂大队作为联系点。我们一边学习，一边调查；一边实践，一边总结。白天下地和群众一起劳动，晚上走队访户，深入群众，检查合同和合同执行情况，召开各种座谈会，广泛听取群众意见。通过学习和调查，我们一方面看到了责任制落实以后，充分调动了群众积极性，农村形势确实有了很大变化；另一方面也看到实行责任制以后，农村各种经济关系已经不是责任制前的那种经济关系了，出现了许多新情况和新问题。特别是合同期限普遍太短，有些政策问题，由于干部没有经验，群众缺乏实践，处理比较简单、欠合理等。参加试点的同志，尤其是区、乡领导，受到了触动和教育，从而头脑清醒了，纠正了认为责任制已经完善的想法，下决心要集中力量让责任制更加完善。

在具体工作中，我们把政策交给群众，尊重多数群众意愿，一切从实际出发，不搞一刀切。如在确定延长承包期的有关政策问题时，首先广泛听取群众意见，工作组把群众意见集中起来以后，又交给群众讨论，最后召开全乡骨干会议讨论。经过这样几上几下，工作组制定了 10 条有关政策的处理意见。由于这些意见都是由群众讨论确定的，群众乐于接受，执行起来也就顺了。又如对土地调整问题，根据调查情况，我们提出了“小动大不动”的原则，多数大队和生产队原来采取划片分等或好坏统一折算的办法，搭配得比较合理，多数群众比较满意，这些队就采用拾遗补阙解决。有的队由于人口变动需要增包或减包的土地户，采取抽多补少，进行个别调整。有的队因为原订合同要第二年才期满，为了维护合同的严肃性，经群众讨论，由土地调进户与调出户以经济方式补偿。对找进找出土地数量极少的户，动粮不动田，进出双方用粮食或粮食差价进行找补。由于我们严格掌握因地制宜原则，紧紧依靠群众，在这 8 个大队、84 个生产队中，这次采取个别调整土地的就有 70 个生产队，占总队数的 83%。

在落实处理好政策的基础上，我们还专门组织力量帮助整理资料，登记造册，并做到每个大队、生产队有一份处理政策的书面规定，每个承包户有一本合同。合同内容齐全，甲乙双方和监证机关都盖了章。最后，还以大队或生产队为单位举行隆重的发放合同仪式，监证机关、生产队、承包户都有代表讲话，使合同的内容户户皆知。

通过这段时间的实践，大家深有感触地说：半个多月的试点工作比脱产学习半年收获还大，是一次“真枪实弹”的练兵。

政策措施的不断完善，生产热情的充分迸发

淤头乡试点工作，由于坚持从实际出发，真正把决定权、选择权交给群众，达到了稳定和完善农业生产责任制的要求，主要收获了以下五项成果：

一是广大农民吃了“定心丸”。试点工作对广大干部群众进行了一次系统的联产承包责任制教育，使大家进一步明确了联产承包制的性质和意义，消除了原来一部分干群存在的“怕责任制长不了”“怕政策变”的顾虑和“搞责任制就是分田单干”的误解。许多群众高兴地说：原来怕土地变动，不敢往田里下本钱，怕吃亏，这次责任制完善以后，现在可以大胆投资，放心搞生产了。

二是延长了合同承包年限。这 8 个大队、84 个生产队，原来合同期限都比较短，合同期 2 年的有 11 个队，3 年的有 73 个队，现在都延长到了 10 年以上。

三是检查了合同执行情况，解决了 1982 年合同兑现中的遗留问题。原来有的应找补的粮食没有找补，有的应上缴的提留没有上缴。这次我们把检查兑现 1982 年合同作为一项重要内容来抓。通过工作，这 8 个大队一共兑现了现金 16361 元，粮食 36300 斤（18150 千克），广大群众进一步增强了信守合同的观念，为今后严格执行合同奠定了思想基础。

四是处理和落实延长合同期中需要解决的有关政策问题。我们根据“小动大不动”的原则，解决了一部分原承包土地中的不合理现象，调整了田块，研究了 10 年内人口变动结算的办法，处理了计划生育的有关政策等问题。据 8 个大队统计，原来有 7 个生产队没有给手工业和社队企业等人员承包土地，这次都给他们承包了口粮田，有 118 个原来没有承包口粮田的手工业和社队企业人员、民办教师等，承包了口粮田 50 亩（约 33335 平方

米）。对 6 个领了证的独生子女，给了双份承包田，优待了承包土地 2.9 亩（约 1933 平方米），收回了 51 个超生子女的承包田 30.65 亩（约 20434 平方米）。原来只有 20 个生产队留了机动田 66.65 亩（约 4.4 万平方米），试点后，各生产队共留了 657 亩（约 43.8 万平方米）机动田，保证了今后人口变动调整土地的需要。对烈军属、五保户的照顾政策也做了调整完善。

五是解决了一批多年没有解决的老大难问题。如和村大队原来规定，生产队与生产队之间大包干的任务，5 年要进行一次人口结算土地找补，但一直没有兑现，少数队占了便宜，群众意见很大。工作组帮助他们进行了队与队之间的结算找补，并定好了今后不再找补，使这个多年没有解决的问题得到了解决。还有的队，一些多年来户粮关系没有落实的群众，根据政策也落下去了，并承包了土地。这些问题解决后，群众反响很大。他们说，这次工作组是真正来工作的组，是解决问题的组。有的手工业人员激动地说，这是“第二次解放”。

完善农业生产责任制试点工作有效地调动了承包者的积极性，大家往田里投入的劳动和资金都大大增加，想方设法地改变生产条件，做到既种地又养地。

淤头乡进行的完善农业生产责任制试点工作，是各级领导干部在新时期坚持群众路线的一次成功的实践和尝试，解决了广大干部对生产责任制要不要完善、完善什么和怎么完善的问题。

如今，试点工作已经过去了 38 个年头，斗转星移，但当年党和政府凡有新政的贯彻落实，各级主要领导坚持先试点后推广的经验做法，弘扬党一贯倡导的从群众中来、到群众中去的工作方法和工作作风，现在乃至今后相当长的历史时期内仍然是应该传承和发扬的法宝！

（余连根，曾任衢州市政府秘书长、江山市政协主席。）

须江公园建设

杨芝荣

随着城东河滩地的开发、江滨路的形成和中山路东段的开通，城里人纷纷走出城门，奔向江滨大堤。人们漫步江滨，在盛赞江滨开发的同时，也提出了在河对岸兴建公园的建议。当时我担任县人大常委会主任，倾听了人们的种种建议，又找有关人士座谈并征求意见后，于 1985 年的一次县委常委会议上，作了一个专题发言，提出借须江水景、在乌木山兴建须江公园的建议。我认为以原乌木山浮桥会的公山为基础，只需在附近征用少量山地，即可建园，再通过江滨游览桥把两岸相连在一起，观赏面积就大了，由于距离市中心近便，可当作市民茶余饭后的憩息之地。常委们听了大多支持，县委书记叶锡宏也表示赞同，并指定由我牵头，组织有关部门制定具体规划。我当即召集有关部门负责人及专业人士现场勘定规划范围，座谈讨论建园的构思设想，然后由城建局起草了规划报告。县委原则上同意建园规划报告，并提出增加儿童公园内容，建设一个园中园，批转由县政府安排实施。

当时的卢锦良县长就如何建设须江公园问题，找我作了专题研究。关于领导问题，卢县长 1985 年 12 月现场考察须江公园建设时说：“对建设须江公园我非常赞同，你对此事很关心，对政府工作又熟悉，请你找几个干具体工作的，由你牵头领导，我全力支持你。”对此，我当即表示建设须江公园，确实是群众的迫切要求，我愿意尽力而为，并提出组建一个公园筹建领导小组。组长还是由卢县长兼任为好，因为钱要靠政府筹措。我任副组长，承担具体工作，也代为物色了杨洪刚、毛永泽、毛修法三位正局级调研员。组建公园筹建办公室作为工作机构，直属县政府，职务由县长任命。

建园的资金问题，是当时最大的难题。我们研究了这样几条：一是争取财政预算内挤一点（1986 年人代会曾提出公园建设安排 40 万元，代表极为反对，经宣传说服修改为 25 万元，此后没敢向财政要钱）。二是预算外调剂安排一点，这是主要来源。当时有一笔资金，就是职工每月发的三元肉价补贴，在年终与省财政结算时，省财政会补贴返还县财政。我们认为这已不涉及职工个人利益了，主要仍是县财政的钱，为此决定把这笔钱的大部分，拨为公园筹建资金。三是劈山修路，挖坑植树，发动义务劳动。四是发动有关部门、企业赞助一点，如儿童公园的大型游戏设施均由各单位捐赠。关于公园建设的规格与等级标准问题，当时有人提出走浦城县建设公园的路子，在山上种些树、修些路，请各建筑公司在山上各建一个亭子，作为贡献，也作为工艺水平的比赛。这条路子是省钱的，但我们研究后认为不可取，标准太低不成样子，以后会被群众骂的。我们要把须江公园作为民心工程来干，宁可慢一点也要上规格、上等级，10 年、20 年后仍不感落后。于是，我们邀请杭州城市园林设计院的专家，进行规划设计，根据财力分年实施。

筹建办公室的成员，大都是一些老同志，三位正副主任都是原来的正局级领导，因年龄偏大而退居二线，但距退休都还有五六年时间。他们的事业心都很强，我要求他们再干五年，把公园建设好，做最后的一大贡献。他们都很积极负责。1985 年主要做了些准备工作，如征地、规划设计等。1986 年全面开工，首先发动干部群众和部队官兵，大搞义务劳动，劈山修路，植树造林，然后落实移房、迁坟，招标承包各项建筑工程。应该指出，1986 年卢县长调动工作后，继任的徐仁敏县长对公园建设也很重视，对卢县长商定的几条建园原则充分肯定，继续执行，因此公园建设进展较为顺利。至 1987 年年底，公园的龙墙、园门、四个亭子，园内的道路桥梁、游览桥等均已竣工，公园初具规模。1988 年 1 月 5 日，在庆祝江山撤县设市大会召开的同时剪彩开放，此后即边开放边建设，坚持每年上几个新项目。

我从 1990 年离休后，就没有过问公园的事了。但建园十周年座谈会我参加了。这个公园先后投资达 500 万元，其中征用土地及苗木补偿花去 60 余万元，建成公园面积 16 万平方米，其中水域面积 4 万平方米。领导和群众对这个公园都比较满意，认为须江公园建设在县市一级是比较早的，而且十年过去后，回头看看仍不显得落后。

1992年市政府确定在公园门前立碑纪念。毛东武先生撰写好须江公园碑记文稿，政府办要我审查，我一看碑记中写了许多领导人的名字，感觉不好。我一向主张为人低调，立即邀请郑立墉同志研究，我们认为碑记应该记事、纪实，反映史实，如过多地宣扬个人特别是领导人的功绩，将招来非议，因此决定将有关领导人的名字全删去。

（杨芝荣，曾任江山县县长、江山市人大常委会主任。）

回忆江滨公园初建

周方新

江滨公园状似绿带，一江两带景观丰富优美，休闲设施健全。桥梁雄伟壮丽，夜景璀璨华美，被誉为江山园林景观的“灵魂”。久居上海的江山人回乡游江滨时说这是江山的“外滩”，在杭打工的江山人回来时说这是江山的“西湖湖滨”。的确，当你工余游憩江滨公园时，须江和江滨绿化带宛若两条闪光的彩带，相互辉映，异彩纷呈，凉风习习，使人心旷神怡，劳作后的疲劳顿觉消失。走在你曾流过汗水、付出辛劳建设起来的地方，别有一番风味。忆起当年初建江滨时的情景，如同昨日，它见证着变化，见证着历史。

党的十一届三中全会的春风吹走了“市后淤”的蒿草和荒滩。1980 年，在改革开放的号角声中，县委为了改变国民经济发展中“肉”与“骨头”比例失调的状况，把加快城市建设作为经济建设中的一个大课题，以充分发挥城市在振兴国民经济、促进“四化”建设的中心作用。1983 年编制了县城的《总体规划》。根据分期建设规划，本着量力而行、着眼急需配套建设、逐步实现的原则，新建江滨公园、防洪大坝、环城东路（今江滨路）三位一体工程。环城东路与排水设施同步施工，建成“两块板”的宽敞大道。与此同时进行的有解放路拓宽、中山东路建造（下市底至须江边）、江滨居民小区建设等重点龙头工程。上述工程建设改善了县城的交通排水条件，加强了绿地建设，提高了县城的环境质量，初步解决了旧的城区格局与现代建设步伐不相适应的矛盾。对此，《中国市容报》1986 年 5 月 25 日在头版显著位置作了报道。

回溯江滨工程开工伊始，可是困难重重。县财政底子薄，又刚新建了化肥厂，县财政无力承担这些工程的负担。这就不可避免地遭到了一些非议。但办法总是人想出来的，县委决定本着“人民城市人民建，建好城市为人民”的精神，发动群众，依靠群众。1978 年用布告的形式将《城市建设规划》粗线条公布于众，使全县人民皆知。同时建立了以县委副书记赵子相为主任，县委常委、常务副县长诸葛敏，县委常委、县计委主任杨芝荣为副主任的“江山县城建设委员会”临时机构，下设办公室，县计委副主任、县基建局局长吕济仁为办公室主任，基建局副局长刘振华为办公室副主任。为解决启动资金，县委副书记赵子相等领导亲自到峡口水库做思想工作，从水库挤出 20 万元，作为建筑防洪大坝的启动经费。1979 年一期工程先建从原自来水厂至现游览桥、体育馆这一段。

县委领导赵子相、杨芝荣、诸葛敏、武同升、董朝才、聂宗颜等，都在百忙之中挤出时间参加劳动。干部群众、部队官兵、教师学生组成劳动大军，自带工具，顶烈阳、迎寒风，肩挑车拉同流汗。就连当时的“1936 所”、电工器材厂、变压器厂（当时在市上村）、水泥厂等距城较远的单位也承担了义务，一起参与。各驻江部队官兵大力支援，自带工具、干粮、茶水，自备汽车及当时在江山还很罕见的推土机等施工机械，早出晚归，吃喝在工地。县委副书记赵子相，县委副书记、县人武部部长聂宗颜分别到工地慰问参加劳动的部队官兵。当时在县基建局和城镇建设委办公室的王运祥、张朝栋和笔者等工作人员，白天在工地负责施工管理、监理等业务，划分地段，检查质量，寻找土源，协调关系；晚上在办公室加班，综合一天的工程进展情况，安排第二天的操作计划。一至两天发一期“简报”，公布工程进度，开展劳动竞赛，通过广播、报纸等舆论工具进行宣传，群众干劲日益高涨，各机关部门、厂矿企业、部队、学校、居委，没有一个单位“讨价还价”，发过牢骚，男女老少齐上阵，既轰轰烈烈，又扎扎实实，一步一个脚印地完成任务。

路是靠人去开拓的，群众的力量大无边。在党的十一届三中全会提出的改革开放精神的引导下，县委领导科学决策部署，闯出了一条钱少也能办好事的城市建设改革创新之路，拉开了江山大花园建设的序幕，为以后的城市建设奠定了坚实的基础。江滨公园建设体现出的改革精神，带动了当时的小区建设、解放路拓宽、环城西路南段的延伸、县河东路和云宾路的改造建设，为江山增色，为人民造福，为“四化”增光。初建江滨的情景，虽已成为历史，却无法忘记，因为如果没有改革开放，就没有今天的江滨。

（周方新，江山市人力社保局退休干部，曾在江山县建设化肥厂工程指挥部办公室工作。）

仙霞关景区的初期开发

杨芝荣

仙霞关是仙霞古道的核心路段，是仙霞山脉的重要标志。仙霞关的建设始自唐朝，唐乾符五年（878），黄巢“刊山伐道七百里直趋建州”。建关砌路当始自南宋，宋乾道八年（1172），史浩帅闽，知建州，以石砌路，仙霞径道铺砌成今之石路，此后遂成“东南锁钥、八闽咽喉”。仙霞关景区南、北两坡各设两道关隘，主要景观在北坡。在一至二关之间，建有关帝庙、观音阁、天雨庵和浣霞池等，但均连遭战火所毁，几道关隘也破败不堪。

1987年，随着经济实力的增强，江山正筹备撤县建市，须江公园建设亦已初具规模，人民群众纷纷提出开发江郎山、仙霞关旅游景点的要求。据此，徐仁敏县长与我商议，要我在负责建好须江公园的同时，把江郎山、仙霞关的开发一并抓起来，所需经费他会尽力支持。我即找县文管会主任毛兆廷同志商议。我说：“根据群众的迫切要求，县领导有意开发仙霞关旅游景区，我知道你是这方面的行家，熟悉情况又有积极性，请珍惜这个契机。”毛兆廷同志很兴奋，很快就提出实施意见，与我汇报商议后，确定了首期主要开发方案。一是尽快修复头关。因头关在仙霞四关中最显要、最雄伟，又毁坏最严重，关门右边已全部坍塌，属抢救性修复，疑点是关顶有没有城垛，是坍塌的，还是原来就没有？无图纸可查。我坚持一定要设城垛，因为一般关城都有城垛，有城垛才显得更雄伟。二是立碑，增添文化内涵，有政府文物保护的标志碑，有文管会保管的二方古碑（史浩筑路碑、民国中期陈鼎新县长题写的“东南锁钥”碑）。三是建立冲天大将军的冲天苑。在暂时无力恢复关帝庙、观音阁等建筑的情况下，选定关帝庙前的平台建一冲天苑，苑内仅立一黄巢石雕像，立一黄巢菊花诗碑，苑旁有千年古木黄巢拴马树，苑前有数百年的古杉双宝树，这样花钱不多，观赏性、文化韵味均大大增强。以上方案经政府同意后，很快就组织实施了。1989年冲天苑落成，我与市政协主席楼兆棣、副市长祝瑜英等人参加落成仪式，标志着仙霞关景区首期开发成功。

（杨芝荣，曾任江山县县长、江山市人大常委会主任。）

江山撤县设市情景记忆

杨芝荣

1987年11月27日，经国务院批准，江山撤县设市。时间过得真快呀，回顾撤县设市的情景，就好似昨天的事，记忆犹新，怎么一晃就过去30多年了。喜看今天的江山市，已旧貌换新颜了，各方面都发生了翻天覆地的变化。

撤县设市情景记忆

记得在1987年上半年，省民政厅吴敌处长来江山指导工作时说，浙江已有七个县撤县设市了，萧山县正在申报中。他认为江山地处三省边界，衢州地区还没有一个县级市，这符合民政部的布点精神，只要基本条件具备，撤县设市很有希望。至于建市的条件，吴处长说，除了城市的辐射条件外，主要是经济发展、城镇人口、市政设施建设等情况，并透露已批下来的市，工农业总产值都在7亿元以上。根据吴处长提供的信息和建议，县委、县政府领导非常重视，徐仁敏县长立即召开有关部门负责人会议，汇集申报材料，讨论申报条件。大家一致认为要抓住我县地处浙西边陲、三省边界且侨胞众多这些独特的建市条件。当时匡算工农业生产总值按不变价统计仅6.5亿元左右，但如果把水泥按销售价统计，就可达7.5亿元。为增加城镇人口的比例，又特报批了几个建制镇。为了增添城市风貌，除加快须江公园和游览桥的建设外，又开通了市区1路公交车。写好申报报告和编辑好录像汇报资料后，提请县委常委会审查、讨论。县委同意申报，并确定由我和姜悟成副县长负责，带领有关人员上北京申报。

根据县委的决定，我们组成了申报小组，除两办有关人员外，还有计委主任毛兴武、民政局局长周春才、驻杭办主任金力雄、协作办主任孟江田等同志。在做好一切准备后，我们一行于8月中旬出发，先到浙江省民政厅汇报。吴敌处长说："你们这次上京的时间不凑巧，民政部行政区划处的朱处长，因父亲病故，正在兰溪家中办丧事，他可是专管的关键人物。"我们立即研究决定，由政府办副主任周根德同志回江山汇报，另派人员去兰溪，其余成员按原计划上京申报。等周根德汇报后，徐仁敏县长立即去兰溪拜访，把朱处长邀请到江山，汇报情况并陪同参观视察，得到朱处长的认可。我们申报组人员到民政部，递送了江山的申报报告，约请陈司长观看了录像汇报。陈司长是浙江丽水人，他说："江山我还没有去过，小时候听说过江山，挺有名气的。你们的报告还是挺全面的，准备亦很充分，等朱处长回来，我们研究后报请国务院审批，你们就先回去，等待好消息吧！"

申报后等了几个月，还没有信息，我们心中不踏实，决定二次进京。县委书记叶锡宏率领四大班子的主要领导和有关部门负责人，于11月下旬进京。到了民政部，朱处长说："啊呀，你们这么重视，四大班子领导都来了，我先报告一个好消息，江山的申报报告分管总理已批准，正由我部代国务院起草文件，你们回去就差不多可收到文件了，你们可准备撤县设市的庆祝会了。"大家听了都非常高兴，真的在北京就讨论起撤县设市庆祝活动的筹备工作了。首先由我负责，召开人大常委会会议，按法律程序办好撤县设市的法律手续，然后更换各个机构名称，制牌换印，最后召开庆祝大会。我们回县不久，省委办公厅即电告我县，国务院于1987年11月27日，同一文件批准萧山、江山两县撤县设市。1988年元月5日，我市召开了隆重的撤县设市庆祝大会，同时须江公园、江滨游览桥剪彩启用，许行贯副省长代表省委、省政府授印授牌。全市人民兴高采烈，翻开了江山历史新的一页。

铸就历史新篇章

市委、市政府的领导们没有辜负市民的期望，紧紧抓住建市这一契机，带领全市广大干部群众，向更高的目标奋进。转眼间，30多年过去了，回过头来看看原来的出发地，就会感受到旧貌换了新颜，江山已发生了翻天覆地的变化。如今的江山市，与当时的江山县，确实是不可比拟了。虽然地域还是那么大，但山河得到整治，人们的素质起了变化，经济结构得到优化，经济实力大大增强，城市建设日新月异，市政设施更贴近群众，人民生活水平大幅提高，全市人民进入了小康行列。30 多年的变化，都是全市人民看得见、摸得着、感受得到的，是无须引举那堆乏味的数字，就可心知肚明的。

30 多年在历史上只是短暂的一瞬间，可在江山的历史上，它是处于撤县设市的变革时期，也是江山发展历史上最辉煌的时期之一。现在我市正处于工业化的中期，正建设全面小康社会，虽然难免出现一些矛盾和困难，但这些都是发展中的矛盾、前进中的问题，它必将通过不断地调整，不断向前发展。我们充满信心，祈望江山的明天更美好。

（杨芝荣，曾任江山县县长、江山市人大常委会主任。）

江山“号码学校”的由来

李端贞

1988年春,我们江山在同一时间设置了7所号码学校——“江山二中”“江山三中”“江山四中”“江山五中”“江山六中”“江山七中”与“江山八中”,全是市属中学，而且是当年3月经市委常委会讨论通过的——这不仅在衢州地区是绝无仅有的，而且就是在全省也不多见。一时市内外议论纷纷，甚至有人担心邮递员该怎么投递信件。

多所号码学校的设立并非偶然。1987年11月，江山经国务院批准，撤县设市，全市上下一片欢腾。整个浙江就我们江山和萧山两个县，太不容易啦！为了顺应撤县设市的新形势，加上市属中学的称谓也有需要理顺的地方,江山教育主管部门有了一系列“号码学校称谓”的构思,并报市委审批。

1988年3月市委常委会讨论同意，7所市属中学易名为号码中学。我有幸列席会议。一位年纪较轻的常委还说了一句响当当的话，令我至今印象深刻:“好呀，设这么多号码学校，我们江山城市化啦！”他的一句话，说出了我们设置号码学校的初衷。

当年从整个衢州地区看，“衢、龙、江、常、开”5个区县，每年高考上线率的排位，江山都是靠前的，兄弟县的同行客气地称我们是衢州地区高考的“排头兵”。我们也希望这几所市属中学易名后，有个新的开端、新的提升，进一步叫响号码学校的称谓。

重视称谓是我们国家的一个传统。就是一个人的名字，取名前也是翻《辞海》查《辞源》的，极其重视，正所谓“世间唯名实不可欺也”。我也一点不敢小看称谓。

我们江山的大陈乡，现在成了名声在外的旅游胜地。然而在 1985 年衢州设市前，江山归属于金华地区，今天的大陈乡，那时称作“大陈岭乡”。虽然我们江山上下希望把这个“岭”字去掉，但因为金华地区义乌县也有一个“大陈乡”,按照相关规定,同一个地区内不能有两个“同名同姓”的乡。于是,我们只能无奈地在“大陈”后面加上一个“岭”字。人家义乌的大陈乡，当年是省内闻名的产粮乡，而那时我们呢？《妈妈的那碗大陈面》还没有问世，更没有从江山一直唱到北京，于是，对不起，这个“岭”字就落在我们的大陈乡头上了。

衢州设市后，江山和义乌分属两个地区，“大陈岭乡”的“岭”字终于去掉了。原大陈岭乡初中校长扬眉吐气地对我说：“那一个‘岭’字，像一块石头，压得人喘不上气。”这位校长也不是没有见过世面的人，他自己是全国优秀教师，学校是省级劳技课示范基地。你能小看一个学校的称谓吗？

当年设置多所号码学校，其实并不是对新建学校的命名，而是原有的几所学校的易名——原“江山一中”、地处城南经济开发区的原“江山二中”、原“清湖中学”、原“淤头中学”、原“峡口中学”、原“长台中学”、原“坛石中学”,分别易名为“江山二中”“江山三中”“江山四中”“江山五中”“江山六中”“江山七中”与“江山八中”。这 7 所学校一律以号码冠之，被大家称为“号码学校”。

据我所知，这 7 所号码中学的排序没有原则性标准，先后依次大致是从城区到城郊，再由北至南及至峡口，然后以 205 国道为轴，到轴两边的长台、坛石。

或许人们要问，为什么从“二”开头？为什么把原来的“江山一中”改为“江山二中”？这话问到要害处了，我也多次被这样询问。

原“江山一中”的确是我们江山一所上规模上档次的示范性初中。列入该校招生范围的住宅，被称为“学区房”，其身价非同寻常。如果不是学校增容扩建受客观条件的制约，江山二中恐怕早已不是现在的这个规模了。而且，在历任学校领导和老师们的努力下，学校管理、教学质量当年在整个金华地区也是享有盛名的。“文化大革命”前，我们今天的江二中——当年的“江一初”，有一年曾在金华全地区初中毕业班的统一测试中一举夺魁，功底之厚可见一斑。

“江山一中”已叫了好些年了，又为何要更名为“江山二中”呢？

其实，我们江山真正设置号码学校，还是在20世纪50年代。那时，现在的江山二中，当年大名是“江山县第一初级中学”，规范的简称应是“江一初”。原峡口中学的前身——江山县峡口初级中学，曾被命名为“江山县第二初级中学”；随后，现江山第五中学的前身——江山县淤头初级中学，也曾被命名为“江山县第三初级中学”；再后来，还有长台的“江山县第四初级中学”。

然而这些名称还没有来得及叫开、叫顺，“江山县第二初级中学”“江山县第三初级中学”“江山县第四初级中学”，分别由初中发展为完全中学，于是乎，“江山二初”“江山三初”及“江山四初”，也随之更名为“峡口中学”“淤头中学”与“长台中学”。而“江山一中”没有从初中扩展为完中，再加上又是我们江山举足轻重的一所学校，就依然保留着“一中”的称谓。这次借着几所学校易名的机会，一并把原来“江山一中”的称谓调整理顺。

那么，原来“江山一中”的称谓有什么地方不顺吗？那就是和各中学的排头兵“江山中学”，有那么一些不顺之处。

江山中学全名为“浙江省江山中学”，20世纪50年代中期被列为金华地区重点中学，20世纪80年代初被列为浙江省重点中学。简而言之一句话，江山中学是我们江山“当然的第一中学”。如果江山还有另外一所“第一中学”，你说合适吗？

我们不妨再看看其他地方的情况。杭州市当年有“杭高”——杭州市高级中学，是杭州当年“当然的第一中学”，而至今在全省享有盛名的“杭州二中”也还是叫“杭州二中”，杭州再也没有出现过叫“杭一中”的学校。金华有“金一中”“金二中”，另有一所20世纪五六十年代就享有盛名的初中——金华第一初级中学，简称一直叫“金一初”。衢州地区龙游、常山、开化的“龙游中学”“常山中学”“开化中学”，都是本县“当然的第一中学”，再无其他的“一中”。相比之下，我们既有“江山中学”，又有另一所“江山一中”。我记得当年兄弟县的同行中多人问过我：到底哪一所学校才是你们的“第一中学”？所以，严格说，当年我们江山县属学校称谓，从这两所学校看，是有不规范之处的。于是，1988年3月，经中共江山市委常委会讨论同意，如前所述，原“江山一中”等7所学校被正式命名为“江山市第二中学”一直到“江山市第八中学”。

当然，在江二中工作学习过的师生，对原来“一中”的称谓有感情有留恋，也是人之常情。甚至时不时还能听到一些人要求恢复“一中”称谓的声音。

20世纪90年代末期，已退休的我偶然去教委机关，在市教委办公室无意中看到一份打印的文稿，内容大致是：经研究，同意“二中”恢复“一中”校名云云。我一看急了，请办公室同志无论如何暂缓发送这文件，容我向市委请示一下再说。于是，我急忙跑回家把“二中”为什么不宜恢复“一中”称谓的理由作了书面陈述，匆匆呈送市委主要领导，并请急事急办。当时，市委书记即批转分管教育的副市长，批示中还专门提到“尤其要听听”我的意见。终于，“江山二中”的称谓不再更改。

说到这里，还要再补充一点。其实，当年“江山二中”的校名原本已有所属，那就是1988年与全市多所学校统一易名的“江山三中”。“江山三中”创建于1987年，原称“江山二中”，就是现在的滨江高中。1988年3月，经多方面考虑，“江山二中”校名让位于市区的原“江山一中”。这样，我市各所市属中学的称谓关系也基本理顺了。

顺应我市撤县设市的新形象、理顺市属学校之间的称谓关系，是设置多所号码学校的初衷。更为不易的是，号码中学从设置的那一天起，就见证了我市教育从艰辛办学到打响“学在江山”品牌的历程；见证了校长到底是姓“教”还是姓“钱”的事实。而当年办学条件的艰辛，没有经历过的人也是难以想象的。

一位从江山走出去的领导，在为《江山市教育志（1990—2014）》所作的序言中有一段这样的陈述：“我还清楚地记得当年曾有句令人心酸的口号：‘再苦不能苦孩子，再穷不能穷教育。’其实这也是当时教育行政部门领导纠结的无奈。那些年市财政的确困难，拿不出更多的钱改善办学条件，区域内破旧校舍多，学校流生众，办学条件差，教师待遇低，那时的教育工作者真的要用精神的力量来弥补物质的匮乏。”

当年百废待兴，老师们一年到头加班加点、苦干实干，可逢年过节学校连几斤（1斤为0.5千克）水果也送不起，更谈不上什么多劳多得的奖励了。幸亏当年鼓励和支持学校开展勤工俭学，办校办工厂、校办农场，学生学工学农，工厂农场的盈利可归学校支配。一时秀才学打铁，校办工厂成了改善办学条件的重中之重。市属学校的校办企业，有做电器的，有做螺丝的，有做糨糊的，也有搞印刷的，各个学校八仙过海，各显神通。

我们江山当年还有一项支持勤工俭学的好政策，叫“春播秋收”。每年年初市财税部门把当年年尾的教师工资，提前借支给学校用作校办企业的流动资金，而且不要分文利息，但年底必须如数归还——那可是老师们的工资！为此，教育行政部门的领导快到年底时，常常因这笔资金能否如数如期回笼而惴惴不安。

《江山市教育志（1990—2014）》对当年勤工俭学高度概括地评价为：“曾是弥补教育资金不足、改善办学条件的重要举措。”至今，我看到由当年江山二中校办厂转型的浙江天际互感器有限公司，在一年年发展壮大，并跃上了国家高新技术企业、工信部首批专精特新“小巨人”企业、国家知识产权优势企业等可喜的平台，心头都会涌上一种骄傲，一种难以言表的欣慰感、亲切感。

虽然党和政府千方百计、学校领导和教职员工千方百计、校办企业千方百计，还有热心人慷慨解囊，但办学依然困难重重。“校校无危房，班班有教室，学生人人有课桌凳”这样一项简称“一无二有”的标准，是当年上下奋力追求的目标。全县 4 万多平方米的学校危房，成了当年江山市领导的一块“心病”。县（市）领导、教育行政部门、学校领导、乡镇领导的担子重啊！记忆中，每当遇到刮大风下大雨的日子，教育行政部门办公室都要安排人员通宵值班，驾驶员晚上要做好随时出车的准备。有一年，原敖村乡天井小学的门梁在大风中折断，一位民办教师不顾自身安危，挺身而出，用双手全力托住门梁，直到最后一名学生安全撤离。虽然第二年这位民办教师理所当然地转为公办教师，但每当提起这件事我都会不寒而栗。

当时的办学条件之艰苦，就是市属学校也不例外。一位 20 世纪 90 年代中期开始主持我市一所市属中学工作的校长告诉我，那时学校生活设施的简陋，到了“每逢雨天，师生们用的几乎是泥浆水”的地步。而且长期以来校园不能封闭，操场成了村民临时的晒谷场，学校的大门和校内的主干道是村民赶集甚至办红白喜事的通道。

面对艰苦的办学条件，校长们不得不四处奔走。于是，校长们碰在一起时，很自然地议论起“校长到底该姓‘教’还是姓‘钱’”的话题来。

随着市场经济的兴起，学校之间的竞争也日益激烈，学生都一个劲地向品牌学校聚集。学生有了择校热,学校有了“计划外”招生。“择校生”交“赞助费”,被群众十分形象地称为“买分”。前面所提及的那所市属中学,也凭着自己的质量、声誉和努力,把号码学校的旗帜亮到了温州、台州,两年时间先后从这两地招收了30多名学生——这桶金分量可不轻,足足有几十万元呢,学校经费得到了有效的补充。随后,教育行政部门鼓励学校自筹资金,并给予30%的补贴奖励。于是,短短四年半时间,上面提到的这所市属中学,一是在校园东面征用临时土地5亩(约3333平方米),用于给村民过往另辟通道,实现了校园封闭,而且出校道路全部硬化;二是新建教学大楼1幢,总投资110万元,自筹70万元;三是自筹资金10多万元征用邻村土地,修建深井1口,并配套建造高水塔一座,从此师生用水有了保障;四是自筹资金建造1幢6层学生宿舍。如此,学校面貌焕然一新。而这位年轻有为且有担当的校长至今回想起来,觉得对不起的是教职工,创收来的钱没有更多用在教师福利上。

其实,这所号码学校的前几任学校领导,也个个是办学的行家,有一位老校长还以求贤若渴、突破藩篱、招募各类人才来校任教而享誉全市。当年并非他们不作为,实在是“此一时彼一时”也。

沧海桑田。从2007年起,我市义务教育办学经费全面纳入财政保障范围;2012年,全面推行“阳光招生”政策,公办学校义务教育阶段“零择校”;2014年,我市基本实现“教育搞保障,学校抓教学”的目标……

号码学校见证了教育的艰辛,也见证了我市教育的崛起。从校长到底是姓“教”还是姓“钱”,到全市基本实现“教育搞保障,学校抓教学”的目标;从全市学校4万多平方米的危房、12.28万平方米的破旧校舍,到今天全市乡镇最漂亮最气派的房子是学校;从当年生源流失、师资队伍不稳,到今天打造“学在江山”的品牌,前后才20多年时间。20多年风雨兼程,校长们终于可以挺直腰杆说声“我是姓‘教’的”了!

进入新世纪后,我市7所号码学校也随着教育事业的发展及学校布局的调整,除了“江山二中”和“江山五中”,其余都先后或撤或并了。

一切都成了过去,一切又历历在目。

(李端贞,曾任江山市教委主任。)

我所经历的碗窑水库建设

徐仁敏

碗窑水库是我市重点水利工程之一，总库容2.23亿立方米，正常库容2.08亿立方米，集水面积212.5平方千米，跨流域引水面积64平方千米。坝高79米。主坝长390米、宽8.5米，副坝长145米、高16米，宽6米。装机容量一级2台6300千伏机组，二级1台5000千伏机组，共17600千伏机组。一级多年平均发电量3074万度电，二级16方水发一度、设计灌溉面积32.1万亩（约214平方千米），每天提供城市居民生产生活供水10万吨。该工程有防洪、灌溉、城市供水、发电四大功能。当时工程设计总概算14600万元，后来调整为27206万元。工程于1993年4月10日开工建设，1996年7月1日封孔蓄水发电。

项目提出的历史背景

江山于1987年撤县设市后经济发展比较快，经济和城市发展对水资源的需求越来越迫切。江山在春夏之间经常暴雨成灾，每年到汛期山洪暴发，政府都要全民发动，组织人力、物力、财力去抗洪救灾，损失很大。秋冬季节出现枯水期，少雨干旱，农民由于缺水灌溉，经常发生水利纠纷。不但工业用水不足，更重要的居民生活用水也出现严重问题：不但水源不足，而且水质非常差，大肠杆菌大量超标。因我们当时的自来水是取江山江的地表水，而江山江上游流域长，上游生活生产，包括养殖业等污水直接排放到江山江里，自来水经过大量的氯等药物杀菌消毒还是解决不了水质问题，这样对人的身体健康危害严重，这是民生的一件大事。所以政府在 1989 年下半年进行了全面的调查，经过调查，考虑在上游建水库。当时为建白水坑还是建碗窑有很大的争论，有的说应建白水坑，因为在白水坑建水库发电量大，且灌溉流域都在江山市境内。但白水坑一点资料基础都没有，光做前期资料等基础工作都要好几年，而碗窑水库在 1978 年就做了前期的基础工作，只要补充一部分资料，整理完整后就可以上报。同时政府分析：如果建白水坑水库，碗窑水库可能就不会建了，因碗窑水库需上级大力支持才能建，它的直接发电效益小，靠江山市自己的财力根本不可能建。白水坑发电量多，集雨面积大，有 330 平方千米，来水量多，没有上级支持，自己下一步借款贷款都能建,因水库建好后本身偿还能力强。先建碗窑水库，距离市区近，直线距离只有 7 千米，对提供城市工业发展和居民生活用水帮助很大，投资省，建设快，社会效益大。上游已有峡口水库，农业用水暂时不缺，下游农业用水缺口很大。经过反复论证，最后确定先建碗窑水库，并积极向省水利厅和省政府汇报，千方百计争取立项。

碗窑水库项目争取的有关过程

最早提出建碗窑水库是在 1990 年初。当时省委、省政府召开年度计划经济工作会议，我和计委主任毛兴武、经委主任琚善富同志参加会议。我带了政府的报告和一部分资料，在开会前叫水利局把资料整理完整，不足部分抓紧补充好，并安排副市长段新清同志和农办主任、水利局局长、水利工程师等同志在会议期间赶来杭州，争取向省水利厅和省政府领导汇报。开会间隙，我直接找到水利厅汪副厅长和省政府周副秘书长，把两位领导请到我住宿的房间，我们一班人先向他们作了简单的汇报。他们回答：“你们江山上碗窑水库现在不可能，省里现在考虑是上金华的沙坂水库。江山碗窑投资量大，省里无能力支持，而且项目也大，蓄水量 2 亿多方水，属国家大型水库。”后来我叫段新清副市长写了一份简要的书面报告材料送到省政府办公厅，交给了许行贯副省长的秘书，请秘书转交许副省长。在会议期间，我又抽时间找机会，直接找到了许副省长和省水利厅陈厅长，并把碗窑水库的有关材料交给了许副省长和陈厅长。两位领导都说今年省里定了上金华沙坂水库，碗窑这个项目大，投资量也大，省里没有这么多钱支持。许副省长说材料他拿去看看。后来得知许副省长把碗窑水库的材料和段新清同志写的简要汇报批转给了省水利厅。我了解后就紧紧抓住机会，一次又一次向省水利厅汇报。通过大量的工作，省水利厅引起重视，并根据我们的要求和意见作了多次的讨论和研究。但该项目属国家大Ⅱ型水库，需报水利部和国家计委批准，而且经济上要取得水利部和国家计委的大力支持才能落实。这时正好市委、市政府换届，省委委派梅凌同志来江山任市委书记，我把江山的整个经济情况向梅凌书记作了介绍，特别介绍了碗窑水库项目，讲明争取该项目的重要性和紧迫性。他听了介绍后非常赞同和支持，而后，我们一起努力向上争取。

我们先是向省水利厅汇报，得到同意后，我们了解到该项目如上报水利部要经太湖流域管理局。我们又到上海向太湖流域管理局汇报，而后我们又直接去北京向水利部和国家计委汇报。水利部计划司和国家计委农经司接待我们，他们开始都不支持我们这个水库，都说中央没有钱，不可能出钱支持我们地方建水库，中央的钱集中在大江大河和太湖治理上，县市级的事只能我们自己解决。我们回来后不灰心，坚持做好自己的前期工作，一步一步努力去争取。正好在秋冬季节，市里组织大规模的江山江治理工作，沿江两岸做好防洪堤坝。这时，水利部侯副部长来浙江检查水利工作，我们向省厅和省政府汇报，积极争取侯副部长能来我们江山考察，省政府和水利厅都很支持。许副省长和水利厅几位厅长陪同侯副部长来到江山，先考察了江山江治理的工地，而后我们带省部领导到碗窑水库坝地，又考察了一部分灌区和待开发的黄土丘陵。边考察我们边汇报碗窑水库建设的重要性和紧迫性，请求部里给予适当的支持和帮助。侯副部长说他回北京部里了解一下后再说，现场他不好怎么说。他对我们的水利工作给予了充分的肯定，感到很满意。

侯副部长回去后，我们再次去北京向部里汇报。我们一个部门一个部门地找领导做工作，从办事员、秘书，到正副处长、正副司长，再到总工、正副部长都找过，我们白天到办公室，同时了解他们的居住地址，查好路线，晚上到他们家里向他们详细汇报。因白天在办公室他们都很忙，根本没有时间听我们详细汇报，只好想办法到他们家里汇报。我们当时去北京出差，住宿费和补贴是有规定的，超过的须自己出一部分钱，所以我们大部分时间只能住便宜的小招待所。有时找不到合适的招待所，只能自己贴一部分钱住几天好的宾馆。自己带一部分方便面，一天争取在外面吃一餐或两餐，否则超额多了自己贴不起。当时我们去北京比较多，前面去北京的有梅凌书记和我、吴华海、王志林、徐祥松、金力雄还有水利局局长赵工等同志，后来主要是我带吴华海、王志林、徐祥松他们去。我们也经常碰到困难，如有一次去水利部何副部长兼总工家，那天刚好停电，她家住二十几楼，我们只能一步一步走上去，到她家门口顺过气后再敲门。有时我们在他们家里汇报晚了，小区大门锁上了，我们只能翻围墙出去。

何副部长兼总工叫我们去向水利部规划总院汇报，让他们给予论证后报部里。我们又去规划总院，请求他们帮忙论证，他们一时安排不出时间，让我们先回江山，等他们安排时间后通知我们再去北京。过了一段时间，我们接到通知，我和梅书记、吴华海、王志林、徐祥松还有水利局的赵工和金力雄，以及省水利厅的贾宝华副总工，还有水利水电设计院的翁宝忠总工一起去汇报。到北京后，规划总院的领导在北京香山卧佛寺开会，只有晚上才有时间。我们晚上赶到卧佛寺向领导汇报，回到住处已经凌晨三点了。回来后我们一直等待水利部的回音，但一直没等到。后来我又去北京了解情况，由于补助资金落实不了，部里批复不了。我向省水利厅和许行贯副省长做了汇报，请求省厅和省政府帮忙与水利部沟通。正好当年长江发生特大洪水，太湖超警戒水位，出现了险情，水利部要求江苏、上海、浙江全力以赴排除太湖的险情，并要求浙江给予大力支持。许副省长向水利部表了态，太湖浙江支持可以，但也请部里对浙江其他水利方面予以支持。许副省长去北京开水利会议，并通知我一同去北京，他在会内做工作，我在会外做工作，并到开会的地方把碗窑水库的情况向水利部杨振怀部长做了汇报，杨部长向许副省长表态尽力给予一部分支持。这样项目才有点基础。而后我们抓住这个机会，开始追批文。我们从水利部规划总院开始，他们签了字后，报部规划司，再到总工程师，再到规划司计划处，然后到部办公厅，我们跟着文件一个部门一个部门，一级一级跑，直到部长手里，为了文件及时批复，我们做好部长秘书的工作。秘书说：“我可以把文件及时送到部长办公室，签字问题还是要您自己做工作，部长这几天在部里，您抽个时间来汇报。明天早上部长要接待河南省省长，您可以在上班前早几分钟到，省长没到之前，您先汇报。”当时我们心里非常激动，回住处一夜都没睡好。天刚蒙蒙亮我们就起床，因为是冬天，天气比较冷，我和王志林、徐祥松、金力雄四个人找了一辆面包车，开了一个多小时，抢在河南省省长到之前赶到了水利部。等部长一到办公室，我就进去汇报，杨部长边听我汇报边找文件。我汇报好后，部长说：“好的，碗窑的事我知道了，我回头再与计划司统一下意见，给你办。”我从部长办公室出来后，河南省省长已经等了一会儿了。而后我们就在北京催办文件批复，前后住了 15 天，才把文件拿到手，水利部报国家计委的文件还是我们直接送到计委农经司的。那一年，我前后到北京七次才正式争取到该项目，当时水利部文件确定给我们拨款补助 5000 万元。

我们在争取水库项目时得到了很多领导的支持，特别是周建成同志给我们帮了大忙，每次去北京都是他帮助安排接送，帮我们联系安排住宿，还派专车给我们使用。我们不熟悉的地方，他负责帮我们找，并给我们带路。我们非常感谢他们的大力支持和帮助。

项目组织建设过程

项目确定后，我们组建了两个指挥部。一个是总指挥部，由我任总指挥，宁江土、徐绍初、申屠天德、段新清、徐祥松任副指挥，各有关单位领导任成员，负责全市动员和工程的组织建设工作。另一个是现场建设指挥部，由宁江土任总指挥，徐绍初同志任副指挥，并抽调了一批实干的干部，负责现场工程建设的协调和移民安置的具体工作。工程由省水利厅牵头组织，确定由水利水电工程局总承包，由省水利水电三处（正邦公司）具体负责施工。工程开工时，许副省长、省水利厅正副厅长、省计委正副主任、水利部计划司邵司长、国家计委农经司魏司长、太湖流域管理局局长、水利规划总院院长、衢州市四大班子领导参加了开工仪式。工程建设中，多位省委、省政府领导，水利部领导来过现场检查指导。虽然我们水库在国家来说不大，属大Ⅱ水库，但省部级领导很重视、很支持，到过现场很多次。

开工前，我们水路电路都通好了，但坝址工地是一片古窑址，所以迟迟开不了工。我们又与文物部门协调，组织文物部门将古窑址进行抢救性发掘。该窑址是宋朝的，经过发掘后才许开工建设，所以工程到1993年4月10日才正式开工。

关于移民工程

水库建设中的一个大工程是移民工程，总移民1509户、5790人。我们进行了认真细致的分析，采取插队安置的方式，安置地都选择经济条件比较好、生产生活环境比较优越、交通条件好的乡镇和市区周边乡镇。先进行全市总动员，接受地负责落实宅基地，并做好三通一平，包干做好接收工作，要求接受地像接亲人一样接受移民。在移民过程中也遇到很多困难，有的对安置不满意，有的舍不得离开久居之地。指挥部和乡镇认真耐心地组织走村入户上门做工作。他们提出要上访，我们及时掌握动态，明确告诉他们有什么问题我们下来听取他们的意见，给他们现场解决。有一次，我从省里开会回来后直接到敖村乡，召开会议专门听取移民的意见，对他们合理的要求当场表态给他们解决，对他们不理解的事给他们认真地解释。通过一番认真耐心细致的工作,他们都愉快地接受了。由于工作做得比较到位，移民比较顺利，1000多户、5000多人移民，当时没有一户一人上访，全部顺利搬迁到了安置地。

在项目建设过程中遇到最大的困难就是资金不足。物价上涨很快,中央、省两级拨款远远不够，市财政只能解决吃饭问题，根本拿不出资金。我们一面继续向中央、省争取支持，一面发动全市人民筹措。全市干部、职工、居民、农民分四年，每年出点钱支持水库建设，共筹集了3000多万元。水利部和国家计委通过努力争取到增加2000万元建设贷款指标，国家建行委托省建行来评估，省建行评估后，一直确定不了，最后要我去表态，主要是确定我最近是否会调离江山。我讲明如调离江山，我也会将该计划移交给后面的领导，并帮助督促落实。这样才使评估过关。

在移民补偿上，我们按当时物价评估进行补偿，由于物价上涨很快，给移民户带来很大的困难，政府无力增加补偿，于是就动员财税和企业，给全市水泥厂、砖瓦厂适当减税一部分，企业贡献支持一部分，按照每户移民建房的规定面积，分配供应平价（低于市场价）的水泥和砖瓦，这样解决了移民户建房的困难。

水库计划灌溉面积江山市内共有 27 万亩（约 180 平方千米）左右，衢江区和柯城区有 5.1 万亩（约 34 平方千米），总共 32.1 万亩（约 214 平方千米）。当时很多人有意见，认为衢江区和柯城区没有支持我们建水库，既没出钱，也没出力，不应该把他们规划进去。当时我们考虑建水利工程应有全局观念，同时我们在跑水库项目时，了解到国家有个规定，北方灌溉面积为 50 万亩（约 333 平方千米），南方灌溉面积为 30 万亩（约 200 平方千米）才能成为国家级的大型灌区，32.1 万亩正好符合国家大型灌区的标准，为今后争取国家支持打下基础。后来，市政府以碗窑水库灌区继建配套、节水改造工程项目上报水利部，累计争取到拨款 1.7308 亿元，整个灌区，包括峡口水库大坝修理都是用这笔争取来的钱进行改造配套建设的。如果当时没有报 32.1 万亩灌溉面积，没有列入国家级大型灌区，中央是不可能拨款支持的。

我们在争取水库项目支持中，得知水利部和国家计委对城市供水会给予支持，但城市供水属建设部管，水利部不参与管理。回来后，我们叫城建局（现改为住建局）抓紧拿出规划，并由市政府打报告报省建设厅，然后由省建设厅报建设部。我们在跑水库项目的同时，又跑建设部和国家计委，碰巧原水利部侯副部长调到建设部任部长，侯部长到过江山，对碗窑水库印象很深刻。

当我向侯部长汇报建自来水厂的要求时，他还问我："你们碗窑水库建得怎么样了？"我回答："正在全面建设中，建自来水厂就是与水库建设配套，为尽快提供城市居民生产生活用水。"部长说："我们补助钱不多，你们还是要自己努力。"最后同意给我们补助 500 万元，该补助还要报经国家计委非工业司审批。审批通过后，我们开始建日供水 10 万吨的自来水厂，分两期，第一期日供水 5 万吨。

在建设水库的过程中，我们也没有停止向上争取，我和宁江土、毛以朝、祝钦史等同志，一次又一次地跑水利部和国家计委，一方面争取补助资金及时到位，另一方面汇报工程建设的进展情况。水利部老部长退下来了，新部长钮茂生来了，我们又多次到钮部长和张副部长办公室和家里汇报，请求部里继续给予支持。一直到组织决定将我调离江山，我还带胡韶良、宁江土、毛以朝、祝钦史几位同志到北京几个部门去衔接。我离开江山后，又陪同新上任的市委书记徐佳增去了北京，到了钮部长办公室。省里许行贯同志让我带了一封信给钮部长，请求给碗窑水库继续支持，为后来调整概算打下了基础。后来调整概算后，部里又补助了2000万元。

由于我们工作做得扎实，宣传工作做得深透，所以碗窑水库知名度很高，无论在省里、在太湖流域管理局还是在水利部、国家计委，一讲起该水库，他们都知道。

碗窑水库地理环境比较好，离市区近，领导到过现场多，对整个水库情况了解，所以水利部当时又批给我们一个旅游资质文件。当时部里批给旅游资质的水利设施在浙江省只有我们一个。

总之，碗窑水库的建成，全靠当时市委、市政府的积极争取，以及全市上下团结一致、齐心协力、艰苦奋斗、苦干实干的努力。这是一个来之不易的大型水利工程，希望后来人能管好、爱护好该工程，同时开发利用好该资源，为江山经济和社会发展发挥更大的效益。

（徐仁敏，曾任江山市市长、中共江山市委书记、衢州市副市长。）

全科医疗在江山

张永隆

前不久，我无意中从浙江在线健康网上看到由浙江省卫生厅冯静同志编辑的《卫生60年》中“开展全科医疗服务模式”一文，心中激起层层涟漪，久久不能平复。

20世纪90年代初，发展全科医疗服务对全国卫生系统来讲还是一件新鲜事。作为江山市农村全科医疗试点的直接参与者之一，我一提起全科医疗，就犹如久违的老朋友，有一种无以言表的亲切感。开展全科医疗服务模式的试点和实践是江山市卫生工作曾有过的一段历史，尽管我离开卫生系统已经十多年并且已退休了，然而当年从试点到向全市逐步推开的八年期间亲身经历的一些往事仍然历历在目，于是萌生了将沉睡多年、弃之又有点可惜的材料整理一下，为当年全科医疗试点工作写一点资料的念头，以亲历者的角度，原原本本把全科医疗试点过程记录下来，希望能成为江山市卫生档案或全省全科医疗工作方面的史料之一，这就是撰写这篇《全科医疗在江山》的初衷。

全科医疗是一种高品质的社区医疗卫生服务模式。它以社区为范围，以家庭为单位，以个人为中心，满足生物、心理、社会多学科因素带来的需要解决的健康问题，即对任何人的任何健康问题，具有负责性、固定性、综合性、连续性、协调性的医疗服务。承担全科医疗服务的全科医生是接受过全科医学知识专门培训的医学“通才”，他必须掌握扎实广泛的医学基础以及临床和预防、保健、康复知识，又懂得心理学、社会学、伦理学、法学等人文社科知识，而且牢固树立了立足社区的工作理念。全科医生所具备的知识和能力结构，适应了当今生物——心理——社会新医学模式转变的需要。所以全科医生紧紧围绕健康问题，在居民面前扮演的是医治者、照顾者、劝导者、咨询者、支持者、协调者、管理者、朋友等角色，是居民健康的守门人。这种医疗服务能够充分利用社区各方面资源，充分体现了便宜、便捷、省心、省时、省力的优势。

简而言之，全科医疗的真谛，就是一个家庭所有成员都可以为了各种问题去看同一个全科医生。由于频繁接触，全科医生很了解他的病人，所以全科医生也被称作家庭医生（师）。这种着眼于人的亲密医疗服务新模式具有强大的生命力，深受居民欢迎，对实现人人享有初级卫生保健和基本医疗具有深远意义。

全科医疗于20世纪60年代在西方开始发展起来。1972年在墨尔本正式成立了世界家庭医师协会（WONCA），每三年召开一次国际会议。1988年9月，世界家庭医师协会建议中国逐步建立全科医师制度，从此，全科医疗概念开始引入中国。1989年1月23日，北京市正式成立北京市全科医学会。同年下半年，首都医学院（后改首都医科大学，下文简称“首医大”）成立了全科医师培训中心。两者通力合作，于1989年11月与中华医学会共同举办了北京第一届国际全科医学学术会议，卫生部部长陈敏章到会祝贺并讲话，指出这次会议的召开“对我国全科医学的发展将起到有力的推动和促进作用”。1997年党中央、国务院在“关于卫生改革与发展的决定”中指出，要“加快发展全科医学、培养全科医生”，从此，全科医疗工作在全国不断发展和推开。至今，全科医生的培养和社区卫生服务在全国蓬勃展开。

江山市1991年初在首医大启发下开始接受全科医疗这一概念，并着手进行全科医疗试点，从时间上讲正好赶上全国第一班车。所以浙江（江山）是全国践行全科医疗服务第一批试点地区之一，是全国农村最早开展试点的地区。经过几年的努力，至1997年，有14个乡镇、占全市近三分之一的15万多人口，在健康保障上开始有了由经过全科医学专业学历培养的全国第一批全科医生为他们提供崭新的医疗模式——全科医疗服务。在整个试点和推进过程中，一直得到世界家庭医师协会和国际全科医学专家的关心和指导；得到中华医学会、省医学会、国内全科医学重点研究或开展教学的大中专医学院校及专家的鼓励和帮助；得到江山市委、市政府，国家卫生部，省市卫生行政部门的重视和推动；得到有关乡镇、部门以及居民百姓的配合和协同；也得到了媒体的支持和关注，并有作为配合国家、省有关重要事项的报道材料。例如中央电视台《新闻联播》栏目、新华社、《人民日报》、《半月谈》以及《浙江日报》、浙江电视台、省委办公厅主办的《今日浙江》等都对江山市全科医疗工作先后做过不同形式的报道。尤其是为配合新中国第一次由党中央、国务院召开的全国卫生大会，在大会开幕的当天，即1996年12月10日，新华社发布了5幅关于江山市全科医疗工作的照片，并且《人民日报·海外版》和《新华社每日电讯》分别刊登了江山市全科医疗服务开展情况的图片报道各一幅；1998年11月新华社发行的“改革开放20年巡礼”——《新华社新闻展览图片》一套50幅图片中，编号47的全国卫生战线唯一一幅照片就是江山市实施全科医疗情况的照片，并配有近百字的描述。此外，1997年5月，新中国第一次由浙江省委、省政府召开的全省卫生工作会议上,时任江山市委书记徐佳增代表市委、市政府在大会上作了题为“积极探索全科医疗，提高农村卫生水平”的交流发言。在具体做法上，无论是技术人才转型培训与学历培养，还是社区医疗站布局规划与设置建造、全科医生住站入户与贴心侍从、服务模式转换实践与探索创新、政府重视百姓支持与上下互动，在全国来讲都是独树一帜的。

本文以时间为序，主要参考本人工作日记和当时积累的一些资料。本人是1998年离开卫生局的,所以记事截止时间为1998年,个别情况到1999年。

概念的启示和引入

1. 对全科医疗概念的理解。1991年春节期间，首医大委派江山籍老师吴春荣来江山，与市卫生局商量首医大硕士毕业生到江山市人民医院实践一事。吴老师谈起全科医疗，包括其特点、原则以及首医大已成立了全科医师培训中心等。

通过这次对全科医疗的了解并经仔细领悟，凭着我们多年的农村一线医疗工作和农村卫生管理工作的亲身感受与体会，我们认为提高农民医疗服务质量可以从全科医疗服务模式中得到很大启发，由此对它产生了浓厚的兴趣。如果把全科医疗服务模式嫁接到我国现行的三级卫生保健网络的网底结构上来，或者是把两者整合起来，或许这种新的医疗服务模式是符合我国国情的，对农民兄弟来说是一种更高效、更优质、更价廉的医疗服务模式，使农民可以得到省时、省力、省脑和到边、到角、到心的健康服务与医疗照顾。并且不需要更多经费的投入，可能是当时实现“2000年人人享有卫生保健”目标的新选择。开展这项工作对农村卫生事业发展是非常有现实意义和深远意义的。因此，我们认为应该抓住机遇，借鉴全科医疗做法，在农村卫生服务模式改革上有所作为。

2. 试点工作开始破题。随后，市卫生局召开局长办公会议，就我市开展全科医疗试点工作作了专题研究，并确定了将院长管理能力比较强、卫生院各项工作比较突出的四都镇卫生院作为试点单位。这项试点工作一开始就得到了市委、市政府和四都镇党委、政府的高度重视和大力支持。

3. 工作试点摆上了议事日程。我们继续通过吴春荣老师的桥梁作用，与全国最早从事全科医疗研究和教学的单位首医大挂上了钩，旨在与他们建立协作关系。主要是从两方面考虑，借助大专院校的教学资源，我们试点工作一方面可以得到首医大的直接指导、帮助和相互探讨，另一方面首医大可以为我们培养培训全科医疗人才。

4. 获得首医大的大力支持。1991年5月29日至6月2日，首医大应邀派出全科医学培训中心负责人顾湲副教授、吴春荣等四位老师来到江山，并到试点地四都镇进行实地考察，分别与四都镇党政领导、卫生院员工就全科医疗试点工作进行了座谈和讨论，取得了共识。与市卫生局共同商议全科医疗试点，同时设计了试点初步方案和办法。市政府分管副市长祝瑜英对四都镇试点工作良好的开端表示高兴和重视。

5. 为了试点成功，需要进一步搞懂全科医疗和加强信息沟通。1991年10月14日至28日，卫生局张永隆局长和办公室胡汉民同志赴北京参加全国全科医学理论研讨会。会议期间，就江山开展试点问题分别向与会的卫生部科教司周东海副司长、初保处方素珍处长、首医大领导作了汇报，得到了他们的赞许，并就为江山定向代培全科医疗本科生事宜与首医大初步达成意向。

这次研讨会传递了首医大正式把江山试点列为该校首个全科医疗教研计划的信息。首医大全科医师培训中心负责人顾湲在题为“全科医疗和全科医学教育理论研究和试点工作”的发言里指出，在中国建立全科医学不能急功近利，工作重点应该从理论研究和试点开始。“目前的试点有北京东城区朝阳医院、丰台区卫生局、宣武区回民医院、首都钢铁公司总医院、房山区卫生局，浙江省江山市卫生局等。”在谈到要把科研和培训相结合，发展不同层次的全科医生教育时，他指出：“目前我们已在浙江江山市开始了这方面的调查，计划在北京市房山区也进行这类调查。”

这次研讨会后，首医大把江山试点的构想与一些具体做法，如人才培养等列入该校教研方案和教学内容。

会议结束后不久，首医大全科医师培训中心印发了两份材料。《关于发展全科医学的整体规划》这份材料的第三点“关于建立全科医疗实践和全科医学教育试点”指出，农村试点全科医疗可以促进目前正在开展实施的初级卫生保健工作目标实现，还讲述了农村试点采取四个具体步骤，同时表示“以上工作（即四个具体步骤）正在浙江省江山市和北京市房山区逐步开展”。“全科医生培训试点项目”讲到全科医生在校培养计划时指出：根据江山市卫生局设想，“本科，由首医大医疗系（全科医疗专业）为浙江省江山市卫生局定向代培 10 名全科医生（1992 年招生，学制 5 年），首医大全科医师培训中心承担课程设计和部分教学任务。中专，由金华卫校医士专业为浙江省江山市卫生局定向代培全科医生 40 名（1992 年招生，学制 4 年）”。（说明：这两项代培工作都如期实行。）

《农村全科医疗试点的意义和设想》材料指出：“我国的全科医疗至少应该有两种模式：农村模式和城市模式。两者在中国的全科医学研究中具有同样重要的价值。”“农村全科医疗试点工作可以为城市全科医疗试点提供基本的理论根据和参考资料。”该材料最后附了一个补充材料，即《在浙江省江山市建立农村全科医疗试点的工作计划（从 1991 年 8 月开始）》，共六条。

以上资料表明，江山市全科医疗的试点，从时间上来说赶上了全国试点的第一班车，是农村最早开展全科医疗试点的地区。

6. 国际全科医学专家来江考察。1991 年 11 月 3 日至 6 日，受世界家庭医师协会派遣的首医大客座教授卡奈尔森（加拿大籍，下文简称“老卡”）和吴春荣、刘小平老师一行来江山考察试点工作，市长徐仁敏、副市长祝瑜英会见了他们。

老卡在江山主要做了四件事：

①到四都镇考察农村卫生工作状况、卫生院情况，分别与镇领导和卫生院员工座谈。镇党委书记刘祖堂、镇长宋加达表示对全科医疗试点工作有充分信心。

②与市人大、市政府、市政协有关领导和相关部门负责人座谈，就全科医疗在农村卫生工作中的作用和地位达成共识。

③给卫生系统相关医务人员讲座，阐述全科医疗的含义、原则、模式和意义。

④对与在江山开展全科医疗试点工作有关的各方面因素作一初步评价。老卡最后表示：“江山试点成功，很有推广价值。”

通过这次老卡来江考察，我们对试点工作进行了更加具体的构思，并着手分步实施。

模式的探索与实践

1. 增加试点工作力量。1991 年 12 月，根据试点需要，市卫生局向四都镇卫生院增调 4 名医务人员。

2. 开展社区卫生资源和农民健康问题基础调查。1992 年 1 月 20 日，首医大全科医师培训中心刘小平老师专程来到江山四都镇，对镇卫生院医务人员和乡村医生举行了为期一周的业务培训，使他们开始从传统的专科医生向全科医生的服务理念和角色转变。1992 年 2 月 1 日开始对全镇 4000 余户居民家庭开展健康“基础调查”，发放调查表 12000 多份，并对调查结果进行初步整理。

3. 开始建立全镇居民健康档案。1992 年 1 月 30 日，首医大全科医师培训中心负责人顾湲副教授再度来江，与先期到江山的刘小平老师一起具体指导四都镇卫生院为镇居民健康建档工作。

4. 第二位国际全科医学专家来江山考察。1992 年 2 月 7 日至 15 日，世界家庭医师协会派遣到首医大的客座教授、台湾中山医学院家庭医学科副教授兼科主任、世界家庭医师协会顾问李孟智先生和首医大吕繁老师一同来江山考察，副市长祝瑜英会见了李孟智。李孟智来江山主要做了两件事。一是与市政府和卫生局、四都镇有关领导座谈讨论试点具体工作，并介绍全科医疗服务在世界，特别是台湾的发展历史、现状和它的优势。二是2月11日至14日，李孟智、吕繁与先期到江的顾湲老师住在四都，用了4天时间花了30多小时，给四都镇卫生院的全体医务人员作了一次全科医学知识和技巧的全面培训。

回到台湾后，李孟智将他著的《家庭医学与家庭医业管理》一书，进行了第三次再版，增加了对大陆基层医疗保健访问的有关内容。该书《大陆全科医业之推展》章节写道："社区试点共选择了农村试点两处（北京房山区的窦店和浙江省江山市四都镇）、厂矿企业试点一处（首钢老山社区）"，"在笔者离京时，江山市四都镇的试点已做得有声有色，其他试点也多完成人员训练和社区诊断工作"。这表明，在李孟智看来，江山试点工作已走在大陆其他地区前列。

5. 全镇宣传发动，为试点实施推波助澜。1992年2月22日，四都镇党委政府召开了由全镇党员、骨干200余人参加的大会，对全科医疗试点工作进行了部署和动员。副市长祝瑜英、卫生局领导、首医大吴春荣老师参加了会议。

6. 医疗技术力量再培训。1992年3月12日至28日，由市卫生局金大兴同志带队，四都镇卫生院医务人员周振仓、金秋玲、伍庆华等赴北京首医大参加全国"第一期全科医师培训班"业务学习。

7. 为全镇居民健康档案建立数据库。1992年4月25日，首医大刘小平老师再次来江山，具体帮助指导四都镇卫生院将为期3个月的居民健康调查资料进行全面整理、复核、分析。同时卫生局为四都镇卫生院配备了一台电脑（当时电脑还没有普及）。5月30日，刘小平老师又一次来江，至6月15日，用了半个月的时间帮助建好了数据库。

8. 市卫生局将傅竹街全科医疗站命名为"第一全科医疗站"。因为该站是四都镇也是江山市乃至全国农村第一所按规范化要求试点的全科医疗诊所，包括用房结构布局、家具制作等都是按功能需要而设计的。1992年5

月17日，四所全科医疗站正式开业试诊。

9. 提升社区全科医生解决实际问题的技能和水平。四都镇卫生院对将要下到社区去担任全科医生的人员进行业务素质全面提升，1992年4月至8月派了4名骨干分别到市人民医院、防疫站、妇保院进修、培训，进一步提高解决健康实际问题的技能和水平。

10. 全科医疗站开诊前的准备工作有条不紊地进行。除了以上的人员培训、健康调查等基础工作做了充分准备外，关于实施办法宣传、管理机构成立、制度设施建设等方方面面的工作也在顺利推进。

1992年8月3日，市卫生局与四都镇党委、政府召开了联席会议，对各项准备工作和下一步工作思路作了进一步研究，包括制定《四都镇全科医疗管理办法》等。会议还决定成立“全科医疗宣传队”，向全镇群众再宣传再部署。

11. 宣传工作开路。1992年8月5日，镇政府成立了以镇党委宣传委员、副镇长、卫生院院长等人组成的宣传队，入村进户开展了历时三个月的宣传工作。共宣传活动38批次，出黑板报42期，广播宣传48次，还发放了许多宣传资料。

12. 全科医疗站设置布局和工作用房、住站医生全部落实。根据全镇居民流向习惯、人口分布情况，及全科医疗服务半径要求，全镇设置四所全科医疗站，平均每站服务人口3500—4000人。1992年8月12日，新建的傅竹街、溪头山两站用房正式投入使用，镇水泥厂和卫生院驻地两站用房通过调剂解决，驻站的全科医生全部落实到人，每站2—5人。

13. 纳入国家招生计划，在全国率先培养全科医疗专业本科、中专学历的全科医生如期入学。1992年9月，首医大和金华卫生学校分别为江山定向代培7名本科、30名中专的全科医学生正式入学。毕业后他们将成为全国首批经专业学历培养的全科医生。

14. 建立与全科医疗服务相配套的医药费互助保偿制度（相当于合作医疗制度）。1992年9月3日，四都镇党委、政府再次召开联席会议，通过了两项决议，一是《四都镇全科医疗管理办法（试行）》；二是每人每年收取8元全科医疗互助保偿金，每一位就诊或转诊治疗的病人从保偿金中按不同情况给予一定比例的医药费报销，门诊病人当场给予兑现，从1993年开始实施。这种医疗互助保偿一是降低了百姓因病导致困难的风险，二是有利于全科医疗转诊制度的建立。

15. 进一步明确和处理好社区全科医疗站与镇卫生院两者在公共卫生方面的职责关系问题。1992 年 10 月 5 日至 7 日，市防疫站、妇保院派员到四都镇卫生院，具体帮助协调镇卫生院与社区全科医疗站（即Ⅰ级与Ⅱ级医院）之间的公共卫生工作关系，并具体指导做好这方面的工作。

16. 镇、村两级成立专门管理组织。1992 年 10 月 15 日，镇政府召开会议，决定成立以镇长聂章德为主任的镇全科医疗管理委员会，各行政村也相应成立管理小组。

17. 1992 年 10 月 16 日，四都镇全科医疗中心成立，新大楼启用，并举行了由卫生部部长陈敏章亲笔题写的“江山市四都镇全科医疗中心”牌匾挂牌仪式。

18. 1992 年 10 月 18 日，四都镇全科医疗专用处方、转诊联系单试用。

19. 进一步协调Ⅰ、Ⅱ、Ⅲ级医疗机构转诊关系问题。1992 年 10 月 20 日，市卫生局和四都镇全科医疗中心联合印发了 3600 份《就全科医疗社区病人转诊问题致各接纳医院（即Ⅲ级医院——市人民医院、市中医院等）医务人员的一封信》，做到人手一份，使大家了解全科原则、转诊程序，以更好地体现“连续性、负责性”的服务特点，做到上下联动。并于 10 月 31 日专门召开了Ⅲ级转诊医院领导会议，就“一封信”进行再落实。

20. 第三位国际全科医学专家——世界家庭医师协会指派的赴中国专责小组负责人亚曼格先生（以色列籍）一行来我市考察评估全科医疗试点工作。应卫生部邀请，世界家庭医师协会委派了一个由 4 名国际全科医学专家组成的“中国的医学教育及全科医学 / 家庭医学的发展”专责小组，于 1992 年 12 月 20 日至 1993 年 1 月 9 日在中国工作近一个月，主要任务是了解中国有关医疗护理制度、医生培养课程解释、宣传全科医疗概念以及它在医疗制度中的地位和作用、与中国有关方面商讨发展适用于中国的全科医学 / 家庭医学。除北京市外，他们主要访问浙江省江山市及河南省、黑龙江省有关乡村、市区。1992 年 12 月 28 日至 29 日，专责小组召集人、世界家庭医师协会执行董事会主席、世界卫生组织欧洲办事处初级医疗护理顾问、以色列家庭医学博士亚曼格医生在首医大吕繁老师的陪同下来到江山，对江山进行考察访问。徐宇宁副市长会见了他。在四都考察后，他写下了“愿四都镇全科医疗中心成为中国农村全科医疗实践的示范中心”的题词，回到北京后，他在考察报告中给了江山“+1”的印象评价。

21. 四都镇四所全科医疗站开诊以来工作平稳顺利，全镇社区医疗服务模式开启了崭新一页。1993 年 1 月 1 日，《四都镇全科医疗管理办法》正式实施。至 1993 年 1 月底，第一批已有 1005 户 3187 人交纳了医疗互助保偿金 25398 元，占全镇总人口的 22.2%。随后参加的互助保偿金按人均 13 元交纳。

22. 江山试点引起了我省最高医学教育学府关注。1993 年 1 月 18 日，浙江医科大学（下文简称“浙医大”）教务处副处长李俊伟和教改组潘伟、陈国思老师来四都镇调研了解全科医疗试点情况。

23. 面向今后全市推开全科医疗服务，进一步培养全科医疗技术人才。全科医疗服务关键在人才，根据今后全市全科医疗发展需要，在 1992 年代培全科医学生的基础上，1993 年 9 月又争取到省招生计划，分别委托浙医大和衢州卫校为江山代培大专、中专学历全科专业的医学生各 30 名。其中中专的为全科助产士，以适应社区护理和妇幼保健工作需要。

24. 对试点效果进行阶段性调研、评估。1993 年 10 月 8 日至 9 日，卫生局的张永隆、金大兴与四都镇全科医疗中心的同志一道用了两天时间，深入四都镇的傅竹街、小皂、溪头山、平埂、郭山头、田前 6 个行政村，对实施近一年的全科医疗服务工作的实践进行了一次详细调查。他们随意走访了农户和村民，82% 的人表示对全科医疗服务认可和满意，并提出了一些意见和建议，这对我们指导下一步工作和在全市推开是很有价值的。

这次调研结束后，市卫生局和镇党委、政府进行了简要总结分析，就 1994 年工作进行了商讨。

25. 浙医大在江山建立全科医学教学实习基地。1994 年 8 月 6 日至 8 日，浙医大副校长章镇江、教务处副处长李俊伟和浙医大金华大专部主任王先道、副主任祝伦语等一行 7 人到江山四都镇全科医疗中心和江山市人民医院实地考察，落实将江山列为今后该校培养全科医学生教学实习基地等事宜。

26. 全科医疗服务在全市逐步推开，其他区域的社区全科医疗站设置准备工作正在进行。1995年7月19日，市卫生局召开了须江中心卫生院和该片区内各乡镇卫生院院长会议，决定在须江片区率先推开，对社区全科医疗站设置、具体选址、用房落实等各项前期准备工作进行了专题部署。

27. 为1996年秋季将毕业的全科医学生就职搭好平台，同时，全市第一批社区全科医疗站布局设置方案，在1995年10月初初步敲定。布局的指导思想是：在总结四都镇试点经验教训的基础上，由点到面，群散结合，逐步推开，水到渠成，到2000年全市农村基本实现社区全科医疗站网络化。具体方案是：按全市5个行政片区，以四都镇所在的须江片区为重点，使其所有乡镇达到全科医疗站“遍地开花”，第一批约设置20所；其余四个片区则有选择地在一些乡镇散在性设置，总共10余所，以发挥引领和示范作用，为今后全面推开起到“星星之火，可以燎原”的效果。有些社区全科医疗站则可在现有的乡镇卫生院或分院基础上通过转型而成。

28. 须江片区各乡镇约20所社区全科医疗站设置工作进展顺利。1995年10月8日至23日，须江中心卫生院院长王法兴带领有关人员和所属各乡镇卫生院负责人分别深入须江、上余、大陈、何家山、碗窑等乡镇，就全科医疗设站的问题进行摸底，边调查边落实。在各乡镇和行政村的大力支持下，通过半个月时间的工作，近20所全科医疗站的用房和用电、用水等问题基本得到落实，推开工作取得了实质性进展。

其他四个片区的大桥、吴村、新塘边、凤林、江郎、峡口、廿八都、石门等乡镇10余所散在性布局的社区全科医疗站设置各项前期准备工作也在有序展开。

29. 由乡村筹资建造、面积120平方米的碗窑乡箬坞社区全科医疗站于1995年10月8日破土动工。

30. 互相交流，共同研讨。1996年4月11日，上海高等医科学校杨耀孙校长、林松涛副教授和上海奉贤县三位卫生院院长来江山考察全科医疗试点工作，与我们进行了有益的探讨与交流。6月6日，该校还组织40多名师生来四都镇全科医疗中心开展见习活动。据统计，自1996年以来，有来自上海、黑龙江、吉林、山东、陕西、海南、江苏、江西、安徽、河南等省市和本省各个县市的专家、学者及政府、卫生行政部门有关领导20多批次来江山考察和交流全科医疗及农村卫生工作。

31. 全国第一批经过学历培养的百名全科医生在江山举行就职宣誓仪式。1996 年 7 月 30 日，列入国家和省招生计划定向为江山代培的 7 名本科学历医生（首医大代培，1997 年秋毕业）、30 名大专学历医生（浙医大代培）、60 名中专学历医生（分别由金华卫校代培全科医士、衢州卫校代培全科助产士）在江山宣誓就职并签名，然后他们将奔赴分布在江山市 14 个乡镇的 30 余所全科医疗站工作，覆盖服务人口 15 万，占全市总人口的近三分之一。出席就职宣誓大会的除江山市四大班子领导外，还有省卫生厅医政处处长沈世竑，衢州市卫生局局长郑康法，浙医大副校长章锁江，上海高等医科学校校长杨耀孙，浙医大金华分校校长曾天定，金华卫校校长王录昌，衢州卫校书记陈和生、副校长范显忠等各级领导、专家等 30 余人。

卫生部科教司副司长周东海，省卫生厅副厅长、党组副书记喻华芝，首医大副教授、全科医学培训中心负责人顾湲，中山医科大学附属医院教授、中华医学会全科医学分会常务委员孙中行，安徽医科大学卫生管理学院副院长胡志，山东医科大学教授王均乐和台湾全科医学专家李孟智等领导、专家 15 人给大会发来贺信贺电。

32. 市卫生局召开第一次全科医生全体会议。1996 年 12 月 13 日，市卫生局召开全体全科医生会议，对新上岗的全科医生几个月来的工作进行了认真回顾和总结，对社区全科医疗站运行中的问题和薄弱环节进行了分析，着重部署社区诊断、运行程序、工作制度，结合各地实际，对照全科医疗服务原则、理念要求，对社区医疗服务方式和内容进行完善、充实。同时，市卫生局下达了全科医生业务提高五年目标、全科医生十项基本技能要求、1997 年度社区全科医疗站工作考核指标等。

33. 向全科医疗服务规范化迈进。1996 年 9 月开始，用了两个月的时间，四都镇 4 所全科医疗站 10 多名全科医生分别深入所辖社区，开展“走家串户、巡诊咨询、访谈交友”活动，进一步深化医患医群关系，把“以个人为中心，以家庭为单位，以社区为范围”的服务原则落到实处，以真正体现全科医生维护健康的“多种角色”。意在通过四都镇规范化的实践，为在全市推广积累经验。

34. 须江中心卫生院召开全科医疗工作情况交流会。1997 年 4 月 25 日，须江召开由片区内各乡镇卫生院院长、公共卫生人员和全科医疗站负责人参加的情况交流会，卫生局局长和卫生局相关科室负责人到会。会议重点交流了建站8个多月来的工作，对存在的问题进行了分析，并紧紧围绕医患关系、沟通技巧、经营管理等方面进行了认真探讨。

35. 第四位国际全科医学专家来江山考察全科医疗试点工作。1998年4月13日，国际全科医学专家、澳籍华裔邵宜章先生在省卫生厅外事处洪副处长、科教处朱建华先生的陪同下来我市考察全科医疗试点情况，何蔚萍副市长会见了他们。他们参观考察了须江下路头、四都镇傅竹街全科医疗站，并为四都镇全科医疗中心题词："希望四都镇全科医疗发展得越来越好。"

学术交流和研讨

1. 1991年10月14日至28日，市卫生局局长张永隆与办公室胡汉民同志赴北京，参加由北京市全科医学会和首医大全科医师培训中心共同举办的全国全科医学理论研讨会。

2. 1992年11月3日至9日，由首医大和金华卫校联合举办的"全国全科医学教育和服务现场研讨会"，分两段分别在金华卫校和江山市（参观和研讨四都镇全科医疗服务试点情况）召开。中华医学会副会长许文博、卫生部教育司副司长周东海、浙江省卫生厅副厅长王诸鳌出席金华段会议。来自北京、天津、黑龙江、河南、河北、山东、辽宁、浙江等省市大中专院校领导、专家和卫生行政部门的有关领导62人与会。江山代表在会议上介绍了四都镇全科医疗试点经过和情况。

会后，中央电视台《新闻联播》栏目（1992年11月9日）、《人民日报》（1992年11月11日）和浙江电视台、《浙江日报》分别报道了会议消息。

3. 1993年10月31日至11月3日，市卫生局张永隆、金大兴两人赴北京，参加由中华医学会举办的"中华医学会全科医学分会成立暨第二届全科医学国际学术会议"。卫生部部长陈敏章出席会议并讲话，世界家庭医师协会主席李仲贤博士等领导人到会。出席会议的有来自19个国家和地区的330名代表（其中境外代表110人），收到论文163篇，其中大会交流15篇，小会交流32篇。江山市卫生局的《全科医疗服务模式在中国农村的设想与实践》一文在小会交流第9位发言。该文后来发表在《中华全科医疗杂志》（试刊）上。会议上，张永隆还被吸纳为中华医学会全科医学分会农村全科医疗工作组成员。

4. 1995年6月19日至24日，由中华医学会全科医学分会举办的“全国全科医学教育与全科医疗服务学术研讨会”在北京召开，会址设在北京市复兴医院。中华医学会会长曹泽毅致开幕辞，卫生部、北京市卫生局、北京市全科医学会有关负责人出席会议，全国19个省、市、自治区和外国专家120余人参加会议。市卫生局的张永隆、吴士良、金大兴和四都镇卫生院院长周振仓参加会议。大会安排交流论文11篇，江山市卫生局的《农村全科医疗服务运行体系的实践与构想》一文在第10个交流。

5. 1996年5月22日至27日，由中华医学会全科医学分会和世界全科/家庭医师协会联合举办的“首届世界农村全科医学会议”在上海召开，5月22日至24日会场前半段在上海科协礼堂举行，5月25日至27日会议后半段在上海市奉贤县举行。中华医学会会长曹泽毅出席会议并讲话，来自36个国家和地区的境外代表268人，国内21个省、市、自治区的代表108人参会，收到论文308篇。市卫生局的张永隆、金大兴参加会议。

6. 1996年5月，由中华医学会全科医学分会主办的《全科医学杂志》第1卷第1期（创刊号）发表张永隆写的《农村全科医疗服务运行体系探索》一文。

7. 1996年10月5日至8日，由中华医学会全科医学分会举办的“全国全科医疗管理与教育发展学术研讨会”在天津召开，卫生部部长陈敏章、中华医学会会长曹泽毅出席会议并讲话。参加会议的有来自全国各地的代表285人，市卫生局的张永隆、金大兴，四都卫生院的周振仓参加会议。大会收到论文124篇，安排交流19篇，江山市的《江山市农村全科医疗试点的发展与未来》被安排在第一个发言。陈敏章部长讲话中指出：“12月要召开的全国卫生工作会议（注：即第一次由党中央、国务院召开的全国卫生大会），将要讨论卫生工作中的许多大政方针问题，其中对加强社区健康服务和培养全科医生的问题给予了肯定，这既是客观形势发展的必然结果，也体现了各位同志多年来在这一领域所付出的辛劳得到了信任。”曹泽毅会长讲到政府和卫生行政部门要给予全科医学发展政策支持时指出："浙江省江山市和杭州市、北京市西城区和宣武区、上海市宝山区的同志，几年来在这方面都有自己成功的经验，值得大家借鉴。"

会议间隙，首医大全科医师培训中心的顾湲老师将张永隆、金大兴、周振仓三人介绍给陈部长，陈部长和三人分别握手交谈和合影。张永隆向陈部长赠送了我市"中国首届全科医生就职宣誓纪念"铜牌。会议期间，卫生部医政司副司长孙爱明、医政司基层卫生处处长张朝阳听了江山代表的发言后，向张永隆表示要来江山作一次调研。

8. 1997 年 6 月第 2 卷第 2 期《全科医学杂志》发表了由张永隆、金大兴写的《江山市四都镇农村全科医疗服务模式效果分析》一文。

9. 1997 年 10 月 3 日至 7 日，中华医学会全科医学分会举办的第二届全国学术会议在北京召开，中华医学会会长曹泽毅、卫生部有关司局领导、世界家庭医师协会前任主席李仲贤出席会议，来自全国各地的代表 239 名与会，入选论文 198 篇，大会交流 17 篇。我市卫生局的张永隆、金大兴和中心卫生院院长王法兴、王培兴、郑文明、杜建民、郑石龙参加了会议。对 5 位中心卫生院院长来说，这既是一次交流，也是一次培训，有利于他们更好地发挥指导作用。大会播放了由浙江电视台于 5 月 8 日至 10 日在江山拍摄的《防治结合，服务社区——全科医疗在江山》的电视专题片，引起了与会者的关注。

10. 1997 年 7 月 28 日至 8 月 12 日，访问美国考察全科医疗。在江山市四都镇试点的基础上，省卫生厅适时组织了三个县级市卫生局局长和五所市级医院院长等九人组成的考察团，赴美国对全科医疗工作进行考察。我市卫生局的张永隆同志参加了考察团。这次重点考察了北卡罗来纳州的韦纳全科医疗诊所、杜克全科医疗诊所、韦纳纪念医院、杜克大学医院等，通过考察，开阔了眼界，增长了见识，便于以后在工作实践中借鉴他们的做法。后来市人民医院新建的住院大楼一些布局设计也参考了这次赴美参观的两所医院的布局结构。

11. 1997 年 12 月 27 日至 29 日，浙江省医学会在杭州召开"浙江省第一次全科医学学术研讨会"。会议通知的开头有这样的表述："我省在全科医学试点中已走在全国的前列，江山市于 1991 年即开展了全科医疗的农村基层试点，到1996年进入推广阶段，现已初步显示了全科医疗工作在农村地区的作用和活力。”市卫生局的张永隆等参加了会议。

12. 1999年1月19日至22日，浙江省医学会举办的“浙江省医学教育、全科医学学术研讨会”在江山召开。省卫生厅厅长李兰娟、副厅长陈晓非，省医学会、浙医大领导等出席会议，来自全省各地的学者、专家和省卫生厅及市县卫生行政部门的有关领导等近百名代表参加了会议。市卫生局交流了《江山市农村开展全科医疗的基本情况及发展策略》一文。张永隆作了题为“全科医疗在农村如何得以全面推开”的发言。与会代表参观了江山全科医疗试点现场——四都镇全科医疗中心和傅竹街全科医疗站。

（张永隆，曾任江山市卫生局局长、中共江山市委统战部部长、江山市政协副主席。）

回忆江贺公路建设

徐仁敏

江山至贺村的公路，简称“江贺公路”，全长13.05千米，当初是46省道（兰贺线）和205国道重叠的路段，也是我省，特别是我市通往福建、江西两省的主要干道，是我市的交通命脉，既是浙、闽、赣三省的交通要道，又是一段战备通道。随着改革开放的不断深入，特别是江山建市后，经济发展加快，交通量大幅度增长，道路问题已严重制约了江山的经济发展。江山市委、市政府当时确定江贺工业走廊建设，设立了城南工业区和贺村工业开发区，中间地段由于道路不通畅无法开发。同时沿途有8个大小水泥厂，运输量非常大。该路段路况差，路面标准等级低，不但路面破、路基窄，而且弯道特别多，当时有一个最有名的弯，叫三道弯。每天交通阻塞严重，而且交通事故不断，已经到了非改造不可的地步。

项目争取

为解决该路段改造问题，我们积极向省交通厅、省政府汇报。省里当时解决交通问题的任务很重，而我们的问题在全省来说是小事，省里要解决的是沪杭、杭甬的大交通问题。1992年我在省里开会，到交通厅找到邵尧宝厅长和公路局的刘廷智局长，汇报该路阻塞情况，请求省厅无论如何都要帮助解决一下。后来，邵厅长和刘局长亲自来观察踏看，当时表态给我们补一点钱，把破碎路面补一补，少数地段路基加宽一点。因省交通厅没有钱，根本解决不了问题，后来我们又以战备通道的项目向省厅、省计委以及交通部、国家计委和解放军总后勤部申报，争取资金。资金是争取到一部分了，但不能用于江贺公路，上面明确规定只能用于峡口至廿八都路段改造，用于小竿岭隧道建设，因该路段是205国道，路况更差，等级更低，连二级三〇标准都没有。省厅邵厅长第二次带领省公路局的几位局长来实地踏看考察，我陪厅长沿路边考察边汇报。厅长讲，该段路以后要变为纯46省道了，205国道下一步要规划改线了，从常山直达贺村、淤头交界处，所以江贺路段暂时还没办法解决。但当时他提供信息说，交通工作正在走改革的路子，允许地方搞“四自工程”，现在杭州、宁波、温州、台州等地正在搞，他答应以后帮助我们争取。当时我又提出江山市区出口通道不行，请求帮助解决点钱，建造城北大桥并连接衢江公路通道，他这次表态，给了我们200多万元，解决了城北通道问题。1993年在省里开会，我又去找了邵厅长，提出江贺公路改造问题，邵厅长要我同时去向省政府汇报一下，我当时向柴松岳副省长作了汇报。柴副省长很支持，还问贺村集镇段能否搞高架桥，叫我找设计部门测算一下造价，但能否推进第三批“四自工程”还要经交通厅具体规划安排。而后我把省长意见告诉了邵厅长。后来邵厅长第三次来实地考察，当时我们市级班子都集中在训练基地学习，我陪邵厅长实地踏看，当场确定作为第三批“四自工程”上报省厅和省政府，公路按一级标准设计，并叫交通局段月文局长抓紧准备申报材料，由市政府向省交通厅、省政府报告。报告批准后，我们就抓紧做初步设计工作，当时一级公路在我们浙西地区是第一条。同时成立了江贺公路工程指挥部，由陆洪涛同志（市委常委、宣传部部长）任总指挥，由刘善富同志（人大常委会副主任）、周金忠（市交通局副局长）任副总指挥，史炳荣任总工程师，具体负责工程建设工作。

工程组织建设过程

江贺公路工程可行性报告和初步设计做好后，1994年4月12日至13日，由省政府办公厅、省交通厅公路局和衢州市交通局组织，市政府、公路指挥部及市有关部门和乡镇参加论证、评估，通过后报省厅审批。省厅于当年6月20日正式批准。批准后工程开始全面落实工作，当时工作量最大的是征地、拆迁工作。涉及范围很广，有企业、部队、居民住户等，总共有企业单位

66家、居民住户222户900人，建筑面积64500多平方米。指挥部和各有关乡镇部门通过艰苦努力，按期完成拆迁补偿任务。当时从南门至水泥厂路口按六车道建设，水泥厂路口以上按四车道建设，非机动车道和机动车道以白线分开。因考虑当时资金困难，水泥厂路口以上路段暂按四车道建设，但路两侧需留拓宽面积，待以后有能力时再改造拓宽。工程分四个标段，指挥部专门成立招投标工作小组，按照交通部颁发的《公路工程招投标管理办法》和有关工程招投标文件精神，认真编制了《江贺公路改造工程招标文件》，实行公开招标，对投标单位的资格进行了严格审查。最后由国家一级企业铁三局二处和铁十四局四处中标承建，因他们技术力量强，机械设备精良，企业信誉好，能确保工程质量和履行好承包合同。

江贺公路属于浙江省第三批"四自工程"，当时工程投资概算按浙江省要求控制在4430万元以内，征用土地460亩（约306682平方米）以内。资金由我市负责商请建行、农行贷款解决，待工程建成后，收费归还。该工程经省交通厅批准，于1994年9月28日正式开工建设，历时2年，于1996年8月底竣工，9月初组织验收，10月1日正式通车，并经省政府批准，同时开始收费。在建设过程中由于物价上涨幅度大和拆迁面积多，加之征地增加到621亩（约414021平方米），投资增加了不少。

江贺公路建设过程中，市委、市政府主要负责决策，千方百计争取项目，并负责制定有关政策。组织协调和检查督促工作，主要由指挥部的领导和同志们负责落实，他们为工程建设做出了很大贡献。全市各部门、有关乡镇、各企事业单位及沿路居民密切配合，大力支持，可以说江贺公路是全市上下齐心协力的结果。工程建成后，不仅解决了该路段的交通阻塞问题，而且有力地促进了江山的经济发展。

（徐仁敏，曾任江山市市长、中共江山市委书记、衢州市副市长。）

赴省台请记者

邵作彬

1996年的上半年，雨水特多，接连的雨天让人厌烦，尤其是奋战在碗窑水库工地上的人们，这种心情更加明显。因为天气不好，多少要增加施工难度，由于洪水不断，有的工程还会受到严重影响，大坝能否如期合龙，成了未知数！

在特定的环境中，人可胜天。人的聪明才智发挥到极致，的确可以创造出奇迹来。长时间下雨，没有耽误工期，大坝合龙的时间不仅没有推迟，而且还提前了！市委决定隆重举行大坝合龙仪式。这一振奋人心的喜讯，不仅要让全市人民知道，还要让全省人民也知道。举行仪式的时间确定后的当天下午，市委书记徐佳增突然打电话要我马上到他办公室去一趟。我第一时间到了他的办公室，徐书记说："交给你一个任务，你去杭州把省电视台的记者请来，参与报道碗窑水库大坝合龙的消息。你去收拾一下马上出发，明天晚上必须把省台记者接回来。"

事情非常重要，时间又十分紧迫！

回局后，我先给省厅领导打了电话，说明事由，但没有得到厅领导确切的答复，我急了，马上通知办公室派车，立即奔赴杭州。尽管徐书记在布置任务时口气和蔼可亲，但要求是严格的，我清楚地意识到完成任务的难度，加上省厅领导电话里不置可否的态度，更使我觉得完成任务不轻松。我人坐在车上，但心早就飞到省厅领导的办公室了。

雨，仍淅淅沥沥地下着，小车挡风玻璃上的雨刮器摆个不停。20多年前的道路，不像今天这么宽敞平整，道路上经常会遇上积水的小坑，车轮碾过，水花被溅得老远，虽然心里很急，但我还是不时地提醒司机：雨天路滑，开车不要太快，注意安全！

即便冒雨开车，但从出发地到省城，也只花了不到四个小时。到了杭州，已是满城灯火了。顾不上找落脚点住宿，也顾不上找点吃的，我们直接就往省厅所在地跑。因为已经下班了，机关内只留有值班人员，我提出的要求他们答复不了，而要我前去找分管厅长。无可奈何，只好调转车头往分管厅长家去。

分管的副厅长姓张，也有一把年纪了，人不错，很了解基层，也很体谅下面的工作，我进广电局不久便认识他，中间也打过几次交道，也算是“老交情”了。找到他家，张厅长马上给我俩沏上热茶。我把来意、要求一一做了汇报，听后他说：“老邵，时间太紧了呀，你也知道台里记者都是早早做了安排的，都有任务，虽有点机动力量，但那是准备接受省里突然下达的报道任务的。你这‘半路杀出的程咬金’，让我为难呀！”

“张厅长，我很谅解。我们市委临时决定要请省台的记者，把这事交给我办，我也是不得已而为之呀。我人、车都来了，能不能请厅长高抬贵手，帮帮忙，要不，很难向徐书记交代呀！”我近似哀求道。

厅长不语，沉思着。在这节骨眼上，我又接下去说：“我市徐书记原来也是广电的，是您的老部下，如果这回没请上记者，我想他心里也会有想法的，他总认为娘家人这点忙是一定肯帮的！”慢慢地，我见张厅长挪动身子，抄起话筒打电话，是打往电视台的。我坐在旁边听到电话里传来为难的声音，厅长在做他的工作，最后，厅长提出：无论如何要想办法，给江山派两名记者。

对方答应了，但说记者要明天下午才能走，上午实在派不出。

张副厅长说：“万一上午派不出，下午就下午吧，反正明天能赶到江山就行！”

事情就这么定了，我们高兴无比。“和尚”总算请到了，这一趟没白跑。商定第二天下午上车的时间地点之后，我便与张副厅长告辞了。找到旅店住下后，草草吃了点东西应付一下肚子，洗漱一番，也就熄灯睡觉了。虽还谈不上太辛苦，但确实也有点累了，精神上的压力没有了，争取做个好梦吧！

记者为了完成采访任务，比商定时间迟到一个多小时。我们没有任何怨言，这也是为了工作嘛，晚上迟就迟一点到呗，反正当天能到达江山，完成任务总没有问题。

出乎意料的是，车子快到桐庐就开不快了，越往前赶，速度越慢，后来索性就不走了。下车一看，前面的大小车子都停着，足有几百辆吧。一打听，说前面塌方了，过不去了，到底啥时能搞通，谁也说不准。那些从车上下来的司机、旅客个个怨言不断，脸上挂着沮丧，我也同样，心想：怎么这么不凑巧，这么倒霉啊，屋漏偏逢连夜雨，这任务到底还有没有完成的可能呀？我们急得像热锅上的蚂蚁，在车边的公路上踱来踱去，就是拿不出一点解决的办法来！（事后想想，上半年老下雨，山区公路塌方也是常事。）

天渐渐暗下来了，有的车不耐烦地打开了车灯，有啥办法呢？只有耐住性子默默地等哩……

天，彻底地暗了。终于，前头的车开始蠕动了，且车速渐渐地加快，我们上了车，紧随其后，向前进发。往后的这些路，还算顺利，没有怎么停留。司机加大油门，能开快的地方就尽可能开快，这样，在夜深人静的时候，车子驶进了江山城。我赶紧打电话向徐书记报告这一消息，没想到，徐书记还没有休息。接到我的电话，他高兴极了，表扬我："你劳苦功高！"我心里想，不挨批评就谢天谢地了，表扬倒无须，诚然，这也是自己应该做的工作。

第二天上午，天气转晴，朵朵白云飘在蓝天上，老天似乎变得善解人意，大坝合龙的仪式在新建的大坝上隆重举行。坝上坝下人头攒动，彩旗飘扬，热闹非凡。这一切，都被省台记者摄入了摄像机。当晚，省台的《浙江新闻》栏目如期播出了碗窑水库大坝合龙的消息。完成了赴省台请记者任务的我，内心感到一丝欣慰。

（邵作彬，曾任江山市广播电视局局长。）

为了20年前的一个承诺

——廿八都古镇保护的前尘往事

何蔚萍

我今天要讲廿八都的故事
往事历历
一拥而上
就如放电影一般
从哪儿开始呢?

光明日报社浙江分社的社长叫叶辉，我们一直是很好的朋友。有一次在一起聚会，他突然跟我说："何市长，我要写一篇文章，题目叫'何市长和她的两个儿子'。"我说："我只有一个儿子。"他笑了，说："你这两个儿子，一个叫清漾，一个叫廿八都。"在场的很多人哄堂大笑。我连忙摆手说："不好意思，我只是做了我应该做的一些事而已！"

是的，廿八都、清漾被评为浙江省历史文化名村和国家AAAAA级旅游景区，是我们江山许许多多人奉献奋斗、群策群力的结果。如果说清漾村和廿八都古镇是我的两个孩子，只能说我如此地喜爱它们，这种感情在深入保护、宣传它们的过程中不断加强、升华。

曾经我常常午夜醒来，想着怎么样把它们保护好，想到其中的千难万难，就再也无法入睡。但也往往在那个时候，会想出一些自认为很好的主意。所以我觉得挺贴切的，就接受了这个观点。

我开始回忆，我怎么会想到去保护廿八都这个古镇的?

我担任江山市副市长的时间是1997年到2007年，这十年其实是我们江山财政非常困难的时期。所以在那种时候，我作为分管文化教育的副市长，每一条线都是花钱部门，但就是没有钱花。

廿八都故事开始的时候，我是政协副主席。大概是1995年的一天，建设局副局长告诉我，东南大学建筑学院院长仲德昆教授，对我们的廿八都特别有感情，正帮我们做保护规划，希望我去陪他一下。于是我很高兴地认识了仲德昆教授。一路上他给我们讲解江山的历史文化，那个时候我对江山的历史文化了解还非常少。教授温文尔雅，文质彬彬，学识渊博，我对他印象非常好，感觉像回到了大学时代，听老师讲课。然后，经过广渡村，我们就到了廿八都古镇。

突然，没有任何防备，我发现那个教授在大骂一个人，极其愤怒，完全失了风度，和一路上的温文尔雅判若两人。我后来才知道那个被骂的人是当时的廿八都镇镇长。那个镇长呢，蹲在路边，一直抱着头让他骂。当时我非常奇怪，一路上文质彬彬、说话轻声细气的教授，怎么突然就变了个样子？那个破口痛骂的样子让我印象深刻。等他骂完以后，我说："教授，我没想到你还有这么狂烈的一面，你怎么会这么激动啊？"

仲德昆教授说："你知道你们廿八都有多好吗？"他告诉我，廿八都有100多个姓氏，10多种方言，最重要的是它的建筑风格多样，可以说是一个建筑博物馆。它有浙式建筑、徽式建筑、闽式建筑、赣式建筑，甚至还有欧式建筑，各种风格的建筑在一个古镇同时出现，这在全国极为罕见。他带着我一栋一栋房子地介绍，是他给我做了廿八都的导游，我是第一次这么全面地去认识廿八都，非常震撼。他说："我给你们廿八都做保护规划，做得非常认真。我把你们的老区和新区做了区分，老区保留它不要动就可以了，新区你们建的房子要跟老区保持同样的风格，那么20年之后，新区就变成了老区，老区新区在未来融为一体。这么好的一个廿八都，未来是非常有价值的。因为在中国，没有其他任何一个地方一下子可以看到这么多的建筑形态。我的学生写毕业论文，我就让他们到廿八都来，因为这里有足够的题目可以写。"我听了以后非常震惊，这才明白教授为什么大发雷霆。我就在想：这么好的廿八都啊，我们怎么一点儿都不知道呢？

现在回过头来，我非常理解那个镇长为什么蹲在路边抱着头让仲德昆教授骂。其实镇长是个明白人，他在教授的指导下已经知道了廿八都的价值。但是那个时候镇长手上没钱去造新区，房子是老百姓自己的，他爱怎么造就怎么造，他想造成铝合金、不锈钢的，贴上马赛克，认为这样才体面，才时髦，才显得像新房子，镇长也没有办法。教授要把它弄成像老房子那样，老百姓可不愿意，所以镇长只能让教授骂。我想这个镇长啊，真是既可爱可气又可怜啊。

1997 年 5 月，我到了市政府任副市长。廿八都镇党委书记叫徐惠民，原是重点职业学校的校长。他刚上任不久，我就专门跑到廿八都，跟他说，廿八都是一个太好的宝贝。我说："你在这儿当书记，我对你只有一个要求，也是一个任务，你必须把廿八都保护好。我的要求是老镇区不能拆一所老房子，不能建一所新房子。但是我没有钱给你。"那个时候江山财政非常困难，困难到什么程度呢？连政府工作人员发工资都不能保证，常常要到外面去借，到省财政去借钱来发工资。

那个徐惠民书记，每次来看我就是告诉我，他快被老百姓骂死了。老百姓天天要求拆老房子，要建新房子。因为廿八都有经商传统，老百姓比较灵光。他们挣钱比较早，赚了钱，都想改善一下自己的生活，要建新房子。怎么办？有一次，中央电视台来拍我们江山的白鹅，宣传部部长让我去陪同，我就拼命给央视记者介绍。我说："我们江山有一个古镇，叫廿八都古镇，美丽又奇特，但是现在我们的乡镇领导文物保护工作遇到了巨大的困难，老百姓不理解，你能不能去拍拍我们的老百姓？去拍拍我们廿八都的书记是怎么被老百姓骂的？"后来，中央电视台的一个栏目《讲述老百姓自己的故事》，真的把镜头对准了廿八都，拍了十几分钟的一个专题片。可能也是那个电视台记者跟大家建议说，可以带老百姓去边上安徽的西递、宏村，看看他们的古村落怎么保护。于是徐惠民书记带了很多村干部去了西递、宏村，这对老百姓有触动：同样是古建筑，人家为什么能够保护得那么好？

在这个过程当中，我们开始慢慢地感觉到宣传的重要性。房子是老百姓的，政府没有钱，我们怎样才能让老百姓自发地去保护？我想我们要借势，用别人的力量来帮助我们保护古建筑。我就想办法去找各种各样的、有可能给予我们帮助的人。

2000 年 1 月，谢晋导演来了。看完我们的廿八都，他非常震惊，说了几句话。

第一句："张艺谋如果看到你们的大王庙，《菊豆》这部电影绝对不会放到歙县去拍。"

第二句："我一定要给廿八都拍一部电影，你来写剧本。"

然后他又重重地说了第三句："你们的廿八都实在太好了，你一定要给我保护好。"

我当时就答应说："我一定给您保护好，您放心。"他说："你不要答应得那么快。这很难，不像你想的那么容易。"

是的，我后来才知道这真的是很难的事情。但是既然答应了，我就一定要做到。在谢晋导演80岁生日的时候，我们跟当时的镇党委书记毛培泉，一起到上海去给谢晋导演祝贺生日，并且聘请他作为廿八都镇的荣誉镇民。

在谢晋导演的家里，我们看到了一本《楠溪江古村落》。这里一本装帧设计非常漂亮大气的书，是清华大学的陈志华教授写的。我通过114查询台找到了陈志华教授，希望他为我们的廿八都写一本书。陈教授是林徽因的学生，一个把古建筑看得像生命一样重要的学者。后来他让他的博士生为我们写了四本书，分别是《廿八都》《清湖码头》《峡口》《仙霞古道》，将近200万字。这四本书后来由雪花啤酒集团独家赞助，由上海三联书店出版。江山政府购买了3000册作为宣传江山的礼品书。

陈志华教授告诉我们：单独一个廿八都是没办法申报世界遗产的。后来他建议我们把仙霞古道和廿八都捆绑申报世界遗产。我们又做了哪些事情呢？

有一次，我在《人民日报·华东版》看到了一篇题目叫"古村行将消失"的报道，整整一版，写的是楠溪江古村落的生存状况堪忧。我非常激动，马上联系写这篇文章的记者娄靖——《人民日报·华东版》编辑室主任。我给她打电话，非常希望她给我们的廿八都也写一版这样的文章。后来她真的来了，对廿八都进行深入细致的调研采访，给廿八都也写了整整一版，题目叫"文化飞地廿八都"。就是那次，我们的廿八都才开始了第一次真正意义上的对外宣传，外面的世界才更加了解了廿八都。

应群颖当时还是我们旅游局市场科科长，她联系了中央电视台，想尽办法，用三年时间为江山包括廿八都免费拍了 13 个专题片，全部在央视各频道播出。我们江山旅游的宣传，应群颖做出了大贡献。

我们又开始组织文化人花几年时间，编写了 86 万字的《廿八都镇志》。他们做了大量辛苦的工作，《廿八都镇志》有相当高的水准。

后来我又找到了国家文物局局长郑欣淼、文化部部长孙家正、中国文化研究院院长刘梦溪。2005 年，刘梦溪先生带了大批专家学者，在江山举办了第一届休闲文化论坛。

有一次，我看到中央电视台《东方之子》栏目介绍阮仪三教授，我又通过 114 查询台找到他，希望他能像保护周庄、平遥一样来保护廿八都。他让我去参加在同济大学举办的第一届“联合国世界自然遗产、文化遗产申报培训班”。

我们又找到了省文化厅文化产业电影处，争取到第一笔课题经费 2 万元。今天觉得 2 万元不算什么，但是这 2 万元是我们争取到的第一笔用来保护廿八都的经费。因为它是一笔课题经费，我们用其中 2000 块钱做了一个叫“廿八都聚落文化迁徙调研”的课题，做了厚厚的一本，调查清楚了为什么廿八都有 142 个姓、13 种方言，每一种姓氏从什么地方迁来、什么时候迁来。我们用剩下的钱，把所有廿八都的精美照片收集起来，做了一本精美的画册。这些照片都是沈天法数年的心血，我们才付了 300 元稿酬。

为什么想到做画册？因为当时去廿八都的路非常艰难，要翻过陡峭的小竿岭，盘山公路上，盘山公路下，从江山城里到廿八都镇要两个半小时。有一次我陪同文化厅副厅长连晓鸣去廿八都，正碰上修路，车子底盘哐当哐当，像耕田一样一路撞击前行，司机心疼得一路唏嘘。回城我们只好到交警队另找一辆吉普车。所以我想做一本画册，我们可以用这个画册来展示廿八都。有了画册以后，对廿八都宣传介绍就直观多了，是一个很好的提升。后来我们又找到了乌镇开发公司的董事长陈向宏，希望他来投资廿八都，他的乌镇模式当时已经非常成功了。

陈向宏的乌镇模式是陈向宏一个人身兼数职：乌镇开发公司董事长、桐乡文化旅游局局长、桐乡市政协副主席、乌镇党委书记。乌镇开发的第一笔钱，就是几个部门凑了大约 1100 万，然后就开始启动。乌镇现在已经成为世界互联网大会永久会址，但是当时还只是一个普通的古镇，和江南六大古镇并列。所以我们特别希望他来投资。陈向宏对廿八都也情有独钟，来了很多趟，把廿八都的那张地图，翻来覆去都翻破了，快破成碎片了，但最后他还是没有来投资。

在保护过程中，发生过很多事情。比如说，有一次突然听说大陈乡大陈村祠堂门上的牛腿被偷了，我一听到这个消息马上打电话给廿八都镇党委书记。廿八都镇马上成立了古镇保护巡逻队日夜巡逻，防止类似事件发生，因为廿八都的每一件东西都那么精美。有一年冬天又出现古建筑失火的情况，一位老人不慎意外伤亡。我们又从消防这一块加强古建筑防火保护。类似的事情有很多。但是，最难的是什么？最难的还是老百姓的不理解，政府没有钱保护维修，老百姓迫切地想要拆老房盖新房。我们呢，死死地守着不让他们拆，不让他们盖。

最难的一次，毛培泉书记来跟我讲，他说那个老百姓就跪在他的面前，说："求求你让我盖新房子吧。"他说："我的两个儿子一个30岁，一个33岁，到现在娶不到老婆。所有的女孩来我们家，进来一看破房子，转身就走。我没有办法了，希望你不管怎样批准让我盖个新房子吧。"毛培泉说："我看到他跪在那里，我的眼泪都要流下来了。我们不是说为人民谋幸福吗？我真的不知道跟老百姓怎么说啊！"

还有一户人家，家里有两个女儿，只有一间房子，孩子小的时候没问题，后来两个女儿长大了，都在外面打工，她们都不回家，因为回家没地方住，也没有地方换衣服，两个女儿已好几年没回家了。在这种情况下，我们真的非常纠结，到底应该怎么办？

这种时候如果我们心软一下，让那户最困难的人家拆老房建一座新房，那第二天早上起来，整个廿八都一定是一片瓦砾，大部分老房子都会被拆了。因为有太多的人想造新房子，他们熬啊，盼啊，已等了太久。每一次我带了客人、专家到廿八都去，那里的老百姓都会说："何市长，你又来看我们的破房子啦。我们天天都想把这破房子拆掉，我们也想跟你们一样住新房子，我们不愿意住在这种老房子里。"

这才是我们廿八都保护最难的地方。廿八都的政府也好，老百姓也好，在古镇保护的过程当中，做出了巨大的牺牲。

我们积极努力争取，让江郎山、廿八都成为国家级风景名胜区。那是另外一个惊心动魄的故事。江山市委、市政府经过多次考察研究，决定效仿乌镇的保护思路，通过部门集资来筹集保护廿八都的资金，每个部门出一些钱，把廿八都最重要的部分保护下来。确定方案后，成立领导小组，2003 年旅游局副局长应群颖带领团队进驻廿八都，夜以继日地进行全面的资源和市场摸底排查，完成了廿八都第一个旅游策划。她信心满满地看好休闲度假旅游趋势，到处“游说”，说我们一定要发挥廿八都肩挑黄山、武夷两座世界名山的优势，提出“住廿八都古镇，游中国名山”的市场定位，即廿八都从此不走观光旅游这条路，而是免门票打造度假型古镇，只有通过“用”才能促进“保”，并请我出马聘请陈志华、毛昭晰等专家担任“度假古镇”顾问。当我们把所有的资料全部搞好，准备开始集资的时候，突然传来一个消息：江山要建高速公路。那个时候江山的交通非常差，有句话叫“江山到，车子跳”。公路质量差，非常难走，所以有一条高速公路是江山人民梦寐以求的事情。在这种情况下，部门筹资保护廿八都这件事就变成了汇集所有资金筹建高速公路了。顾全大局，我们只能表示理解。后来我们借此机会，用建高速公路的安置方案，把最困难的几户人家进行了安置，让最困难的几户能够搬出去建新房，先解决这些最迫切的问题。

把那些最困难的人家安置好以后，应该说也稍微缓解了政府与老百姓之间的对立情绪。没想到的是，另一个问题出现了。高速公路带来了另外一个危机。2005 年，有一天政府常务会议内容中有一项是审议江山高速公路的方案。我很仔细地问了一下这条高速公路怎么走。他们告诉我，这条高速公路从碗窑那边过来，从清漾和江郎山之间穿过，再通过去。以后三卿口古瓷村没了，戴笠老家没了，仙霞古道没了，因为那条高速公路直接通过。再打一条隧道，从仙霞古道里直接打过去，然后绕廿八都而过。

我听到这个方案的时候，觉得头“嗡”的一声。我说，这一条高速公路，如果就这样通过的话，那江山的旅游不用搞啦。所有的旅游景点在一条线上，全破坏了。清漾村那时候还不是国家级风景区，还没出名，江南毛氏祖居地还没有得到确认。江郎山呢，一条高速公路就从江郎山的鼻子尖擦过，那江郎山变成什么啦？像一个盆景吗？江郎山那时还不是世界遗产。戴笠秘宅，之前就有老干部写信给省委书记要求把戴笠秘宅拆平。三卿口古瓷村那个时候还没有成为国家级文物保护区，就是山沟里几所老旧的房子。仙霞古道是一条千年古道，如果一条隧道打过去，那仙霞古道沿路风景将破坏殆尽。

我说：这条高速公路不能这样走！

听到我的反对，有人蒙了：怎么还有人提出反对意见呀？我们大家日夜盼望这条高速公路能尽早开工建设。我说："我们建高速公路是为了什么？我们江山文化旅游的资源这么丰富，如果因为一条高速公路把它全部破坏了那该多可惜！我们怎么对历史、对未来交代？怎么向老百姓交代？"但是当时大家告诉我，这个高速公路的方案不是来征求我们的意见的，这是国家高速公路指挥部已经定下的方案，往我们这里通过，不过是走一走程序。

我知道他们说的也有道理。在这条强大无比的高速公路面前，江山旅游文化的价值显得那么微不足道、底气不足。可是，如果我不说，良心会隐隐作痛，所以不管怎样我都要坚持。结果变成大家都来说服我，说江山旅游潜力不大，做了这么多年也没来几个游客。希望我放弃原来的想法，让这个高速公路方案通过，就可以进入下一个议题。

那天我坐在对窗的位置，窗外天很蓝，可我觉得很孤独、很无助。心里两个意见在挣扎，坚持还是放弃。只要我点一下头，这个高速公路方案就通过了。想到挖土机马上将向着清漾村、古瓷村、戴笠秘宅，还有仙霞古道那每一块被前人的脚步磨得发亮的石头开去，所到之处，古建文物再也不复存在，心里就痛得不能呼吸。真是不甘心。我低着头，死扛着，就是不同意。

想来想去，终于想到了一个理由。2004 年的 12 月，江山市人民政府向建设部提交了仙霞古道申报世界遗产的报告。当时陈志华教授建议，仙霞古道申报世界自然遗产是有可能的，所以我们就向建设部提交了申报世界遗产的报告。

我说，如果我们的报告提交上去了，专家们下来考察，一看，我们已经把这整个仙霞古道打成隧道，全部破坏了，那我们怎么交代？最后可能这一点意见说服了大家，于是同意由我带队，带上交通规划、文化旅游部门，再做一次调研。我带着这些部门领导，重新把这条路调研了一下，提出了新的规划线路方案，绕开江郎山、清漾村、三卿口、戴笠秘宅、仙霞古道。

这就是今天我们的高速公路线路。唯一遗憾的是，这条高速公路离仙霞古道还是太近。

我们把这个改线方案提交到国家高速公路指挥部，令人欣慰的是，高速公路指挥部接受了我们的方案。这条高速公路建成后，国家高速公路指挥部就把这件事情作为高速公路建造支持地方旅游发展的一个成功案例来报道。这则新闻的确让人特别开心。他们支持改线的举措保护了江山的文化旅游资源，使后来江山旅游获得许多荣誉，成为国家级全域旅游示范市。所以我们的确应该向他们表示感谢。

高速公路开通后，江山市人民政府做了一个重要决定，通过向国开行贷款 7800 万，启动廿八都一期修复工程。2008 年 4 月 27 日，举行清漾村一期工程竣工典礼。4 月 28 日，又举行廿八都工程开工典礼。后来国家文物局专门派了大批专家来考察廿八都，对我们廿八都的保护规划做了充分肯定，说廿八都保护做得特别好。仲德昆教授为此前后精心策划，花了整整 12 年。还有旅游局坚持多年做了大量的调查研究。所以我们的廿八都做得非常好，非常细致、翔实，修旧如旧，完全符合文物保护的规定。国家文物局把廿八都古街区保护作为一个非常重要的范例。

后来我带很多的教授、专家，如《人民日报》常务副总编卢新宁女士、国广东方董事长宫玉国先生、中央电视台领导尹力先生，到廿八都旅游接待中心，看一眼廿八都的全貌。

20 多年的坚持，我们给廿八都留下了什么？就是留下了一个完整的古镇区风貌。就是谢晋导演说的，一个电影镜头里面，没有电线、电线杆，没有马赛克、铝合金，没有现代建筑。这就是我们 20 多年保护的成果。是廿八都镇历届党委、政府的领导和廿八都的老百姓以及江山市委、市政府的领导付出的辛苦努力，还有江山文化人付出的努力，保留了今天一个完整的古镇区。如今，即使放眼全中国，廿八都也是非常独特、非常精彩、具有非凡价值、无可替代的一个古镇，一个具有多元建筑风格、多元风俗民情的活化石。

今年是谢晋导演来廿八都 21 周年。当年谢晋导演要求我们保护好廿八都，完全是出于对中国古建筑和中国文化的热爱。这影响了中国几代文化大师。虽然谢导已在 2008 年驾鹤离去,但他永远是廿八都的荣誉镇民。今天，我们可以告慰他的在天之灵：

“谢导，我们把廿八都古镇给您保护好了。”

您听见了吗？

（何蔚萍，浙江省作家协会会员，曾任江山市副市长、浙江省文化厅文化产业和科技处处长。）

与君来往共烟霞

——我与世界自然遗产江郎山的不了情缘

姜善根口述　亚峰整理

作为浙江省首个世界自然遗产、国家AAAAA级景区，如今的江郎山已名满天下。江郎山相传为江氏三兄弟登巅化石而成。故事很通俗：三兄弟同时爱上了美丽的须女仙子，须女无奈远走天庭，三兄弟登上山巅远眺，从此再也没有回家。不俗的是，在漫长的人类文明发展史上，演绎了许多“望夫崖、盼夫石”的传说，但很少听说男人站在山头等候女人的。可江山人就是不一样，是三块一起站，一站千万年。

我是地道的江山人，满口改不了的乡音，满腔化不开的乡情，还有一个顽如江郎三石的脑袋。2000年8月，我由乡镇党委书记转任江山市风景旅游局局长。不料这一脚跨进旅游界后，就像那江郎三兄弟一样，我的心从此再也没有走出来。即使后来到市农办、市政协经科委工作，还是如此。关于我与江郎山，要说的实在太多，这里就讲几个小故事吧。

故事之一：年后第一天进京，就为“抢”一块牌子

20世纪80年代初，江山县政协委员周之航［连续担任政协第二、第三、第四届江山县（市）委员］以政协提案或会议发言形式，多次吁请县委、县政府抓紧开发江郎山景区。县委、县政府顺应而为，组建了江郎山风景名胜区开发建设办公室。1990年，难于上青天的“郎峰天游”南线工程竣工，耗资13万元，凿建了1500多个台阶和安全护栏，那是徐日位等十余名工匠以生命相托的1000多个日子换来的。

我接盘时江郎山已是省级风景名胜区，1997 年又经国家建设部风景名胜专家团的考察。我想，要为咱江山争取一块国家级的牌子来，得让旅游带动咱江山的老百姓致富。当时我还不大懂旅游业对于一个城市更多的意义，只有为老百姓做点事的朴素想法。

最大的问题是竞争太激烈了。1995 年同一批申报国家重点风景名胜区的全国有 80 多个，仅浙江省就有仙居神仙居、诸暨五泄、永康方岩等 7 个，而建设部要求原则上各省最多只有两个名额。怎么办？

打铁还得自身硬。到任以后，我们对照申报要求，仔细寻找差距和不足，扎实做好基础性工作，相继编制实施了《江山市旅游发展总体规划》《“江郎山—仙霞关”风景旅游区旅游开发策划书》；完善江郎山景区各类标牌标识，整修十八曲景区游步道、开明禅寺广场和登天坪广场；启动了江郎山须女湖项目的规划设计。仅一年多的时间，江郎山风景名胜区面貌就实现了较大改观。

申报还得勤沟通。作为一线的基层干部，我赴京向国务院秘书局、建设部等专题汇报就不下十次。万事似乎都具备了。没想到，2002 年的第一场“雪”，下在了大年初一。这一天，我们等来了江郎山“出局”的内部消息。

人家在过年，我却在筹划“翻盘”大计，那真是个度日如年的春节啊。年后上班的第一天，时任江山市委书记陈钟带领市领导郑奇平、何蔚萍和我们小分队进京了。过程一波三折，最后峰回路转。彭珮云副委员长前一年刚去过江郎山，对我们所做的工作有发言权，在她和其他领导的亲切关怀下，江郎山终于八年圆梦，跻身国家重点风景名胜区之列。

据省建设厅领导说，江山人创了历史纪录，让浙江省在一年内有三个景区同时成功申报国家级重点风景名胜区。

故事之二：为了一个“AAAA”，出国居然“手舞足蹈”

国家重点风景名胜区拿下后，下一个目标就是创建国家 AAAA 级旅游景区。那时的 AAAA 级是旅游景区的最高荣誉，相当于现在的 AAAAA，创建要求极高。

江郎山已经有了一块国字号的牌子，还要不要去“惹”这个 AAAA？

当时是有争议的，我个人坚持要“惹”。那时我遁入“旅门”已经三年多，知道旅游业不仅仅带动老百姓致富，还是一个城市的窗口，是城市的一张名片。这一次我认为不仅是为了一块牌子,而且是利用创牌子的过程提升自己。创建标准多而严，有涉及景区的旅游交通、游览设施、旅游安全、环境卫生、服务设施、旅游购物、综合管理、资源环境的保护等标准近200条。我要借创建之机，由表及里地对景区的管理服务进行一次质的提升，进而推进全市旅游产业克难攻坚的系统性工作。

首先是外观的改头换面,我们采用高档防腐木对江郎山景区所有的标牌、标识进行了彻底改造，新增了126块景点指示牌、景物介绍牌、各类警示牌。其次是“总部”的华丽转身,对江郎山游客咨询服务中心开展专业设计,强化综合服务功能，方便游客了解江山经济社会发展及风土人情。第三是以人为本，全面启动景区公共服务提升工程，对10余座景区厕所全部按照A级旅游厕所标准进行改建；设立医疗点、公用电话亭、邮政服务点，并从细节入手，新增或更换江郎山个性垃圾桶56只，满足游客的个性化需求。其间两次邀请市政协组织政协委员对创建工作进行专题视察。这些，不仅满足了景区游客的需求，还进一步美化了景区环境。

因为诚实，所以扎实；因为扎实，所以顺利。但意外总是不期而至，在最关键的一个环节，我又大大地出了一回“洋相”。

省旅游局将江郎山创建AAAA级景区作为当年首批现场验收的单位给予重点支持。这次我因为心里太有底了，而放松了警惕，没再去打探“情报”。结果在我随同省级代表团赴澳大利亚、新西兰学习考察时，AAAA暗访团要来江山了。虽然我们创建工作扎实，但局长不能现场接受迎检工作，很可能会遇上许多不测。身处异国他乡，我急得像热锅上的蚂蚁。

那是真正的夜不能寐啊！我干脆连夜拟定了十条迎检注意事项，因当时没有微信等工具而不能及时传回国内，只有传真一条路。由于夜里找不到翻译，外语我只识ABC，我尝试了很多种方法与酒店方进行沟通，他们都听不懂，我刚刮干净的胡子都急出来了。最后，我站在大厅里手舞足蹈，向服务小姐用手语比画加画图表示，才将文件完整地传真回江山。后来局里的同志说，那十条意见还真发挥了重要作用。

2005年，江郎山顺利拿下国家AAAA级旅游景区牌子。

故事之三：一次“先斩后奏”，是为圆一个大大的梦

2005年6月中旬，有“当代徐霞客”之称的国内丹霞地貌研究权威人士、中国丹霞地貌旅游开发研究会终身名誉会长黄进教授，向江山市旅游局发出到甘肃省张掖市参加中国丹霞地貌研究会的邀请函。我牵头精心准备了一份江郎山保护与建设的材料，在大会上作了深入交流，备受瞩目。我知道，新的机会又来了。

2006年12月12日，国家住房和城乡建设部在长沙市召开中国丹霞地貌申报世界自然遗产研讨会，成立了中国丹霞地貌申报世界自然遗产协调领导小组，由各省推荐专家组成申遗专家组，标志着中国丹霞地貌申报世界自然遗产工作正式启动。大会以“自愿申报”的原则向各地发出倡议，并要求如果要参加联合申报世界自然遗产，会议期间马上由当地旅游部门负责人签字。

接到参加此次会议的同志的电话后，我又陷入了沉思。江郎山要不要参加申遗？需要做哪些事情？投入会不会太大？市领导是否会同意参加这个前途未卜的申遗？最后付出的努力是否会有结果？很多难题一时都无法作出判断。要知道，浙江省当时还没有申报成功的先例。在经历了半个多小时的思考挣扎后，我一拍大腿：现在来不及请示报告了，干。

梦想总是要有的，万一实现了呢？我当即通知参会人员：“这是让江郎山走向世界的千载难逢的机遇，机不可失，时不再来，你们现场签字，风险我先担着，事后马上向市里汇报。”于是，江郎山与其他9个丹霞地貌景区共同加入了捆绑申遗项目行列，走上了为期四年、跌宕起伏的申遗之路。

其间由于竞争陷入白热化，江郎山申遗的前景忽明忽暗。后来吕祖善省长定调：浙江作为经济、文化大省，世遗还是空白，这次省里下定决心，全力支持永康方岩、江山江郎山申报，齐心协力，务求成功。我说：“江郎山作为老年期丹霞的典型代表，别人难以替代。江郎山申遗虽然很难，但我们要让专家权威说话，让资源禀赋说话，让扎实的工作和材料说话。”

故事之四：人离开了，心还依恋着那座山

2009年2月，我由旅游局调到市农办工作。工作岗位变动了，但我对江郎山依然魂牵梦萦，对江郎山申报世界自然遗产工作还是一如既往地关注。还好，农办工作与申遗密不可分。我积极整合农办相关资源，为江郎山申遗献策出力。

尤其是2009年至2010年期间，江郎山申遗到了环境整治的关键时刻，整治得好意味着能够得到世界自然保护联盟（IUCN）专家的首肯，列入世界遗产的机会就能够变大。

当时市委、市政府主要领导十分重视申遗工作，可以说，为了申遗，全市上下万众一心。所以，在安排村庄整治建设项目时，我拍板优先考虑江郎山周边村庄，连续两年共安排了八个省级村庄整治村，一个省级污水处理村，两个环境整治提升村，有效地改变了江郎山周边村庄的环境面貌。因申遗保护的需要，有17户需要整体搬迁，农办为其包装了搬迁项目，出资20多万元用于安置小区基础设施配套建设。在国际专家实地考察前，安排专款470多万元，用于江郎山申遗整治区域“赤膊墙”和考察沿线整治。连续三个多月，我每周三次以上到现场督查环境整治工作的进度与质量，共为江郎山申遗整治区域77户农户的“赤膊墙”进行“穿衣戴帽”，为申遗创造良好的视觉效果。

2010年8月2日，第34届世界遗产大会在巴西的巴西利亚召开。大会审议通过了中国湖南崀山、广东丹霞山、福建泰宁、贵州赤水、江西龙虎山（含龟峰）和浙江江郎山联合申报的“中国丹霞地貌”正式列入世界自然遗产。江郎山啊，你又圆了一个大大的梦，当然，我也是。

作为“局外人”，我自然不能去现场，但我并不失落。那天傍晚，我不知不觉散步到了江山旅游局。那是须江边一座又小又旧的楼房，斜对面就是洁白的须女雕像。十年前，我第一脚踏进“江滨路29号”的这座小楼时，因为想起江氏三兄弟的传说，我曾多看了素雅的须女一眼。

2013年1月，我再次转岗，成了政协委员，当了政协经科委主任。在政协工作，硬性的任务少了，搞调查研究的工作多了。搞什么调研呢？或

许是江郎山的情缘未了，2014 年，我与政协的同事一起开展了江山旅游二次创业的课题调研，形成了《深化旅游业二次创业，推进旅游产业转型跨越》的调研报告，报告中提出的“工业强市，旅游富民”建议被市委、市政府采纳。

似乎是被远古的一个魔咒所操控，从此我就与江氏三兄弟并肩站在了一起。正如白居易的诗所说：“安得此身生羽翼，与君来往共烟霞。”

没错，世人谓我恋山水，其实只恋江郎山。

（姜善根，荣立浙江省人民政府个人二等功，曾任江山市旅游局局长。）

走出大山奔小康

——白水坑水库移民到花园岗村的创业致富历程

吴柏发口述　郑芝琳整理

我于1964年9月28日出生在原界牌公社马溪坳村的毛树章、杨春莲夫妇家，被取名毛增勤。因家境太贫寒，1965年1月26日被原定村乡日西山村东岭坑口的吴金龙、肖水花夫妇抱养，改名吴柏发。

在深山区，我饿过肚子、喝过凉水、卖过棒冰、放过牛、种过地，成年后当过兵、打过工、做过生意、办过企业。1985年元旦在温州武警边防支队加入中国共产党。

移得出：我听从党的召唤

2001年2月28日，国家重点水利工程白水坑水库动工兴建，江山市委书记陈钟带领有关干部来到淹没区日西山村做动员工作。日西山村的东岭口、梅溪口、石碣、东岭坑口4个自然村共100户361人全部由江山市委、市政府安排移民到花园岗。

在凤林镇桃源路口办厂的我，接到参加与移民相关的村务会议的通知。作为党员的我立即赶回村里，在会上畅谈了对这件利国利民大事的看法，表明了全力支持的态度。会后我又配合政府动员乡亲们移民。

3月16日，白水坑水库指挥部带领原定村乡干部和日西山村两委成员到花园岗实地察看移民点。贫瘠的黄土坡上松树稀疏、杂草丛生，贯穿而过的水张砂石公路扬起漫天灰尘。由于宣传工作做得到位，5月22日，我们在白水坑水库指挥部的安排下去花园岗看地基。回到东岭坑口，我主动拆除了自己1982年建成的8个柱表的泥墙瓦屋。看到有些老大娘在掉眼泪，舍不得生活了一辈子的故土，我心里亦很难过，但鼓励乡亲们："不要怕，走出大山重建家园，生活将会更美好！"很多乡亲在我的带动下，也陆续动工拆房了，我感到欣慰的同时，产生了"建造美丽家园，不辜负父老乡亲"的期望。

几个月内，日西山村的乡亲每户都派员到花园岗搭棚或租房子，动工建房。

8月1日，白水坑淹没区的张村乡原覆螺寺自然村的14户41人也被安置到花园岗抽签、落实地基，开始建房。

8月21日，江山市人民政府发文"新设花园岗行政村，隶属清湖镇管辖"。

稳得住：困难时期我担重任

2001年8月的一天，清湖镇党委书记陈道喜带着人武部部长和一名干部来到桃源路口我办的锯板厂，因我腰骨跌断在桃源路口的骨科医院治疗，又赶到该院对我说："移民工作很难做，你是一名党员，能否出来分担？现在村庄整体移到花园岗很困难，有很多人想搬回去，为安定人心，迫切需要一个人出来掌控。我们到定村乡政府了解到，说是只有你到花园岗当书记，才可稳定人心。"我推辞：自己办着厂，家庭负担重，移民情况复杂，担心无精力当好书记。没有答应。

过了一个多月，陈道喜书记等人第三次来到桃源路口锯板厂动员我，我被感动了。为了父老乡亲，为了移民村建设得更好、更有实力，我初步答应了，但提出一个要求：请陈书记开个户主会，听听户主们的意见，看能否公认。后来，陈书记真到花园岗村召开了户主会，经无记名投票，到会的40名户主全部赞成我到花园岗村当书记。10月20日，清湖镇党委主持召开花园岗村党员大会，民主选举首届党支部，我全票当选书记。选举结果宣布后，我暗下决心：要成为花园岗村办实事的带头人。

针对当时的状况，为了稳住移民，我认为必须抓紧办实6件急事：

一是解决开会议事的场所。10月23日早上8点，在村民朱永芳家，我主持召开第一次支部会，着重讨论建造花园岗村大会堂的事。许多村民听说后笑话我：村里没有一分钱，看你怎么造下办公房？晚上 7 点，我又主持召开了支部成员和各线负责人会议，强调班子建设、明确分工、责任到人。我把自家建房的担子推给了妻子叶江爱，自己到其姐刚盖好的一层房的猪圈里打地铺，全身心地投入建办公房的工程。280 多平方米的办公房，只用了 45 天时间，即于 12 月 25 日建成投入使用。办公房的建成，赢得了民心，也为 12 月 28 日“清湖镇花园岗村成立暨授牌（印）庆祝大会”开辟出了最佳场地。

二是组织好花园岗村首届村民委员会的选举。我们依法依规按程序，于 12 月 24 日平稳地选出了村主任、村委委员。

三是将田地分到户，没影响移民种植。11 月 6 日，我带领党支部成员、党员和部分户主，去考察政府从和睦、读溪口、东儒、贺仓、上坞、灵山、石口这 7 个行政村拨给花园岗村的 268 丘 189.835 亩（约 12.7 万平方米）大田，发现有的交通不便、土质差、缺水，引发了牢骚。我把情况向市移民办和镇政府反映，调回了一部分好田。12 月 10 日，政府又征用来上坞地界的橘山 111.28 亩（约 7.4 万平方米），我以好差搭配、抽签到户的原则，按人均 0.26 亩（约 173 平方米）分给村民作自留地。在广泛听取、分析农户对分田的各种意见的基础上，我权衡了利弊，决定打破老观念、原编制，抽签分田，这样最公正、公平。2002 年 2 月 1 日，人均 0.45 亩（约 300 平方米）口粮田分到户，村民心服口服。

四是及时供电供水。花园岗地处坡地，离长台溪远，较缺水源。我组织村两委研究决定：利用地下水来解决饮水和用水问题。2002 年 2 月 22 日，村里与江山六建公司签订了打井造水塔工程合同。投资 16 余万元、占地 30 多平方米、井深 70 米、塔高 25 米、日供水百吨以上的水塔于 5 月 25 日竣工。自来水安装到户，加上之前移民门前自掘的 145 个水井，村民不愁用水了。通过努力，2001 年 12 月开始架设变压器、线路，全村安装生活用电，春节前结束。2002 年 3 月为农户安装了广播和有线电视。

五是有饭吃，有钱花。我时刻不忘共产党员的身份，牢记使命和职责。移民们在深山里习惯种五谷杂粮，面对分到的田、地，种什么，怎么种，才能获得最大利益，是我想得最多的问题。我动脑筋、想办法，推行油菜—早中稻—晚稻三熟制。2003 年春，推行 150 亩（约 1 万平方米）无公害稻米基地，进行品种更换、优选。旱地除种蔬菜外，增种黄花菜、杭白菊，采用“倒包返租”方式，搭菇棚22个、近万平方米，鼓励村民种金针菇。经济作物变卖所得，可供还建房欠款或装饰楼房。

六是改善环境条件。我千方百计筹资，从2002年3月开始在全村安装地下排污设施，村前筑护坎，门头弄建水渠排灌，硬化村道巷弄，安装宣传橱窗和路灯，消灭“赤膊墙”，统一外墙材料，建花坛美化，种名贵树绿化，村口安装标志石、假山3处，新建文化广场500平方米，安装文体活动与健身器材。

富得快：我坚持工业强村富民

移民在当地土地资源极其有限，仅靠种植业富不快，我统一了村干部思想，制定出“生态立村、工业强村、第三产业富民”的发展思路。

建设村庄需要绿化，一个生长在大山里的人，绿便是他生命里流淌的旋律，是美丽的生机。村中银杏树、桂花树、广玉兰等星罗棋布，冬青等灌木构成绿化带，农户门前多种有铁树、茶梅，楼房在绿树掩映、花团锦簇中矗立。原户籍的8888亩（约5.93平方千米）山场，经封山育林，每年给村民带来稳定的生态公益林的收入。

花园岗村田地少，没有企业，靠种田又赚不了钱，我便安排有门路的村民引进来料加工，鼓励有能力的村民外出开店或务工赚钱，但这只是权宜之计。若花园岗村有工厂，村民在家门口上班，既便利又能照顾家庭。村主任刘正高带头投资20万元，办起占地约2000平方米的“花园岗竹木加工厂”，招进本村工人6名。移民中的第一个大学生吴水根，毕业后在江山双塔街道窑里办起了“欧派装饰材料厂”，占地只有700平方米，想扩大规模，又找不到合适的场地。我得知这一情况后，立即抓紧不放，前往洽谈，双方一拍即合。我把这利村利民的大事在村干部会上分析给大家听，大家统一了认识。村里用我退回的7亩（约4667平方米）承包地，以每平方米一元的年租金租给了吴水根回村办厂。最终，该厂投资2218万元，有管理人员250名、职工453人，其中本地113人。崭新的厂房、办公楼、职工宿舍楼建成了，2005年11月投产，后更名为“江山欧派门业股份有限公司”。

现已发展成江山市“310”工程重点建设项目、衢州市高新技术企业、浙江省农业科技企业，在市工业园区又扩展两处各500亩（约33万平方米）的新厂区，招收的管理人员、工人增加到2000多人，2017年成为上市公司。村民在厂里上班，年收入七八万元，此外，还带动了木材加工厂、竹片厂、纸箱厂等14家私营企业纷纷落户花园岗。

工厂的增多，又带动了商店、饮食店等第三产业的兴旺。

村民手里的钱多了，提升了室内居住条件，改善了饮食质量，几乎每户都拥有了小汽车。

强起来：我费尽了心思

“村美、民富、班子强”，才能做大做强花园岗村，创出品牌。为了做到这些，我费尽了心思。

一是上坞村的并入，增强了花园岗村发展的后劲。始于2007年底的乡、镇、村撤并大潮卷到了清湖镇，按上级的规划，上坞村并入花园岗村。从12月4日开始，村里多次召开党员、村民代表、户主会议，讨论分析，做通了工作。2008年2月28日的户主会上，我宣读了镇党委、政府发的文件，两村正式合并。移民村的品牌与上坞村的土地资源相结合，新的花园岗村如虎添翼。

二是吸收山区移民下山脱贫。2004年春，我经多方探讨、村两委讨论，办理出合法程序，将村中闲置的九块零星宅基地公开对深山村民进行招投标，9户中标的张村乡、原定村乡村民到花园岗村安居乐业，开创了江山市乃至浙江省的下山脱贫先例。

2008年8月至2014年5月，开辟出下山脱贫一区，安置了符合政策条件、经公开投标来的5批山区移民168户。

2014年年底开始，配合镇政府又在花园岗中心幼儿园东侧开发出下山脱贫二区，符合条件的3批移民47户，绝大多数已建成楼房，搬进新居。

三是建设“联合国”村。花园岗现由五类村民组成：白水坑水库淹没区移民112户和影响区移民76户；上坞村合并的村民93户；外地到村里购房发展经济的32户；下山脱贫移民215户；来自浙江省江山市、遂昌县和江西省玉山县的14个乡镇近60个村的村民。村集体经济收入从2001年的负债1.7万元提高到现在的139万元，村民人均纯收入从2001年的1800元增长到现在的21600元。

四是出版了有影响力的作品3部。为展示故土的历史变迁、发展历程、秀丽山水、风土人情、家训族规和山乡美食，我们请来退休老师朱青麟主笔，编写出版了《花园岗村志》，向2006年建村五周年献礼。2012年，以江山市作协副主席周建新为主的文人们深入花园岗村调研、采风，出版诗文集《荒坡上的天堂》，以翔实丰富的资料和生动鲜活的故事，展示了花园岗村人十年风雨历程中紧跟时代步伐、不懈奋斗的坚实足迹和傲人业绩。2014年11月，衢州市作家协会会员朱香鹤写的长篇纪实小说《柏之梦》出版，描写了一个从大山深处迁移的不平凡农民，为了实现梦想，曲折成长和创业，带领村民创建集生态、休闲于一体，宜工宜居的中国幸福乡村精品村的故事。

五是为村民及周边百姓的幼儿教育提供了便利。花园岗村周边5千米以内无优质幼儿园，村民生活富裕了，迫切需要优质的教育资源。我急村民之所急，与祖籍上坞的江山市成坤房地产有限公司董事长郑小明沟通，又经过市慈善总会会长陆洪涛、市级调研员郑忠诚等人的撮合及江山市教育局的调研，决定在花园岗村建一所“浙江省二级标准”的幼儿园。各种程序、手续都到位并得到批准后，2011年11月1日，郑小明捐助500万元的“花园岗中心幼儿园”隆重开工。占地4858平方米、建筑面积3622平方米、高四层的省二级标准幼儿园于2012年11月12日建成并顺利通过有关单位、部门的验收。村里又投入300多万元，安装了中央空调、开展教育活动的设备设施，并进行了绿化美化。2013年1月30日开园招生。由于师资力量雄厚，开园以来，花园岗中心幼儿园教育、科研、活动硕果累累，名声传遍省内外。

六是抓好文化礼堂的建设、管理和使用，使其成为花园岗村和谐稳定的重要平台。2013年春，花园岗村被衢州市委、市政府列为衢州市首批建设的19个文化礼堂样板村之一。村里投入20多万元，对2008年10月建成的村委办公楼、文化广场、农家书屋等资源进行整合，打造出一个集传承传统文化、学习科技知识、举办文体活动、开设法纪政策讲座、休闲健身于一体的文化活动中心。我始终坚持以精神家园为主题，弘扬社会主义核心价值观，突出思想引导、道德教化、礼仪培养、法纪宣传、家风家训学习等，着力提高村民的整体素质，丰富村民的心灵世界。

利用文化广场，组织村民自编、自导、自演若干次"春节联欢晚会"，举办体育活动，邀请江山婺剧团、夕阳红宣传队、衢州市农家乐艺术团到村里演出，邀请江山电影公司到村里放电影。村里开展的"七岁开蒙礼"、孝心教育、唱村歌等活动被江山市委宣传部、江山电视台报道，还拍摄了专题片。

花园岗村合唱队演唱的村歌《走出大山奔小康》得过很多奖，2013 年 9 月 22 日唱进了浙江省人民大会堂。衢州电视台经视频道的媒体记者到村里采风，拍摄的专题片《美丽乡村建设》在衢州台播放。

广场上安装的大型电子显示屏经常播放专题教育片、村歌和《美丽乡村建设》，鼓舞激励村民齐心协力共建幸福家园。

让村民共享发展成果，我无愧于初心

2010 年 6 月 14 日，来自贝宁、多哥、几内亚等非洲 15 国的 29 名部长及代表利用在中国参加"非洲法语国家推进 MDG 进程中的减贫与社会发展政策研修班"的机会，来到商务部和国务院扶贫办指定的花园岗村，听取了山区农民异地搬迁情况介绍，考察了民居、医疗服务站、便民服务中心等。来自科特迪瓦的官员代表研修班的全体学员谈感受："花园岗村的素质扶贫、产业扶贫和下山异地搬迁脱贫的经验，给大家留下了深刻的印象。我们从中也学到了很多好做法，将带到各自的国家去推广。"

我连任 6 届村党支部书记。在这个过程中，我带领村干部，团结村民，使花园岗村被评为"浙江省全面小康建设示范村""浙江省卫生村""浙江省村务公开民主管理示范村""浙江省文明村""浙江省森林村庄""浙江省特色旅游村""浙江省民主法治村"。村集体共获得江山市级荣誉 31 项、衢州市级荣誉 17 项、省部级荣誉 16 项。我自己也先后被评为"江山市优秀共产党员""江山市优秀'双带'村党支部书记""江山市劳动模范""衢州市优秀退伍军人""衢州市劳动模范""衢州市十佳移民创业致富带头人"，

2015 年 2 月被浙江省委评为“千名好支书”。

为了让村民共享发展成果，我主要做了两个方面的事情。

第一，关注老年人。尊老爱老敬老是中华民族的传统美德。“饮水思源”知感恩，我当书记后想到的第一件事情就是去看望花园岗村的老干部、老领导、退休老同志；定下的第一个礼规就是每年正月初一，村干部敲锣打鼓到 80 周岁以上的老人与烈军属家拜年，送上红包祝福。

2003 年开始，村里每逢重阳节给 60 周岁以上的老人发白糖 5 斤（2.5 千克），寓意老人生活甜蜜。从 2007 年 1 月开始，全村 60 岁、70 岁、80 岁以上的老人，每月分别享受村里发的 20 元、30 元、50 元生活补助金。从 2008 年开始，年满 90 岁、100 岁的老人，村里每年还要送上 500 元红包祝寿。

第二，加强青少年的教育、引导，培养人才。山区移民见识少、文化少、人才少，必须加快培养，才能适应经济建设、社会发展的需要。2003 年春，我就向村民承诺：凡是当年考取北京大学或清华大学的移民子女，奖励 10 万元。2006 年 8 月 6 日召开的在读大中小学生暑假座谈会上，我又宣布助学奖励补充政策：本村农业户籍的应届初、高中毕业生考取重点高中、大学（一本）的，分别奖励 1000 元、2000 元。

2020 年下半年花园岗村党支部换届选举，我又以高票当选，连任第七届党支部书记。重任在肩，我有决心、有信心带领班子成员不忘初心，敬终如始，勠力同心，砥砺奋进，不懈怠，不松劲，不停步，让花园岗村的村民获得更满意的收入、更舒适的居住条件、更优美的环境，奔向更美好幸福的明天。

（吴柏发，浙江省“千名好支书”，江山市清湖街道花园岗村党支部书记。）

我在白沙村做移民工作

邵作彬

那是2001年初冬的一天，退居二线的我得暇正在办公室埋头浏览报纸。突然间，原广电局办公室主任周善英同志带着时任市委副书记耿建新来到我跟前，还没来得及打招呼，耿副书记先开口了："老邵，向你求援来了。"

"耿副书记，别开玩笑，大书记怎么会向我求援？"我站起来笑着对耿副书记说。

我搬出椅子让领导坐下。耿副书记认真起来，恳切地对我说："你听说过最近发生在定村的事吗？估计你知道，为白水坑水库移民的事，定村、白沙与市里较劲。这事不能这样继续下去了，得想办法抓紧解决。你在峡口区委工作多年，情况比较熟悉，据了解民众关系也不错，他们早就提议请你'出山'。我顾虑你患有椎间盘突出的毛病，且又接近退休，不好意思要你去。现在，看来还得请你去一回，能行吗？"

"既然组织这么相信我，那我就试试。"我这样回答耿副书记。稍顿，他接着说："那这样，你就去白沙村。每天早上用车送你进去，晚上接你回来，住定村，等白沙村的问题解决了你就回来……"讲完，耿副书记喝了点茶，寒暄几句后便走了。

接受任务后的第二天上午，我参加了白水坑移民工作组的动员会。市委常委王笏一作动员，他说："完成这项任务有一定的难度，但为了把这一功在当代、利在子孙的白水坑水库建起来，再大的困难也要想办法克服！眼下，他们的火气比较大，你们去了千万要注意工作方法，要做到'骂不还口、打不还手'。"听了市委的动员报告，感觉气氛还是比较紧张的。我思忖着：

当了一辈子干部，一直来都平平安安，临退休了，还挨人打？心里不免有点嘀咕。

行动还真称得上“雷厉风行”。动员会结束，稍加收拾，我们便出发了。组长是郑其生，组员有刘建美、周有祥等近十人。在车上，大家虽感到有较大的压力，但还是谈笑风生，说天道地，笑声不时从车窗飞出，这应该也是一种革命乐观主义吧！我想，这也是对的，革命人不能被困难吓倒，忧心忡忡、愁眉苦脸又能解决什么问题呢？更何况上面还有组长、队长什么的，天塌不下来，塌下来也由他们顶着呢！车子进了定村，就停在饭店门前，定村乡政府的同志说：这就是我们的住宿地。这户的主人我认识，年纪虽近古稀，但善谈好客，烧得一手好菜，此前我曾在他家用过餐，他是我市财政局干部王元洪的岳父。房屋是刚造好不久的钢筋混凝土结构,样式也不错，雪白外墙光洁耀眼，外观够气派的。这种房子在廿七都通公路前的定村是根本看不到的，是20世纪80年代的产物，住在这里，对我们这些长期在艰苦环境生活惯了的人来说够可以了，因此没有一个人说三道四。但进了房屋，情况就有点不一样了。也许是由于装修的原因，墙面柱壁上都还没有粉饰，条条砾缝凹凸不平，门窗也十分简陋，住房内外差距似乎有点大。不过，无所谓，只要能遮风挡雨就行了，乡下好多父老乡亲不也是这样住的吗？何况又不是在这里定居！

对于廿七都四个乡，应该说我是颇有感情的。从1985年上半年赴峡口担任区长开始，接近五年时间，我进进出出不知有多少回了，虽不敢说这里的山山水水都了如指掌，但也能说上个八九不离十，哪里有一座山，哪里有一个小坞，哪里有一块良田和哪里有一条小溪、沟壑，心里都有数。山上葱葱的树木，溪边青青翠翠的芦苇，路边密密麻麻的小草和山垄田间一丛丛绿油油、黄澄澄的庄稼，都是富有人性的，人一去，点头哈腰，像是向你点头致敬，情意十足。但更有情意的还是廿七都人。这里的人们，虽性格耿直、刚烈、憨厚、坦率，但知道讲道理，接待来客都是真心实意的，不会来半点虚伪造作。你善待他，他会百般善待你；你是上面来的人，他不过分殷勤却会尊重你，也从不趾高气扬，盛气凌人，而是以家人相待，与你促膝交谈，把心里话讲出来给你听。倘若你不把他当回事，那么，他也会让你难堪，让你感觉到他的厉害！你了解到这一点，读懂他了，便会如鱼得水，最后舍不得分开。虽然廿七都的经济条件不是十分好，但他也会想方设法，倾其家中所有来招待你，炒南瓜子、腊肉、野味……让你尝个遍，到那时，即使在他家吃的是酱叶、野菜、蒜叶，也是别有滋味的，特别是可以从中品尝出主人的一份真情。你与他商量办事，重要的是你得把问题实际情况讲清楚，说透彻，不打官腔，一旦懂了，他就会欣然接受，乐于参与，积极投入，一干到底。我说的这些，都被我在那里工作时所接触到、所经历过的一件件事一一证实。

到定村的第二天，吃过早饭，我便去了白沙村。这是我颇为熟识的一个村子，一是它位居峡口去双溪口乡的路边，是必经之地；二是 1989 年 7 月 22 日的特大洪水灾害，使白沙村的相当一部分粮田被摧毁，当时，我担任峡口区委书记，曾陪时任市委书记叶锡宏同志沿溪查看灾情，与村领导一起商讨灾后恢复的方案方法；三是村民编辑出版第一部村志时，我多次慰问看望编纂人员，并为该村志撰写过文章《白沙赞》（刊登于该村志第 161 页）；四是我任市广电局局长时，定村乡尚无有线电视，因该村干部的恳求，特意为该村安装有线电视。每次来，可以说都受到他们的热情接待，说得不客气一点：村上谁人不识君？而这次来，情况与之前是大不一样了：遇见熟人，有的相视一笑，就急急忙忙避到屋里，再难见到人影；有的相见，视作陌生人，不言不语，你想与他打招呼，他表现出不理不睬、不耐烦的样子，让你有话也说不出口；有的更是怒目相视，眼中仿佛带有敌意。面对这一情况，我暗暗思忖：下一步工作该怎么入手，怎么展开？从中，我进一步认识到问题的严重性，也更认识到身上责任重大！

再硬的骨头总有人把它咬碎，再难爬的坡也总有人能上去，再坚固的堡垒也总有人去攻克，办法总比困难多。我先从几个过去与自己关系比较密切的人入手，硬着头皮去找他们。开始，他们的态度确实与过去有点不一样：应付、敷衍、扯东扯西，不着边际，说不到问题上，一讲到正题，表现出来的多是牢骚、怨念和不满。我们耐着性子，沉住气，尽量不惹他们生气，不与他们顶嘴，苦口婆心地和他们说情况，不厌其烦地和他们讲道理。坐冷板凳无所谓，“热脸贴冷屁股”也没关系，只要能收到点成效，工作有点点起色，什么都不计较。有一天，走家访户，时至中午，在一户姓关的人家里，正谈着，一下子进来好几个人，个个气势汹汹，骂骂咧咧，声音很大，像吵架似的，讲的都是对上门动员移民的工作人员的不满，对移民政策的意见。过了没多久，又进来好几个人，不一会儿，堂上便挤满了人，虽然已是寒冬季节，但他们有的脸上还留有汗渍，肩上还披着擦汗的毛巾，很显然，他们刚在山上干活，听说市里有人来才下山的，或是正打算上山伐木扛木头的。一下子，整个厅堂像一锅沸腾的开水，噼噼啪啪的声音劈头盖脸地朝我一个人身上压过来。尽管都是些熟人，但我是政府派来的人，这话不讲给我听讲给谁听？这火不往我身上烧往谁身上烧？我理解他们的心情，老长时间我不吭声，先让他们讲个够吧。等他们的情绪发泄得差不多的时候，我缓缓地站起来，深情地说："白沙村的乡亲们，在我的记忆里，你们是很讲道理的，很有素养的。我这次来，就是来倾听你们对水库移民工作的意见的。你们有不同的看法、想法，有什么意见、建议，一个个来，一项项讲，像刚才这样，哄然一堂，谁也听不清说什么呀！你们的力气花了，效果没有，是不是？你们有的刚从山上下来，身上还流着汗；有的正准备上山伐木扛木，干重活，这些我都看到了，我非常理解你们、体谅你们，我心疼啊！你们赶紧回到自己家里去，好好休息，我保证一家一户走访，不漏一户。有话说，得先准备好，我到了你们家里，慢慢说，坐着说，用不了这么费力，我会洗耳恭听，如实向领导汇报。如果还相信我老邵，就不要再哄闹了，赶紧回去，到时，我到你们家里来，欢不欢迎？"我有意瞧了瞧当中几个比较熟识的，他们十分明白我的用意，转眼间就离开了现场，渐渐地，离开的人越来越多，最后就剩房主一人……

精诚所至，金石为开。就这样，我们开始一家一户艰难地走访，认真听取他们对移民工作的意见。通过耐心细致的讲解，努力把那种不满情绪化解开，压下去。对他们提的要求、建议，一条不漏地记录下来。各房屋拆迁的补偿标准，设施的补偿办法，用户确定新建面积的大小，老人空居建房的办法等，凡涉及与移民有关的问题我们都一一记录在案，到时向上汇报。对于一些纯属无理取闹的，我们坚持做耐心的解释，一次说不通的，就两次、三次，直到把工作做通为止。

通过一段时间艰苦、细致的工作，形势有了一定的好转，我们也不像之前那样被动了。了解了事情发生的缘由、过程，我们做到了心中有数，对下一步工作该如何开展也就有个基本方案了。多年的农村工作经验告诉我们：

不管在什么情况下，要做好工作，就得把党支部的作用发挥起来，尽管支部成员有各种各样不同甚至不正确的想法，支部在有些问题上有过不正确的引领，但必须相信，通过做工作，支部成员的不正确想法是可以端正起来的，支部一时的误导是可以纠正过来的。“村看村，户看户，群众看干部，干部看支部。”在当时的白沙村，我们对这句话坚信不疑，在后续相当长的时间里，我们就是抓着党支部一班人这个“牛鼻子”不放，取得了预料中的效果。

其实，支部一班人也并非铁板一块，在思想认识方面，认识水平有高有低；在对待具体问题上，同样也存在差异。有的认识正确，有的认识片面甚至错误。我们根据不同情况，对症下药，采取一把钥匙开一把锁的办法，针对不同情况，采取相应措施，逐渐解决。其中比较普遍的办法是谈心，开导，做思想工作，耐心说服教育。因为，问题中大多数是思想认识问题，部分是利益方面的问题。

在我们帮助引导党支部一班人走出白沙这块小天地之后，支部委员中有人说，当时，他们没有分析群众意见的错与对，盲目听从，做了群众的尾巴，使工作陷入被动；有的说，当时他们的眼睛都让村周围的小山挡住了，只看到白沙这块小天地，看不到山那边的大世界，为了小利益，丢掉了全局观念，没有处理好局部与全局的关系，错误地走上了与上级领导对着干的错误道路，实在不应该！回忆走过的这段弯路，悔之莫及！

经历了一场风雨之后，天更蓝，空气更清新。白沙村的干部群众经受了洗礼，更加懂得正确处理大与小、全局与局部的关系，更加珍惜集体荣誉，更加热爱党和政府的政策，更加热爱党。经过几个月的艰苦而细致的工作，他们的思想通了，认识端正了。加之合理的要求得到了满足，相关的问题得到了解决，移民问题的障碍被消除了。终于，家家都愿意按白水坑水库建设的要求，将家搬离白沙，前往风林镇地山岗安家落户。

2002 年 2 月 8 日凌晨，天才蒙蒙亮，村子上空便响起了一阵阵清脆的鞭炮声，前往安置地抽签落实地基的车队排起了长蛇阵，其壮观的阵势在深山区极其少见。全村 208 户人家一户不漏地全部参加，这在几个月前是不敢想象的，可见，工作队这几个月的心血没有白花，可以大言不惭地说：是卓有成效的，同时也说明：白沙的广大群众干部是有较高觉悟的，愿听党话愿跟党走的！

话说回来，换位思考，若要我搬离生我养我的故土，依依不舍的留恋之情肯定会有的，“故土难离”，这是人之常情。群众出现这种情绪，应该说是正常的、不为过的。针对这一情况，只有带着理解、体谅的心情去耐心地做思想工作，给他们讲道理，以理服人；同时，尽量满足他们提出的合理要求，采取多管齐下的办法妥善地解决不愿移、不想移的问题。众所周知，共产党领导下的人民群众，通过做工作，绝大多数是顾大体、识大局、懂道理的，那种无理取闹、蛮不讲理的“刁民”毕竟是极少数。我想，毛主席反复提醒大家相信群众、依靠群众的道理就在于此，在不同历史时期，作为干部都不能忘记这一点，这次移民工作最终顺利完成，也有力地印证了这一点。

白沙村一户不漏地去落户地点落实地基了，移民的前期任务基本完成。但我通过蛛丝马迹的观察，心里还有点放不下，为什么呢？就是经历过这么一回挫折，村两委的精神一时振奋不起来，有的还产生悲观情绪，认为过去获得的荣誉不可能再有了，以后要想跟过去一样创先进是不可能了。为此我反复思考，针对这种精神状态，为他们撰写了一副励志联“移民移村不移志；小康路上永扛旗”，并装裱好，挂在村部显眼的地方，让他们经常能看见，多少起一些激励作用。

时间已过去20年了，往昔逐渐成为历史旧话，定村也早就以社会主义新农村的崭新形象展现在人们的面前：一排排错落有致的民房，整齐地排列在红花绿树之间，宽敞的道路纵横交错；文化礼堂、书画长廊、幼儿园、各种体育设施等应有尽有，一应俱全。“浙江省最具魅力新农村”等荣誉更是接踵而来，荣誉的级别和含义与往昔相比“有过之而无不及”。更有村边及205国道附近的木材加工厂，鳞次栉比，数不胜数，村里人过去以务农种山为生的传统劳作被务工所取代，村里的农民绝大部分成了工人，“打工不出村”是该村的特色，既能在厂里挣钱，又能照顾好家庭，太惬意、太幸福了！在这里还有一点不能不提及，当年习近平同志在我省担任省委书记期间，视察白沙村，在时任党支部书记毛兆丰家里，和兆丰一起翻阅第一部《白沙村志》。这一情景被相机定格，照片悬挂在毛兆丰家里，真是蓬荜生辉啊！

因为前面这些事，我与白沙村村民的关系已经不是亲戚胜似亲戚了。村里每有大的活动，他们都会邀我参加，书画会去白沙为农民送对联更是每年少不了的“节目”。自然，我与那里的父老乡亲也是无所不谈。有一次，我有意跟他们聊：“我早已退休，现今也是一个平民。请你们跟我老实说，你们到底是在里面好呢，还是移到这里好？”一位长者毫不掩饰地大声回答：“老邵，当年你们动员我们外迁，阻力很大，工作很难做；眼下，你要我们搬回去，工作就更难做了。”

听了这话，我心安了许多。多年前的那份辛劳，做过的那些具体工作，协助党和政府做了一件大好事，谢天谢地！

（邵作彬，曾任江山市广播电视局局长。）

从县河西路到凝秀中路

——江山中学整体迁建记述

王水

2000 年 12 月，经市委组织的“双推双考”，我被任命为江山中学校长、党支部书记。上任前，时任市委副书记陆洪涛在谈话时对我说：“江中校长不好当，担子很重。江中是江山的品牌，不仅质量不能降下来，而且还要考虑江中的长远发展，任重而道远。”

选址：由东向北

2001 年，学校一方面要踏踏实实抓教育教学质量，一方面要调研学校事业发展，抓落实。我拜访了前任王校长后得知，在县河西路存在了半个世纪的江山中学，到了势必走异地搬迁之路的时候了。近几年动迁了江山运输公司、农业局、林业局等部分职工宿舍和种子公司的地域，最多只能扩充到 73 亩（约 4.9 万平方米），按目前在校生校园面积不能少于 80 亩（约 5.3 万平方米），否则达不到省一级重点中学的基本要求（人均 30 平方米，住校生人均增加 10 平方米）。当年省复评时勉强通过，但学校承诺两年后要异地迁建。时间紧迫，必须抓紧落实异地迁建工作，王校长建议去看看牛头岭地块（现金椅山庄小区）。

我和分管后勤的黄昌明副校长及总务主任何文礼一起到了牛头岭实地考察，地理位置不错，且有近 200 亩（约 13.3 万平方米），不足之处是学生上学要过江，而且地势较高，江边风大，对学生上学、体育活动会带来不便，还存在安全隐患。

接下来几个月，我们又实地考察了乌木山皮件加工厂，又因在江东、地势偏、离市中心远而被否决。还考察了老虎山南侧靠东沿江地块，地理位置非常好，一马平川，依山傍水，遗憾的是在江山化工总厂附近，因担心空气和水污染等问题而被否决。

与此同时，我们大力做好教职工的思想工作。2001 年 11 月 6 日，在教职工大会上，我就江中异地迁建工作作了专题宣讲，发动群众，群策群力，只有统一思想才能做得更好。经过多次教职工会议讨论和班子会议研究，形成共识。

我们开始把目光转向城北，一共找了三块地。

第一块地是火车西山道岔口至施工所东田畈一带。优点是离市中心近，学生上学、生活方便，学生家长、学校教职工都乐意接受。不足之处一是占地面积略小，只有 150 亩（约 10 万平方米）；二是成本高，征地大部分是铁路局所有，还有相当一部分的民房。最令人难以接受的是，那个铁路立交桥是城区学生上学必经之路，上学放学容易造成交通阻塞，且存在交通安全隐患（当时铁路还没有西移）。

第二块地是现在新火车站对面小区所在地以南，当时属上余镇管辖，地名为烂田坂。优点是依山傍水，东边是须江，南边是丰足溪，背靠烂田坂边上的丘陵小山坡，还有一个优势是征用土地价格低。缺点是地势过低，处于丰足溪汇入须江口，洼地有深积水，春季易发生洪涝灾害，填方的成本也高。还有离市中心较远，交通不便，做教职工和学生家长的思想工作有一定难度。

第三块地就是现在新江中所在地——五里亭。第一次去看是在初冬，早上有点凉，空气很新鲜，成群的白鹭在天上飞翔，还有一些在旷野中觅食，自由自在。达岭溪缓缓流过，西边依山，有山有水，向北望去一览无余，道路四通八达。这块地已经部分开发，须江工业园有初步规划，一小部分已被征用，费用低，离市中心不远，较为理想。

学校班子通气后，立即向教育局作了汇报，局领导也非常赞成，认为是办学校的“风水宝地”。不久，也得到了市领导的认可。

2002 年 1 月 16 日下午，政府相关部门领导在江中会议室召开论证会，进行了初步论证。

2002 年 2 月 22 日（正月十一），吴雪桦市长、傅根友副书记携江中迁建领导小组成员，在市教育局召开现场办公会议，并现场考察了该地域，原则上确定了江山中学新地址，征地300亩（约20万平方米），要求市规划局两天内上报，计经委马上批复，土管局在当月底上报，在2002年6月底之前完成报批。

崭新的江山中学蓝图，就从这时开始描绘了。

规划：好中选优

新校区规划初定占地300亩（约20万平方米），办学规模60个班级。吴雪桦市长代表市政府提出要求：设计一定要有品位，有景观，有绿地，高标准，不能省设计费，江山中学参与规划设计。有了这么大块的地，作为新校长的我简直欣喜若狂。我发表过一篇践行办学校的文章，题目叫“花园乐园家园”，文中表述了自己对办理想教育的追求。

当今，历史性的机遇就在眼前，我们要办最好的学校，让学子得到最好的教育。一张白纸，一定要科学规划，贯穿先进的理念，汇集群体的智慧。

浙江省功勋教师、特级教师黄昌明建议，要设计两个400米田径场，一个常年向学生开放，另一个作为比赛和训练用，可以向社会开放，资源共享。规划体育馆、游泳池（馆）、艺术厅，设计一次性到位，有钱了再分期实施。对此,班子成员达成共识。事实证明,两个田径场的建议,既有前瞻性，更有实用性。

副校长郑雄、教务主任王彦提出，按实验室最新标准配置，提供数据及实验室的布局。“内当家”总务主任何文礼对学校的整体分区、布局做出了草案。教科所所长郑逸农以学者的角度特别建议要配置心理教育活动室。副书记郑高升、副校长林菊、校办主任朱兴亮、政教主任毛在瑞，以及各教研组长、老师都从不同的角度，对新校园的规划设计提出了合理化建议。

他山之石，可以攻玉。为了做到胸有成竹，我们一班人还走访了浙江省若干个成功迁建的学校，如绍兴一中、富阳中学、金华一中、东阳中学、义乌中学、永康中学、缙云中学、余姚一中、严州中学、衢州一中等。为了后勤装备保障，还去上海取经。

江中迁建得到了市委书记陈钟的关心。2002年1月26日和2002年6

月 4 日，陈书记两次专题听取江中异地迁建进度的汇报。

2002 年 8 月 15 日，我们召开了有七个设计单位参加的招标会议。会上我代表江山中学，从学校的功能、校园的文化、绿色校园和可持续发展四个方面阐述了自己的观点。要求设计上适度超过浙江省重点中学的标准，充分体现“以人为本”的理念，以“教育教学为中心”进行分区，校园美丽大方，体现环保意识，各种设计符合国家标准。

2002 年 9 月 16 日，在江山金三角度假村正式进行评标。

专家组由来自杭州、衢州、江山的七名专家组成。他们在充分听取人大、政协、教育、学校代表的意见后，在七个标中决出两个优标，其中龙安-泛华建筑工程顾问有限公司（中外合资）和杭州园林设计院两个标胜出，进入第二轮。

非常巧的是，两个中标单位都与江中有渊源，龙安-泛华公司总经理是江中毕业生，杭州园林设计院院长也曾经在江中复读。我心想：由两个有江中元素的公司设计是比较理想的，因为他们对江中的文化更加理解。

两个方案继续修改完善，然后进入二选一环节。

我们把两个方案放在市政府门口、学校餐厅进行展示，让公众评判优劣。同时，组织学校民主联席会议成员进行选优投票。

2002 年 12 月 4 日，在教育局四楼召开江山中学迁建领导小组成员会议，对修改后的两个方案进行评优，大家对设计标准没有异议，但对学校功能分区没有形成统一意见。

时任市政府办公室主任郑忠诚提了个建议：我们对教育功能分区不是很熟悉，把这个决定权交给教育系统来决定。会议同意了他的建议。

方案：一锤定音

2003 年 1 月 2 日，在教育投资公司五楼召开定标会议，由市纪委派员监督。

第一阶段是民意测验，有 30 人参加。其中专家组 10 人（外地 3 人，本地 7 人）；江中组 10 人，从学校民主联席会议成员中随机选择；教育系统组 10 人，从市教育局数据库中的校长、总务主任中随机选择。

结果1号标（龙安-泛华）以22票胜出。

第二阶段是决标领导小组会议。成员有市政府副市长何蔚萍，城建局局长徐大清，教育局局长郑振荣、副局长毛建华，江山中学校长王水。会议由政府办副主任王子平主持，郑振荣、毛建华、王水分别对规划设计方案发表了意见。徐大清发言时说，根据上次会议精神，1号方案进行了大的修改，各方面因素考虑得很仔细，可以说是一个比较理想的方案。2号方案则变化不大，赞成1号方案。

票决：1号方案5票（全票）通过。至此，设计单位选择一锤定音，龙安-泛华建筑工程顾问有限公司中标。

2003年3月13日，江山中学新校园方案会审，江中迁建领导小组成员和江山建设局的部分专家、中标设计单位专家参会。

吴雪桦市长在听取相关部门汇报后，感慨地说，江中新校区规划设计前后经过5次修改，总体布局合理、科学，富有时代气息、生态气息和灵气，在社会资源共享和学生安全等方面，还需要进一步完善。

规划设计方案终于尘埃落定。在新校区的项目选址、规划设计过程中，市委、市政府主要领导高度重视，相关部门、乡镇通力协作，学校内部也作了很大努力。

作为亲历者和参与者，我很欣慰，因为学校发展终于迈出了历史性的一步。2005年1月，学校整体搬入位于城北凝秀中路2号的新校园，江山中学从此掀开了全新的一页。

（王水，中学高级教师，曾任江山中学校长、党委书记。）

江中迁建期间扩大办学规模、提升教学质量回忆

王彦

江山中学创办于1938年。我于1982年从浙江师范学院毕业，分配到江山中学工作，建校82年时（即2019年），我工作了38年，退休了。我一辈子在江山中学工作，当过物理教师、班主任、教务主任、副校长、党委书记等，见证了学校规模的不断扩大，有幸亲历了浙江省重点工程、江山市为民办实事的交钥匙盛世工程——共铸教育丰碑·江山中学迁建工程。

江山中学第十四任校长王水任职期间，正值学校整体异地迁建。我在党委书记、校长的领导下，共同践行了与学校迁建工程同步进行的扩大招生规模和提升教学质量的工作。学校迁建之根本，就是要多招江山学子进江山中学，让他们享受到重点中学的优质教育。

办学规模迅速扩大

起初，江山中学是承借老城区县河西路18号文溪书院老旧房屋做教室的，到了1955年才有财力建造一幢教学楼，1973年又建造了一幢同样的教学楼，至此学校共有24个教室。从20世纪70年代至80年代中期，办学规模扩大到24个班级，其中高中18个班级，初中6个班级，学校最大时到了30个班级，其中高中18个班级，初中12个班级。

办学规模的扩大，导致了教室不够用，于是在1989年，学校拆掉苏式教学楼，建造L形六层教学实验大楼。此大楼拥有36个教室、12个实验室、4个大仪器室、6个实验准备室，在当时是浙西中学第一大楼。之后办学规

模再扩大，到了2004年有40个班级。

办学规模的再扩大，使学校再次出现了教室不够用的状况，就占用了实验室。然而，江中人意识到，再在老校园内"拆旧建新、拆低建高"，是不能根本解决用房紧张问题的。我就亲眼见到老校园内同地方"三拆三建"的情景：拆文溪书院大礼堂建五层学生宿舍楼，拆五层学生宿舍楼建五层办公图书综合楼，拆五层办公图书综合楼建小高层住宅楼（2005年房地产开发商拆建）。因此，江山中学要持续发展，必须要走异地迁建之路……

2005年，市委、市政府将一个崭新的校园交给了江中人。新校园面积达350亩（约23.3万平方米），有三幢四层教学大楼，共84个教室和48个办公室，其中"进取楼"长112米，32个教室，16个办公室；"勤勉楼"长102米，28个教室，16个办公室；"求实楼"长92米，24个教室，16个办公室。还有含15个教室的艺术大楼，长156米、建筑面积约1.5万平方米的六层科技图书楼，两个标准田径场和体育馆、学生公寓、食堂等。校园建设创下了浙江省中小学多项之最，办学规模也在学校迁建的两三年间迅速从40扩大到56个班级。

同时，为了使更多的江山学子在江山求学，得到与江山中学学子同样的教育，江山中学第十三任校长王兴盛任职期间，学校退休协会创办了江山市文化培训学校（江训学校）和江元中学。为了保证江山中学的生源质量，实施因材施教，培养尖子生，对有能力的学子不设学制约束，不中考，可跳跃式升入江中。王水同志任校长期间，学校于2002年创办了"国有民办"江山外国语学校。至此，学校成功地走向了多元化办学的道路，江中、江元、江外、江训四位一体，为做大做强江中集团迈出了可喜的一步，为"学在江山"发挥了重大作用。

教师队伍迅速壮大

学校的迁建，使办学规模不断扩大，师资队伍也要相应壮大。当年学校也考虑到，若在本市高中学校"双推双考"调进教师，势必对其他高中带来较大的影响。因此，教育局组织由局领导、人事干部、纪检干部和江山中学专业评委构成的招聘团队，每年一次赴浙江师范大学、江西师范大学和华中师范大学等高等院校招聘优秀应届毕业生来江山中学任教。每年招进近 20 位新教师，学校迁建的前后五年间，教师队伍从原有的 100 多人壮大到 200 多人。

抓好培养新教师工作

想要提高教学质量，就要有一支优秀的教师队伍，每年招进这么多的新教师，培养新教师是关键。学校重抓“新老结对，以老带新”的落实，教科所每月举行一两次“青年教师读书班”活动，强化对新教师基本功的培养。上学期举办青年教师基本功（教案、课件、说课、即兴演讲、硬笔书法、粉笔字等）的比赛，下学期举办青年教师教学竞赛，促进青年教师尽快实现“一年入门、三年成型、五年成才、八年成器”的目标。学校树立“优秀是一种习惯”的校风，激励青年教师快速成长。学校倡导“教师五精神”，即“专注宁静的敬业精神，爱生如子的园丁精神，教科合一的探索精神，不甘落后的争先精神，不计得失的奉献精神”，为青年教师指明努力的方向。

抓好教研组和年管会的建设

学校规模大了，每个学科的教师也多了，教研大组长和备课小组长工作很辛苦、很努力，他们在学科教学中起了引领作用。他们要参加每月教务处、教科所召集的工作例会，安排和指导培养新教师工作，听课评课，统一教学进度和要求，检查教案和作业，指导教师教科研，组织每周的教研组活动等。

搬进新校园后，每个年级的师生各用一幢教学大楼，而原先校级领导、教务处、政教处的办公室都在离三幢教学大楼近百米的行政楼（后称“凝秀楼”）。为了接地气，更有效地抓教学质量，学校成立了三个“年级管理委员会”（简称“年管会”），进驻三幢教学大楼。三位副校级领导分别担任三个年管会的主任，教务处和政教处的各三位中层领导担任年管会副主任，再在三个年级中各选三四位优秀能干的教师担任年管会副主任和干事。年管会开展本年级的教育教学各项工作。

抓好科学管理工作

学校要发展，科学的管理要走在前列。在当年电脑应用刚起步、实用软件缺少的情况下，教务处夜以继日地开发编写了许多教学管理实用程序，如“高一新生分班程序”“高二文理分班程序”“成绩统计分析程序”“排课程序”“工作量考评程序”“课案津贴核算程序”等，在教务管理上发挥了很大的作用。

强化教育教学效果的评价是提高教师工作积极性的有效方法。为了评价的公平公正，一方面，教务处在安排教师时，各年级各班级师资力量，即新老教师比例、男女教师比例、资历比例等做到相对均匀。另一方面，应用“高一新生分班程序”将新生编成平行班，具体是将新生的中考成绩和相关信息输入电脑，利用电脑对各项信息进行整理统计排序后再分班，做到各班人数、男女生比例、城乡学生比例、住通学生比例、总分平均分、各学科平均分等基本相同。再由班主任对电脑分好的班进行抽签决定班号。这样大家的“起跑线”一样了，老师们觉得很好。

每次期中和期末考试后，应用“成绩统计分析程序”，对考试成绩作两方面统计。一是为班主任分析研究每个学生的学习状态和本班在年级中的状态，抓学生平衡和学科平衡而设计的四个信息点，即：学生的各科成绩、总分、均分、标准分、班序和年级序；班级各科的差异系数和标准分；年级各学科的均分和次序；各班分段人数分布表。二是为任课教师分析研究学生学习效果情况，抓年级平衡而设计的，有平均分、优秀率、合格率、差异系数、标准分等重要指标。其设计科学、简要、醒目，为学校直接提供了定量分析的评价依据。

为了提高教师的工作积极性，鼓励教师多干事出佳绩，学校出台了工作量考核和教育教学成果考核和奖励办法。如《教学津贴发放方案》《课案津贴发放方案》《授课量标准》《教学津贴执行标准》《课案津贴计算表》《实验津贴发放方案》《职员津贴发放方案》《管理津贴发放方案》《教学效果奖励条例》《学科竞赛奖励条例》《命题工作评奖条例》等，经2003年5月13日民主联席会通过并执行。

教务处每月都要对照相关方案、标准和条例，应用“工作量考评程序”“课案津贴核算程序”等，考核和计算出当月的津贴和奖金，报学校发放。这样充分体现了“多劳多得、优劳优得”，在提升教学质量中起到了很好的激励作用。

采取特招培养尖子生

首先在招生前，每位校级领导负责一个片区，带领招生教师摸清各初中的学生情况。然后，在教育局的领导下，招收免考优秀学生，提前入学，单独编班。先后编过实验创新班、重点衔接班、国际班等，其教学进度要快些，教学要求要高些，教学内容要丰富些。学校还首次聘请外教为“国际班”开课，目的是让学生们冲刺清华、北大和浙大等重点大学。

教学质量稳步提升

有了一支优秀的教师队伍，有了一整套的科学管理措施，有了一系列的评价和奖励办法，全体江中人共同努力，教学质量得到稳步提升。

迁校期间，高考上重点人数从1999、2000年的170人左右上升到2001、2002年的190人左右，再上升到2003、2004、2005年的230人左右，上清华、北大的每年都有1至4人。2003年高考，顾全全名列全省理科第33、衢州市状元，徐亮名列全省理科第103，姜海标名列全省文科第36，祝星洛名列全省文科第47，武琦名列全省文科第100。2004年高考，邵航名列全省理科第9、衢州市状元。

何颂、顾全全就是迁建时期，江山中学重抓尖子学生培养的杰出代表，他们现在已是扬名国内外的青年科学家。

何颂，2000年被我校特招跳级入高一姜发兵班里学习，2001年继续跳级到高三姜军班里学习，我任教他的高三物理课，2002年高考成绩上北大录取分数线，以物理满分被北大物理学院录取，实现了到北大读物理的梦想，并在北大本科跳级、研究生跳级。如今，青年物理科学家何颂博士是中科院理论物理研究所研究员，2019年荣获亚太物理大奖。何颂在求学路上实现四连跳也许是中国乃至世界少有的例子！江山中学帮他实现的最初两跳起了关键性的作用。

顾全全，2003年高考衢州市状元，考上清华大学，取得清华大学自动化系学士、硕士学位，美国伊利诺伊大学香槟分校计算机系博士学位，普林斯顿大学博士后。是国际人工智能、机器学习和数据挖掘领域的顶尖学者，在高维机器学习、凸优化和非凸优化、数据挖掘等方向取得了重大成果和突破。获得 2015 年雅虎学术职业发展奖、2017 年美国国家科学基金会的杰出青年学者成就奖和 2018 年 Adobe 数据科学研究奖等。

学生参加各类各项体育比赛和数学、物理、化学、生物、计算机等学科竞赛都取得优异成绩，特别是计算机学科取得的成就，非常突出。

因我校学生在浙江省青少年信息学（计算机）奥林匹克竞赛中成绩突出，上级决定，2001 年浙江省青少年信息学（计算机）竞赛集训由我校承办，在我校计算机教室举行，填补了衢州市举办信息学竞赛集训会的空白。

学校获“NOIP2001 第七届全国青少年信息学奥林匹克联赛优秀参赛学校”称号，获“2001 年浙江省青少年信息学竞赛优秀组织”奖。

我校先后有段月露、姜智慧、毛燕东、姜东明等多名同学入选国家集训队，参加全国青少年信息学（计算机）奥林匹克竞赛冬令营集训。

毛燕东获得第 18 届全国青少年信息学奥林匹克竞赛（NOI2001）银牌，是浙江省队有史以来最好的成绩。毛燕东同学为此获得“浙江省第九届青少年英才奖”。

2001 年至 2005 年，姜东明、姜智慧、段月露、郑碧海、毛琛、刘盛琪、祝利聪等同学曾获得“全国青少年信息学奥林匹克联赛”一等奖，取得重点大学直升保送资格和高考加 20 分的嘉奖。

徐先友老师也因辅导学生参加全国计算机竞赛取得突出成绩，被评为“衢州市优秀辅导教师”，2001 年被评为“江山市第八批劳动模范”，2003 年获得“江山市市长奖励基金”，2004 年被评为“衢州市劳动模范”。

江山中学的校园迁建，在两三年内圆满完成了，而学校文化的传承光大和教学质量的不断提升是全体江中人共同努力取得的。如今，新一代江中人在新江中为实现美好的教育梦想而继续努力着。

（王彦，中学高级教师，曾任江山中学党委书记。）

参与江中迁建工程建设的酸甜苦辣

王永仓

柳条吐绿随风舞，碧波荡漾映朝霞。位于城北五里亭、风景如画的江山中学，那气势宏伟的科技楼、俊秀优美的艺术楼、造型别致的体育馆、古朴典雅的仰止亭、波光涟漪的夕香湖……时常引起路人驻足观看。作为有幸参与江山中学迁建工程的我，回忆起工程建设的点点滴滴，其间的酸甜苦辣涌上心头。

酸

2002 年 8 月下旬，时任江山市第六中学校长兼党支部书记的我，根据市教育局的安排，通过选调面试，担任新成立的江山教育发展投资有限公司（以下简称“教育投资公司”）副总经理，主要工作是通过教育投资公司融资平台，筹措资金，实施江山中学迁建工程。说实话，能够进城工作，工作生活自然方便多了，但我还是忐忑不安。一直以来，我从事的都是教育教学工作，到教育投资这个陌生领域工作，既要融资，又要基建；既管资金，又管后勤，心里真的没底。而此时，经过多年的努力和积累，我在教育教学方面已取得了一些成绩，有了一点点“名堂”：是浙江省中小学“2211”名师名校长计划首批培养人选、衢州市“115”人才工程培养人才。到教育投资公司工作，虽然有了更重要的使命和更方便的生活，但也意味着名师名校长将与我无缘了，那种不舍和留恋，使我心里有点酸酸的感觉。

我到教育投资公司后，立即开展了办理公司财务票据认领、资产过户注入以及公司工作人员组阁补充等工作，公司迅速运行了起来，全面接手了江山中学迁建工程。江山中学迁建工程总投资 1.63 亿元，而当时江山市年财政收入才 2.96 亿元，市委、市政府对教育投入的决心之大可见一斑，因而该项目引起的社会关注度也特别高。从 2001 年 12 月由市委、市政府决定启动建设，到教育投资公司成立正式接手该工程，已过去 8 个月的时间。项目立项、土地征迁、工程规划及建筑方案的设计等前期工作已经展开。在此基础上，为加快推进工程进度，我们自我加压，“白 + 黑”“5+2”，马不停蹄，夜以继日。有时晨曦微露，我们就赶到了工地；有时繁星点点，我们才从工地回到家里。因爱人在乡下工作，照顾孩子的任务就落到了我的身上。多少次，夜里回到家里，孩子已和衣而睡。每每想起，心有愧疚，感觉鼻子酸酸的。

江中迁建工程土地总征用面积 244 亩(约 16.3 万平方米),总建筑面积 7.8 万多平方米，新建 17 幢校舍。偌大的校园，众多的校舍，我们经常行走在工地上，常常攀爬在建筑物上，一天下来，满身汗水，一身尘土，腰背腿脚总是酸酸的。

然而,酸则酸矣,我却依然选择了“弃教从建”,因为我在感受到酸的同时，也尝到了江中迁建工作特有的甜。

甜

江中迁建工程于 2003 年 10 月 28 日举行隆重的奠基仪式，2003 年 12 月正式破土动工，2005 年 1 月投入使用，2005 年 12 月全面建成。短短两年时间，新江山中学矗立于城北新城，成为我市教育史上的一座丰碑，也成为 57 万江山人民的骄傲！作为工程的直接参与者，每当回忆起江山中学迁建往事，我的心中便会有一丝丝的甜意。

心中之甜，来自领导的肯定赞誉。“江山中学是我省最漂亮、最有品位、最有特色的学校之一。这样的学校在全省不超过五所！”“新江中是我省一流的学校。”2006 年 6 月 7 日，时任省教育厅厅长侯靖方来江山考察时，对新江中赞叹不已，说：“这，对于经济欠发达地区来说是一个奇迹！”2005

年 11 月 8 日，时任宁波市市长毛光烈回家乡看到新江中时说："投资这么少、建设得这么快、这么漂亮的学校，在宁波难以找到。"时任衢州市市长孙建国称赞道："新江中的建成是衢州人民的骄傲！"

心中之甜，来自家长和学生的高度满意。新江中投入使用后，极大改善了办学条件。原江中占地只有 80 亩（约 5.3 万平方米），缺少标准化的体育设施和场地，许多校舍已陈旧老化，食堂宿舍等生活设施落后拥挤，学校办学条件与其他地区兄弟学校相差甚远。新江中建成后，学生们坐在明亮宽敞的教室里，舞动在专业设备一流的艺术大厅里，住宿在温馨如家的宿舍里，学生和家长都由衷地啧啧称赞：新江中真漂亮，比有些大学还要好！

心中之甜，来自参建工作的浓厚氛围。在 21 世纪初，在我市这样一个经济不发达的地区，建设这样一个大手笔的工程，难度可想而知。正因为市领导班子的高瞻远瞩，我们才能解放思想，上马建设造福江山人民的大型教育工程；正因为市发改局、规建局、财政局、国土局、教育局等部门，以及信用联社、工商银行、须江镇政府等的大力支持、鼎力相助，工程建设才得以顺利开展；正因为江山中学领导、教育投资公司的同仁以及设计、施工、监理等工程建设直接参与者的勠力同心、团结互助，工程才得以高效完工。

当然，甜的对面是苦。苦是一种方法，也是一种别样的营养。

苦

江中迁建工程是浙江省 2003 年重点工程，也是我市"310"工程，具有投资大、任务重、时间紧、资金缺的特点。为按时完成工程建设任务，完成我市 57 万人民的重托，我们选择苦干实干，再苦再累也心甘情愿。

江中迁建之苦，苦于筹资之难。教育投资公司成立之初，公司唯一的资金来源是教育局划拨的 15 万元启动资金。至于江中迁建资金，因市财政财力紧张，没有一分钱的拨款。一边是工程建设进度紧催，一边是工程建设资金未着落，我们焦急万分。于是，一边与有关银行沟通协商，一边向市政府汇报协调处理筹资事项。在市政府的帮助下，教育投资公司以名下的房产为抵押，与市信用联社签订了融资战略协议，先后向市信用联社和工商银行贷款5300万元，在较短时间内解决了工程建设的启动资金问题。为了筹足资金，市委、市政府审时度势，抓住房地产发展的机遇，将老江中土地进行拍卖，拍卖纯收入9000万元全部用于迁建工程。加上向上争取100万元国债和财政后续拨款，江中迁建工程的资金得到了保障。

江中迁建之苦，苦于对质量监控的坚守。建好江中，就要以精品意识抓好工程质量。我们与监理一道，对质检中存在问题的路面浇筑、地下管道埋设、阳台栏杆等工程要求返工。由于1号学生公寓地基所处砂卵石层下有淤泥，地基耐压较差，关系到房屋质量和安全。我们不敢有丝毫怠慢，组织有关专家进行“会诊”，采取用松木桩、钢筋网、对地基加注水泥浆等综合加固措施，确保了房屋的质量和安全。我印象最深的一次是工地上发生的“跳坑道”故事。那是2004年3月的一天中午，一位监理人员发现教学楼毛石砼基础的配方不符合标准，施工人员不听劝阻继续施工，情急之下，监理人员不顾有混凝土没顶之灾的危险，毅然跳入浇筑坑道进行阻拦。我接到通知后，立即放下手中的饭碗赶到现场，看到的场景，真令人动容。最后，在我们的劝阻下，施工单位对不符合标准的毛石砼进行了返工，保证了房屋基础质量的要求。

江中迁建之苦，苦于工期的追赶。新江中建设工期紧的一个重要原因在于老江中土地急于开发，只有新江中建好投入使用、老校园腾空后，老江中的土地才能拍卖开发，市政府才能快速拿到土地出让金，用于新江中的建设。为了新江中早日建成投入使用，工程合同约定的建设工期比定额工期“萎缩”了30%，可想而知抓工程进度的难度了。工程从动工到建成投入使用，用了12个月的时间，而且当时的施工设备还是比较落后的，混凝土是自拌的，还没有商品砼的概念。为了抓工程进度，我们很少有完整的双休日，放弃了外出培训、休养的机会。为了赶工期，施工单位铆足了劲，日夜加班，教育投资公司实行夜晚轮流值班制度，每人都配备手电筒，每天安排到施工现场督查夜晚加班施工情况。因此，夜里12点钟回家休息是常有的事。有几次，因施工单位工程承包人资金紧张，建筑材料供应商又不愿意赊账，工地材料不能及时到位，影响了工程进度。我们出面协调，并以个人名义担保，尽早让建筑材料到位投入使用，不影响工程的进度。

如果苦是为了高效完成工程建设任务，那么辣则是让人更清醒、更成熟。

辣

江中迁建工程建设所体味到的辣味，不仅仅来自置身工地皮肤被太阳暴晒产生的辣感，还有忠言逆耳的辣、工地纠纷冲突所弥漫出的火药般的辣。

作为当时我市历史上由政府投资的最大的民用房建项目，廉政建设的问题，市领导、纪检和审计部门经常提醒。时任市长吴雪桦提醒说，希望不要发生房子竖起来了，人却倒下去了的事情。领导的话语虽然辣耳，却时时警示着我们，让我们时刻绷紧廉政之弦。整个迁建工程有校舍、田径场、河道桥梁、景观绿化等 20 多个项目，我们自始至终严格按照招投标程序，坚持“公开、公平、公正”原则进行阳光操作。整个过程邀请市纪委、市纪委驻教育局纪检组参与监督。规范的项目操作程序、项目竣工财务结算审计结果都受到了市纪委工程执法检查组、市审计部门的高度肯定。

一次由工地场地回填而引起的纠纷让我至今难忘。那辣辣的火药味似乎还在鼻边缭绕。由于施工场地地势较低，土方回填量大，回填所需的土方紧缺，当时须江镇政府的工业园区场地有土方外运，所以决定用于新江中建设场地的填方。正当工地土方回填车辆来来往往欢快地奔跑着的时候，我们接到消息，刚刚成立不久的城区垃圾清运公司人员，用垃圾清运车辆把拉运土方的车辆拦截在城北大桥西桥头不准通行，理由是城区垃圾包括土方的运输必须使用垃圾清运公司的专用车辆，其他车辆不得运行。当我们赶到事发现场时，只见双方对峙在城北桥头，处于剑拔弩张、一触即发的状态，而因受阻停留在桥上的其他车辆已有一长溜。我们一边劝阻，一边向教育局领导汇报，决定土方运输车辆暂停运行。事发的第二天，即 2004 年 4 月 4 日，时任副市长何蔚萍在工地现场主持召开了施工场地土方回填事项协调会，会议决定土方改用清运公司的专用车辆运输。一场危机最终被解除。

回首过去，新江中已完工 16 年了。如今的江山中学校园郁郁葱葱，书香弥漫，一批批学子从这里出发，走上更高的舞台，成就精彩的人生。唯愿江山中学红红火火，唯愿江山教育明天会更好！

（王永仓，中学高级教师，曾任江山教育发展投资有限公司董事长兼总经理。）

江中“魂”兮归新校

——忆江山中学整体搬迁

何文礼

蓄势厚积江中“魂”

江山中学异地整体搬迁项目2002年便列入江山市“310”重点工程，2003年继而列入浙江省重点建设项目，2005年整体乔迁圆满完成。这是我在江中从事总务主管工作20年间（1986—2006）所经历的最后一次重大事件，也是江中发展史上的重要里程碑，是百年一遇的头等大事（1905—2005）。时任校长王水十分重视，一再强调，要抓住机遇，将江中的“魂”一起带到新校去。什么是江中的“魂”呢？这不由使人想起江中校史上的一幕幕。

20世纪初（1905年），晚清为强国抚民，颁布了《奏定学堂章程》。江山城中著名的开明人士毛云鹏，受命毅然废科举、兴新学，在江城首创我市最早的近代教育——江山中学堂，开始了艰难的初创时期，并聘得当时许多开明学者来学堂授教。后为国内学界翘楚的马叙伦、余绍宋为主教席，亲赴沪、杭购置图书器具，开展新学教育，精心组织教学。至今还留传马、余游学江山与学子依依惜别之记载及游记、诗篇。虽不久后，学堂因顽固派势力阻挠及经费困难而停办，但其鼎新图治、兴学求变、追求卓越之办学风格已在江山人的心里烙下深深的印记。故此，主张江中创建时间应前推30年。二次创办时（1938年），时局到了艰苦卓绝的抗日战争时期，战火纷乱，校舍几度挨炸。为避战乱，举校搬迁至乡下的长台、石门，辟祠堂，开荒地，教学相长，求索不止，坚持办学，逆势进取，成果优异。学生毕业经省抽考或统考连续多年为同类学校之冠，曾得到省教育厅当局通电嘉奖，实属难能可贵!

1946年，北大（西南联大）学生江文焕偕夫人程正迦来到江中，次年与同仁林维雁，在我校成立了中共江山县立中学支部，宣传进步思想，开展“反内战、反饥饿、反迫害”斗争。这是江山唯一的中共基层组织，后来发展成衢州中心支部，江文焕均为书记。1949年1月，江文焕、林维雁等不幸在衢被捕，同年4月英勇就义，为家乡人民的解放事业献出了自己年轻的生命。

1949年江山解放后，人民成了国家的主人，师生为学校教育的主体，办学的积极性空前高涨，涌现出一大批教育教学、行政管理中爱校如家的模范人物。总务处徐扬老师等前辈在后勤管理中，勤俭持校，厉行节约，一切为了学生，一分钱掰开两分用，竟在20世纪50至70年代的十多年间，将食堂菜金长期保持在每人每天8分钱，每周还有一次肉食改善。老共产党员余其本同志，长期在传达室工作，每天摇铃报时从不失误，并坚持每天去邮局取报刊，每逢周日和节假日还会送到教师宿舍，独身以传达室为家。凡有家长探望，为不影响教学，总不厌其烦地替其送衣送菜。他平时生活节俭，有点积蓄则毫无保留地捐助社会，退休后还一直默默无闻地干到体弱病重，临终时还嘱托我们将其骨灰一半撒到传达室周围的草地上，另一半葬在老家大桥的出生地。他去世后，由王石坛校长主持，在大操场为他召开了隆重的追悼大会，闻讯赶来参加的原我校师生员工、学生家长达千余人。

20世纪八九十年代至迁校期间，学校规模不断扩大，已近40个班。初中与江训租借校外场地办学。总务处编制却未增一人，任务重、人手少，平时后勤服务大都自己动手，偌大的校园绿化我们从没有雇过一个园丁。全校唯一的勤杂工毛武仓除包干全校男女厕所通堵、卫生清洁工作外，还得担负夏秋干旱季节的浇水保苗，不定期去市教仪站搬运图书、仪器、材料等临时性工作。每天按市环保要求将全校垃圾运送到指定垃圾场站。但他很少计较报酬，总圆满完成各项任务。王普成同志虽文化水平不高，但技术水平高，肯学习，埋头苦干，不怕脏、苦、累。他既管基建、水电维修，又兼物资采购，经常加班加点，不计报酬。全处一班人拧成一股绳，保障学校各项事业的顺利发展，多次被评为江山市、衢州市绿化先进单位、花园式单位;学校新建的教学楼、食堂、教师集资楼、学生宿舍、图书综合楼（钱江杯）均获得市级乃至省级优良工程；食堂工作人员也多次被有关部门评为先进集体。毛月圆同志管理的财务科成为衢州市教育界首个达标单位……所有这些，即是我校校训所示“团结、进取、勤勉、求实”、校风所扬“优秀是一种习惯”的江中“魂”。

且为忠魂舞

20 世纪 80 年代中后期，王石坛校长、姜寒松书记任上，校园面积（包括麻车巷教师宿舍）共 53 亩（约 3.5 万平方米),陈家安农场约 35 亩（约 2.5 万平方米)。当时，校行政会议讨论办学规模连同初中至多不超出 30 个班。20 世纪 90 年代至 21 世纪初,王兴盛校长任上,学校增办民办学校江元、江训,王水校长任上又增办了初中江山外国语学校，江山中学教育集团已成雏形。全校总班级数已发展到 50 多个班，异地搬迁是时代赋予我们这一代人的神圣责任。

早在 20 世纪 80 年代，我校就被评为全国勤工俭学的先进单位。精打细算、勤俭持校已成治校办学的习惯。从新校园可行性分析、选址、项目申报、立项、征地、设计等大量的前期工作到本次搬迁，我们都本着在有限的资金里尽量多办事、办好事的原则，高质高效地完成各项任务。整个搬迁在多方考量、细立预案的同时，还由总务处牵头，有关分管领导、计算机老师、科室人员组成招投标小组，先后组织十多次招投标活动。如准备对原校的景观树等搬迁时，我们事先调查清楚当时此类乔木花草搬迁的市场行情，再对校园花木逐一作出估价，列出精细的估价单，再拟出移栽技术标书，中标者移栽到新校园相应位置后，再一一核实。经过一个旱季，以标书估价单按实验收，发现烂苗、死苗照价扣款。原校园的一草一木带着师生们的情感，迁移到新校园，默默地陪伴着它的主人，同时为学校绿化投入节省了近 30 万元的经费开支。食堂、实验专用教务设施的招投标开始前，我们专门拜访金华一中、兰溪一中等兄弟学校，一方面能省则省，能代即代，保质保量;另一方面力求规范化、专业化。为此,特聘请食品监督、卫生防疫、教学仪器站等社会监管专业人员一同参与招投标活动。当年，社会上没有代理招投标公司，我们全靠自己，每次现场招投标，现场评审，现场公布，做到公平公正，最大限度地保证学校的整体利益，为整体搬迁的顺利完成和学校的不断发展提供了有力的保障。同时，还十分注重做到控制承包者的利润空间，使中标者养成习惯，江中的事情要做到一流，马虎不得。“跳一跳，才能摘到桃子。”

江中异地整体搬迁花费巨大，考虑到后期的维修需要，原校区的所有教学生活的水电等设备设施能用即用，能拆即拆，从地上到地下，从屋内到空中，大多是我们亲力亲为，几个月日夜连轴干。大年三十的晚上，为拆下教学楼底原食堂饮水井旁的立式水泵与地下水管、消防栓，我一直干到夜里 12 点多，王普成同志干到深夜两点多才回家。为此，接手的房地产商还闹到市政府，要求补偿他们 50 万元。我们无节假日，加班基本上没拿过学校的额外补贴。记得当时新校园西靠五里山，另三面临田与零星建筑，邮电局还无法及时安装公用专线电话,影响学校工作的正常开展。我们很急，邮局提出以我个人手机代替转接学校办公室等几个公用电话，结果偌大的学校使我走出十几步路就得不断地去替接电话，不仅忙中添乱，而且月底话费竟增至 1300 多元，按学校规章制度却无法报销。整体搬迁完成后，总务处还牵头，将所有部门的废纸进行回收，残值款收归学校。

江中新校园是市政府“交钥匙”工程，由于建筑周期短等原因，我们接手后发现存在诸多问题，特会同教育局投资公司对全校近 9 万平方米的各类建筑进行全面检查验收，前后两次逐一写出详细的整改备忘录，督促承包商一再整改修正，以防后患。

仰止亭畔归新魂

江中异地搬迁，恰逢 2005 年寒假，从县河西路 18 号搬至凝秀中路 2 号，路程远，时间紧，事繁杂，任务重。为此，我们结合实际，缜密筹划，编写方案，精心安排，并将整体搬迁方案平面图发至各处室有关人员，以防二次搬运、费时费力。学校多次召开相关会议，成立了以王水校长为组长的领导小组，分工落实，明确职责。总务处牵头提前将几十万册图书、实验器材、炊具碗盆分类打包。课桌椅、橱柜等请求驻江部队帮助运送。危险、贵重物品由有关处室专人专车押送保管。原校园景观、校园绿化等重大搬迁项目也据新校园的实际将迁移切实落到实处。名贵高大的雪松移栽到新校园教学楼最北面与食堂的大道旁，利于观赏。樟树等高大成型的乔木移栽到新教学楼的西面，以挡夏日暴晒。百年桂花树移栽到行政楼与艺术楼中间的小广场，它的首次移植还是在原校区新建综合图书楼时，从学生宿舍旁移至教学楼北院。当时，特请市园林专家刘志杰现场指导，用粗麻绳打直径 2 米多的大泥包球,还请得吊运能力尤强的江山水泥厂车队帮忙，得到车队领导王德林、王进的大力支持。在校园内试吊多次后，最后动用十吨大吊车、大平板车才吊运成功。他们分文未收，甚至连学校的水也没顾得上喝一口。百年桂花树坐落北院，当年成活，当年花香四溢。新校区搬迁时又千方百计移栽成活，后遭寒冬雪灾，今虽缺枝少叶，但仍倔强挺立着龙鳞般的躯干，长出嫩绿的枝芽。老香柚与石榴树移栽至学生报告厅南面的夕香湖畔。原法国冬青与小香樟移至学生宿舍西面，以挡路边灰尘和噪音。原校园与教育投资公司新购观赏石全部吊运安装在新校园各显要路口，大都镌刻上名家题词。校门悦来广场凝秀路与北环路交叉口卧石“春华秋实”为人民日报社原社长邵华泽先生的题词；校门口的校名为全国佛教协会原会长、著名书法家赵朴初先生的题词;进校门大石上的校训“团结、进取、勤勉、求实”和校风“优秀是一种习惯”是江中老校长方岳年先生的题词；文溪桥东头竖立的“至诚至爱”是原校长王兴盛先生的题词；艺术楼西面墙上闪闪发光的铜字是原国家教委副主任柳斌同志的题词。憧憬少女雕塑立像迁移到柳梦桥东体育馆的西南广场。教学楼间还安装了新颖大气的不锈钢铝合金宣传栏，连廊楼道的重要出入口、卫生间新增了正容的镜子。学校还发动全校师生积极参与对学校重要楼牌、道路、桥梁、广场、湖溪等景点的命名，特级教师、全国劳模、原副校长黄昌明老师还联系著名校友谢招修在实验大楼北面重建了老校失修的古仰止亭，“高山仰止，景行行止”，成为人们追忆往昔、弘扬传统的老校区唯一遗留的标志性建筑。不仅老校园的景观树、文化观赏石全得以恢复，还新增了许多名贵乔木、体育设施，使校园更加完善、美丽。全部物资如期到位后，保卫科科长陈史交、总务处王普成老师首批值夜守护，而后共产党员轮值，还请部队战士协助做过一段时间的安保工作。春节后，终于迎来新学期在新校园里如期开学。

学校就搬迁工作还专门成立善后考核考评小组，由分管领导、各教研组长、有关处室负责人组成，逐一对各处室的财产清查验收。全校均做到账账相符，账物相符，1300多万元固定资产无一遗漏、损坏。校长王水在总结大会上提出了表扬和嘉奖。

江中“魂”安新居、扬风格、永光大，代代都有新人出。经过林菊等几任校长的努力营造，江中“魂”已经融入人们的心灵，学校更呈美丽多姿，迎来送往一批批莘莘学子。江中“浙江一流、全国名校”的办学目标，在一代代江人中的努力下，将在不远的将来实现。

（何文礼，中学高级教师，曾任江山中学总务主任。）

我所知道的江山中学迁建

黄昌明

我是浙江东阳人，1969 年毕业于杭州大学体育系，分配到江山中学任教体育，退休前为江中副校长。2004 年退休后曾返聘为江山外国语学校和江元中学校长至 2009 年，其间仍在江中校园工作。后被聘为江山中学校友会总顾问至今。可以自豪地说，我已为江山教育事业健康工作 50 年，对江中怀有难以割舍的情怀，所以我把居家养老地选在老江中（西城华庭小区）。江山和东阳都是我永远的故乡，没有第二！衷心希望江中越办越好，期待江山越来越美！

改革开放后，国人的思想观念特别是国际视野得到飞速的转变和提升。农村盛行“要致富先修路”，但国家要致富，必须抓教育！浙江省从 20 世纪 90 年代开始，高校首开先河，浙江大学、杭州大学、浙江医科大学、浙江农业大学于 1998 年实现四校合并。而后给省内一大批二三流高校带来了大发展的良机：浙江工业大学、宁波大学、浙江师范大学、温州大学、杭州师范学院、浙江财经学院、浙江中医学院等，相继更名、合并、扩建、迁建。教育大省的宏伟蓝图初露端倪。

20 世纪 90 年代，省教育厅同时启动“浙江省一级重点中学”评估，对办学的硬件软件提出相应的要求。这一举措对原本挤在老城区、校园面积小、教学用房少、办学条件简陋，但教育教学质量相对较高的各地重点中学，是个极佳的发展机遇。全省各地包括我们邻近的金华一中、东阳中学、义乌中学、永康一中、兰溪一中、严州中学、衢州一中、缙云中学等纷纷异地迁建。

当时，江山中学的校园面积仅53亩（约3.5万平方米），其中包括县河西路以西麻车巷近3亩（约2000平方米）的破旧平房（当年为几位老教师的宿舍）。不标准的田径场就占地近30亩（约2万平方米），教学区、生活区几乎没有空间，校园内几乎找不出绿化美化的场地空间，更谈不上像样的校园文化。为增加活动空间，从20世纪60年代开始，校领导祝日光及后任领导方岳年、姜寒松、王石坛、王兴盛等都相继为学校的发展做过拆旧建新、拆平建楼的不懈努力：建于新中国成立前的古建筑八角亭（仰止亭，已属危房）被率先拆除。流经校园的水景观县河也盖上水泥板，改为连接教学区和生活区的通道。20世纪70年代拆除了旧祠堂及相连的校办公室、总务处、财务室、孔光老师的宿舍等，建成两幢呈"丁"字形的二层楼女生和教工宿舍，后又在二层基础上加盖第三层。我就住在加层上，记得当时老师们还担心加层塌陷不安全呢。原祝日光、李端贞等老教师的旧平房园子等拆除后建起第二幢苏式二层教学楼。20世纪80年代的王石坛校长、20世纪90年代的王兴盛校长，继续在螺蛳壳里做道场，原地拆低建高，狭小的校园内出现了两幢四层混合楼、一幢四层教工宿舍、一幢六层学生宿舍。1997年开工建造比较气派的六层教学大楼。

正如道路的修建赶不上汽车的普及，拆拆建建永远满足不了教育事业大发展。

站在高处的市委、市政府领导，综合分析了我国经济社会发展的大好形势，结合当时我市的实际情况，下了大决心，异地迁建了紧挨着江中田径场的农业局、林业局、运输公司和种子公司四个单位，还动迁了部分民居。这一大举措，虽然增加了18亩（约1.2万平方米），使学校总面积达71亩（约4.7万平方米），但仍然不能根本改善办学条件，且学校整体布局极不合理，此举还曾遭到部分有识之士的质疑。

创办于1938年的江山中学，20世纪50年代已在金华地区享有盛誉，20世纪80年代跨入省重点中学行列，江中的教育教学质量受到各级领导的称颂。考入江中是江山所有学子的终极目标，江中在江山百姓心目中的地位是满意，是放心。正因为此，百姓特别关注江中，并寄予厚望，希望江中越办越好，越办越大，都希望自己的孩子考入江中。21世纪初，江山人民群众对优质教育资源的需求越来越大，越来越急，异地重建的呼声越来越高。江中高中每年招生虽从 6 个班增加到 8 个班，但根本无法满足百姓的需求。没有图书楼，没有阅览室，没有报告厅，没有舞蹈房，没有党务办公室，没有党员活动室，没有第二课堂活动室，实验室不够用，田径场不标准等，严重制约了江山中学的教育教学，有悖于学校日渐看好的发展好势头。市内各界有识之士通过多种渠道呼吁：江中如延续在原地寻求发展，将被历史淘汰！

2001 年，市委、市政府审时度势，精准决策，把江中异地迁建摆上议事日程，尽管当年市财政并不宽裕。江中迎来了大发展的春天，特别高兴的是，王水校长虽然肩负“质量、安全、经费”三座大山，但仍合理分配时间，带领学校班子，会同教育局和投资公司领导一道东奔西走，学习邻近重建的重点中学的经验。那段时间，王校长几乎搭上所有的周末和节假日，甚至利用饭后的休息时间寻访察看，选择迁校地址。而后又不负众望，以极其认真负责的态度征集、选择并最后确定设计方案。2003 年 10 月 28 日，江山人民终于迎来新江山中学的开工典礼。2004 年底新校区竣工。2005 年春，江山中学整体迁入省内一流的新校区。

（黄昌明，浙江省功勋教师、特级教师，曾任江山中学副校长。）

回忆浙赣铁路江山段电气化改造

严肖强

应市政协之邀，作为浙赣铁路电气化改造江山段工程的主要参与者、见证者，我对其中的缘由、情节作一些简单回顾梳理，以便给后人留下一些材料。

抢抓机遇，铁路外移

西山脚下，一段老铁路静静地留守着一道城市风景，旧铁轨上有两节客车车厢，为江山的后人留下一段历史的记忆。这是我市浙赣铁路电气化改造城区段改线移站工程的见证，也是利用既有浙赣铁路建成的西山公园景点之一。

据《江山市志》记载，浙赣铁路原名杭（州）江（山）铁路，1929 年筹建，次年 2 月动工；1932 年 10 月建成，11 月 16 日首列火车驶过江山；次年元旦江山正式办客；不久，杭江铁路改称浙赣铁路。建于 1933 年的江山火车站位于江山市区西北（现大润发商场处），当时站房仅 100 平方米，候车室 40 平方米。1949 年后，经几次扩建，至 1987 年，江山火车站新建站房 2400 平方米。

铁路是社会经济发展的大“动脉”，是近代物质文明的象征。已运行 74 年（至 2006 年浙赣铁路电气化改造江山段工程竣工）的浙赣铁路江山市城区段，曾是江山城市的一道别样风景，也曾是江山人的骄傲。它对于促进江山市社会经济各项事业的发展和方便老百姓出行，发挥了巨大而又深远的作用。

然而，随着社会的发展，浙赣铁路江山市城区段已成了制约江山城市发展的一道坎。江山城区为典型的带状区域，东西狭窄，南北扁长，东临江山江，西靠西山。浙赣铁路既有线经江山城区由北而南贯穿西延，僵硬的钢轨将江山市区城北一大片较为完整开阔的城市发展空间，人为地割裂成东西两个板块。江山城区段老铁路不仅限制了城市的发展空间，而且产生了多重污染，影响了城区环境，降低了城市品位。

2003 年 8 月，经国务院同意，国家发改委正式批复总投资 95.76 亿元的浙赣铁路电气化提速改造工程可行性研究报告（发改交运〔2003〕956 号），并列入国家"十五"重点工程项目。2003 年 10 月 15 日，浙赣铁路施工建设全线陆续展开。按照浙赣铁路电气化改造的初步设计批复方案，江山段因提速取直的改造线位总体向市区东移，环城西路大部分房屋以及新公安大楼等需拆除，而且，铁路离江山江最近处仅 200 米，整个城区需投巨资建造 18 座公铁立交桥。因此，整个铁路电气化改造不仅拆迁量大，配套投资大，而且铁路在城区取直，直接制约江山的经济发展和城市的品位提升。所以，江山市委、市政府决定，全力以赴，抢抓这一历史性机遇，实施"铁路向西外移"工程。

自 2003 年 9 月开始，市委、市政府主要领导亲自带队，一路带着市建设局相关人员跑成都，向铁二院争取设计文件；一路带着市计委相关人员跑北京，向铁道部争取项目批文。在项目争取过程中，时任省发改委主任毛光烈以及在省政府办公厅工作的蒋珍贵，给予大力支持，省政府为我市铁路西移这件事在一个多月内两次向铁道部发函请求支持，这在省政府历史上也是极少有的，这和他们的支持是分不开的。2004 年 1 月，铁二院完成了"浙赣线电气化提速改造工程江山移站预可行性研究"，对其中的三个移站方案比选后，确定推荐移站方案 III，火车站迁建至上余镇黄陈村，站场设二台七线。江山市铁路新货场迁建至须江镇郑村村（现已搬迁），与新客站仅一桥相隔。城区段自上余镇余家 K287+600 至何家山乡麻车村 K305+100 共 17.5 千米铁路西移，与既有铁路最大的间距达到 2 千米。移站方案 III 较原位取直方案增加投资约 4.77 亿元。

铁道部于 2004 年 5 月 7 日批准了浙赣电化江山改线方案（铁计函

〔2004〕235 号），同意按铁二院推荐的移站方案 III 对江山市城区段实行改线移站，因改线移站造成的增加投资约 4.77 亿元由我市承担。至此，浙赣铁路江山段电气化改造城区段改线移站工程正式落地。

千人大会，为这个工程建设定了调

改革呼唤大手笔，开放需要大智慧，发展企盼大格局。这项工程规模之大，投资之多，商机之好，意义之深，在江山市是史无前例的。其工程难度之大，工期之紧，在全国铁路既有线改造中也是首屈一指的。从江山市委、市政府作出决策的那天起，便有无数目光注视着江山铁路改造工程，更有无数双大手支撑着铁路改造工程。

2004 年 5 月 14 日，这是一个让人振奋的日子，江山市召开了规模盛大的铁改千人誓师大会。

“万众一心，甘于奉献，只争朝夕，奋力争先”，“顾全大局，全力以赴，确保工程无障碍施工”，成为大会的铮铮誓言。

千人誓师大会，拉开了浙赣铁路电气化改造江山段工程的序幕，奏响了江山铁改工作的嘹亮序曲。

2004 年 5 月 17 日，江山市委、市政府成立浙赣铁路电气化改造江山段工作指挥部，时任市委书记陈钟、市长吴雪桦任总指挥，郑奇平、钱能志、陈幸尔、何渊武、黄家驷、宁江土为副总指挥，相关部门、乡镇相关人员为成员。指挥部下设办公室，由部门、乡镇抽调精干力量组成。根据组织安排，本人被任命为指挥部办公室（以下简称“铁改办”）主任，郑宇星被任命为副主任，牵头抓铁路西移全方位工作。同时成立江山市地方铁路建设发展有限公司，用于项目融资。市四套班子的 21 位领导分成 8 个小组，分别联系包干 8 个乡镇的征迁工作。5 月 18 日，江山市委先后派出市委办、市司法局等部门工作组以及由市纪委牵头、相关部门配合的联合工作组共 9 个驻村工作组，分别前往 9 个重点村，协助乡镇做好征迁工作。

2004 年 6 月 7 日，江山市委、市政府召开浙赣铁路电气化改造江山段工程征迁工作会议，由两名总指挥分别与联系乡镇的市领导、沿线乡镇的党政主要领导、相关部门的主要领导签订了征迁工作责任书。这一份份由市领导带头签下的“军令状”，展现了江山人全力干事、奋力争先的气魄！与此同时，强大的铁改宣传工作如火如荼地展开，广播里天天有声，电视上天天有影，沿线乡、镇、村还通过自办广播节目、发放倡议书、召开广播会、召开户主会等形式开展宣传。2004年5月18日开始，市委办、市府办、铁改办连续出版《工程简报》，及时反映面上工作的开展情况和点上的具体做法。2004年6月14日开始，由铁改办、文化局主办，婺剧团协办，演员们利用身边题材、现身说法等，编排宣传铁改的文艺节目，在征迁涉及村巡回演出。这比开会更直观，可看性更强，营造了浓厚的铁改工作氛围。

征地拆迁，成就江山在铁路部门的形象

2004年6月底，随着最后一张路基征地红线图到位，江山市全线的征地拆迁攻坚战打响。浙赣铁路电气化改造江山段工程全线约42千米，其中，城区改线移站段17.5千米（DK287+600 ~ DK305+100）。我市铁改工程的征迁工作，涉及8个乡镇、47个行政村、31家企业，共征用土地5200多亩（约3.5平方千米），拆除房屋540多户15万平方米。我们严格坚持“一线一策”的原则，由铁改办做好政策把关和督查落实工作。尽管各项工作启动时间比兄弟县（市）晚了约半年，但是，市委、市政府仍然向铁道部承诺：征地红线图到位后15天内交付土地、45天内拆平房屋。

从某种角度上讲，征迁工作是铁改工程建设中难度最大的一个环节。然而，让人意想不到的是，我市铁改征迁工作平稳有序，不仅树立起了平安江山的大旗，而且展示了江山人全力干事的风采。

各级干部以真情和行动赢得了群众对铁改工作的理解与支持。市委、市人大、市政府、市政协的领导，经常深入现场指导检查，帮助协调解决问题。作为征迁工作主体的须江、上余、何家山、贺村、吴村、新塘边、淤头、清湖沿线8个乡镇，都把铁改作为阶段性的中心工作来抓，做到党政主要领导亲自挂帅，班子成员包片负责，干部分组包村，村领导包村民小组，党员、村民小组长包户，责任到人，限期完成。市委工作组驻村入户，协助乡镇做好征迁工作。规划建设、国土资源等20个责任部门全力配合，通力协作。铁改办的全体干部，抱定一个共同的目标：确保铁改工作稳定、安全、优质、

快速完成。干部们没有双休日，没有节假日，也不分白天黑夜，手机 24 小时开机，随叫随到，一切围着铁改工作转。安置与拆迁同步，规划与建设同步，配套与管理同步，全市 18 个集中安置点建设排上了日程。遇重要节点，铁改办倒排计划，干部一日一碰头，有时会议从夜里 10 点开始，解决存在问题。“白 + 黑”“5+2”就是这样提出来的。同时，许多乡镇还专门成立拆迁服务队，为拆迁户联系有资质的拆迁公司帮助拆除房屋，联系木材营销企业采伐林木，联系价廉物美的建材用于建造新房。不少干部还直接上门为家中缺劳力的拆迁户搬家。

征迁涉及个人的切身利益，但作为利益主体的征迁户并没有唯利是图，大多数人识大体、顾大局，体现出良好的市民素质和精神风貌。

铁路改造工作开始后，贺村镇丰益村村两委迅速行动，把支持铁路改造作为头等大事，早宣传，早发动，早落实，把铁路改造工程的重要意义讲深讲透，营造顾大局、讲奉献、全力支持工程建设的良好氛围。村党支部书记郑仓旺在协议还没有签订的情况下，主动拆除了自家的房屋，带好了头，领好了路。

贺村镇华海木业 2003 年因贺村镇机电园区建设遇上拆迁。一年后的 2004 年 7 月，生产经营刚刚步入正常轨道，因铁改又遇上了拆迁。然而，在个人利益和国家需要发生冲突时，企业主程华海一句“国家让我搬我就搬”让人折服。

上余镇黄陈村邱谦高、邱谦敖兄弟是敖村乡洋广村村民。十年前，他们为了碗窑水库建设，举家搬迁到黄陈村。如今，为铁路建设，他们又带头拆迁，另起炉灶。在征迁过程中，两家都遇到了意想不到的困难。邱谦高家办有塑料厂，房子拆除后，厂子搬来搬去折腾了一年多，经济损失不言而喻。邱谦敖家更是祸不单行：在拆迁劳动中，自己的手臂被倒下的树压断，一度丧失劳动能力。在安置地建新房时，儿子从墙上摔下来，花了 2.7 万元医疗费，命是捡回来了，但劳动力却少了一个。虽然如此，兄弟俩仍无怨言，一切服从政府的安排。

……

新火车站站前区基础设施配套项目总投资 3.25 亿元，是 2005 年我市“310”工程。这一阶段的征迁工作，集中在上余镇黄陈村，有 100 多户征迁户，实行城市拆迁政策，安置规划面积约100亩（约6.7万平方米）。情况错综复杂，时间十分紧张，一时成为各方关注的焦点。地方配套工程能不能与铁路主线工程同步建成投入使用，关键在于能不能平稳有序地推进征迁工作。

根据工作需要，自2005年3月初开始，从上余镇、铁改办抽调人员和市委工作组一道组成现场办，在黄陈村进行现场办公。现场办的同志没有节假日，不分上下班，始终坚持"以人为本，情为民系"的工作准则，采用分阶段分组包户的方式，做细做实工作。领导带头包户，本人主动认领5户，做好拆迁动员工作。

有那么几个通宵，是所有参战的干部们不会忘怀的。2005年4月28日是新火车站站前区房屋拆迁集中交钥匙的第一天，为选到好的宅基地，有的拆迁户提前两天就到现场办排队，夜以继日，身心都已非常疲惫。为了确保公平和稳定，干部们都跟着通宵陪护。看到现场秩序井然，程序公开透明，情绪稳定的拆迁户由衷地感叹："我们排队累，是为了自己选宅基。干部们陪着累，是为了我们不吃亏。"

5月29日晚饭后，按照预案，干部们来到经营豆腐作坊的周某家里，准备从这里找到突破口。从晚上8点多钟开始，聊到夜里10点多钟，才把夫妇俩请到现场办协商签订协议。一个小时后，因双方对拆迁补偿的商谈有距离，夫妇俩趁干部们碰头协商的机会回到家中。干部们迅速跟至其家中。最后，8位干部陪着夫妇俩做豆腐，帮助其烧锅炉，边聊天边做工作，直到次日早上5点半才撤离。这次虽然未能获得成功，但对拆迁户触动不小。

2005年6月10日是拆迁户享受优惠政策的最后一天，也是站前区征迁工作的关键性一天，干部们又干了个通宵。先是分头到拆迁户家中做动员工作，宣传政策的刚性，提醒他们把握机遇，最大限度地保障自身的权益。然后是核对数据、签订协议。签订协议是一场艰难的拉锯战，费时又费力，干部们一个个汗流浃背。商谈过程也是一个反反复复的过程，仅其中的三户周姓拆迁户就让干部们忙了一夜。晚上11点多，干部们到第一户周姓拆迁户家时，其妻已睡下。待干部们将其夫妻请到现场办时，其老母亲尾随而至，口口声声要单独安置，否则要跟儿子拼命。干部们只好分头做工作，一直谈到次日早上7点才签了字。第二户周姓拆迁户的儿子谈到凌晨2点多时，说回家找父亲商量，顺便拿签协议的资料。半个小时后，不见其父子回来，干部们追至其家中，没想到他正坐在家里优哉游哉地喝啤酒吃夜宵。问及其父亲，说是可能在单位值班，手机打不通，还没联系上。惊愕之余的干部们只好调来车子，直奔其父亲单位，将睡梦中且仍带酒意的其父亲接到现场办，终于在凌晨4点多签好了协议。第三户周姓拆迁户在外经商，其妻几天前从外地赶回来签协议，已谈了几次，本以为10日晚上会签得很顺。不料从晚上10点多，一直谈到次日5点，一连几次，协议都已填好，就在签字的那一刻搁浅了。凌晨5点，她借故要与丈夫通个电话回家去一下。半个小时后，干部们追到她家时，她竟然提出了等她丈夫回来再签的要求。好不容易把她请到现场办，她又提出了种种要求。熬到7点多，她才在协议上签了字。

2006年春节刚过，正月初八一上班，现场办的干部们就开始做最后一户拆迁户的工作，一连几天上门，都吃了闭门羹。但同志们不气馁，终于等到了面对面交谈的机会，做通了最后一户拆迁户的工作，签订了拆迁协议。至此，100多户的房屋集中拆迁，实现了征迁协议签订清零。

路地同唱一首工程建设分工协作的和谐之歌

围绕2006年5月浙赣铁路开通的目标，路地双方相互协作，全力推进铁改工程。我市的铁改工程主要分两大块：一块是由铁路部门组织实施的路基工程、铺轨工程及部分还建、接线工程，地方主要做好征迁和配合工作，确保无障碍施工。另一块是由地方自行实施的铁路新客站站房工程、站前区基础设施配套项目及部分还建、接线工程。各项工程必须同步建成投入使用，在实施过程中交织在一起，如同一次大合唱。可喜的是，这次大合唱没有出现不和谐的音符，取得了圆满成功。

电气化铁路是全封闭的，全线将不再有平交道口，全部要改成下穿或上跨立交，从而引出了沿线的道路还建、桥涵接线、渠系恢复等“三改”工程，直接影响着沿线群众的生产生活，其中沿线主要道路还建就达24处8180米。铁改办多次牵头组织规划部门及沿线乡镇与浙赣指挥部、铁二院现场组、施工单位进行现场踏勘，优化“三改”方案，化解矛盾。仅喇叭山下穿立交接线及毛家仓规划上跨立交的实施，铁路部门就增加投资500多万元。投资442万元的48省道还建工程、投资478万元的虎山集团48省道公跨铁立交接线工程对周围群众影响大，由铁路部门出资，我市负责实施，分别仅用了4个月、7个月便建成通车。

铁路新客站工程被列为市政府2005年为民办实事的十件大事之一，总投资1500万元，总建筑面积4550平方米。为把新火车站站房建成我市的标志性建筑，从外观选择、方案设计到施工招标都严格按照法定程序操作。在外观设计上，铁改办先后委托8家设计单位共提供了17个不同的方案。通过多形式、多渠道、多层次征求市民及社会各界人士的意见，然后确定最佳方案。施工总承包则面向全省公开进行招投标。工程于2004年12月8日奠基，2006年5月投入运营。

新火车站站前区基础设施配套项目是一个系统工程。我市根据实际需要，由铁改办和土地储备中心分头实施，从设计开始，到招投标结束，均按照公开、公平、公正的原则，依照规范程序，阳光操作。铁改办为了赶进度，对站前区安置小区土石方工程进行分解，分三个标段分头施工，风雨无阻，半年时间即全部完成。投资200万元的站前区内部道路及下水道工程和投资1500万元的站前平台工程分别于2005年6月22日、8月2日开工，均提前建成。投资500万元的绿化、亮化等站前平台及周边景观工程于2005年12月初开工，2006年4月完工。

铁路主线和站前区仅直接中标的施工单位就有十多家，下面施工队和班组就更多，在施工中，难免会出现施工单位之间以及施工单位与附近老百姓发生这样或那样的问题。我们铁改办与相关部门、乡镇的领导、干部关口前移，协同作战，现场协调，现场解决，做到问题不过夜，确保施工顺利进行。

出资谈判劳心劳力，实现地方利益最大化

2007年1月8日下午4时30分，一场简约而庄重的签字仪式在江山国际大酒店龙翔厅举行。时任上海铁路局副局长王峰先生与时任江山市市长傅根友先生作为甲乙双方的代表，在“浙赣线电气化提速改造江山改线移站工程投资建设分工协议”和“浙赣线电气化提速改造江山改线移站工程既有铁路房屋、土地等资产置换协议”上签了字。按照协议，江山改线移站工程的地方出资额按3.4亿元实行总额包干。按照铁道部的批复，江山改

线移站工程的地方出资，即移站方案比原位拉通方案增加投资约 4.77 亿元，怎么变成 3.4 亿元了呢？这是我市谈判小组在市委、市政府的领导下，精心策划、劳心劳力、斗智斗勇、尽心尽职的结果。历时两年半，经历无数次面对面博弈的谈判，以地方利益最大化画上圆满句号。为此，市委、市政府给予铁改办及参与投资分工谈判的相关部门通报表彰。回顾其中的点点滴滴，有付出，有欣慰。

2004 年 6 月 16 日，浙赣铁路电气化改造江山段工程的征地红线图还没到位，上海铁路局就委派时任副总经济师兼建设处处长周方道带队一行 10 多人，来江协商江山改线移站工程投资建设分工的有关事宜，要求按照 4.77 亿元尽快签订投资建设分工协议。我市按照广泛接触、摸清底牌、争取主动的原则，和对方开展商谈。通过接触商谈，进一步理清谈判思路：一是地方出资必须分期付款，要足以制约对方。二是资产置换必须手续到位，所接管的老铁路土地、房屋不能停留在实物上，要办好过户手续。江山铁路新客站的建设，按照功能上满足铁路运行需求，外观上按照我市要求的原则，由我市组织施工，于 2004 年 12 月 8 日奠基。表面看来，我市按照轻重环节忙于工程建设，实际上，我市已把谈判的工作重点移到与工程设计单位铁二院的深度对接上。

通过公关，我市在第一时间拿到了铁二院 2005 年 1 月编制的《浙赣线电气化提速改造工程江山移站方案施工图投资检算》（下称《检算》），并组织铁改办的同志仔细研读。《检算》中把江山改线移站工程的地方出资额界定为 46643.28 万元。经过反复研读，我们形成了书面的《关于〈浙赣线电气化提速改造工程江山移站方案施工图投资检算〉的核对意见》（下称《意见》），并以政府文件形式先后发往上海铁路局、浙赣指挥部、铁二院，要求核减地方出资 1.91 亿元。《意见》坚持按照“同范围、同标准、同深度”的原则对移站方案与原来取直方案进行比较，得出合理的投资差额，我们讲道理、算大账，对《检算》中原来取直方案的漏项部分，要求调增；对《检算》中移站方案的增项部分进行区分，不合理的要求调减。后来，浙江省发改委代表浙江省人民政府出面协调时，广泛支持我们的《意见》，提出了“宜粗不宜细、总额包干”的原则。

当然，光说道理，是不可能左右大局的，还得拿出相对准确的数据。

2005年8月22日，我市专门成立了由市领导挂帅的谈判小组。时任副市长黄家驷任组长，本人任常务副组长，市府办副主任祝继友、审计局局长王中任副组长，铁改办相关业务骨干为成员。谈判小组围绕核减江山改线移站工程地方出资额为目标开展系列工作。一方面是搞好各方面的关系，千方百计争取铁路部门的更多支持。其间的公关工作，真是做到了家，公对公的关系，私对私的关系，能利用的全利用起来。该拜访的都上门拜访，该请来的都请到江山，用“脑子动破，办法使尽”来形容也不为过。对待上海铁路局和浙赣指挥部的同志，我们以礼相待，又据理力争。谈判桌上是对手，谈判桌下是朋友。对待铁二院的同志，我们尊重理解，又粘牢不放，技术上多请教，资料上多索取。对待省政府和省发改委的领导，我们把他们当娘舅，平时多汇报，关键时请出来说两句，拍拍板。另外，我们又从市外聘请铁路部门的专家组,咨询业内人士,对《检算》进行解剖,对《意见》进行优化，从技术层面提足理由，为领导决策提供科学依据。市委、市政府主要领导也高度重视，定期听取谈判进度，协调有关方面的关系，还时常“跑部进厅”争取上层领导的支持。

全面公关、深入核查的同时，我市的铁改工程建设平稳、快速、有序，实现了无障碍施工，在全线树起了一面地方政府全力支持铁路建设的旗帜，得到了上海铁路局、浙江省人民政府的充分肯定。2006年5月25日，浙赣铁路电气化改造江山段在全线率先开通，我市“两个率先”的形象更是光辉照人、上下尽知。这为下一步的谈判创造了非常融洽的氛围。

其间，我市与上海铁路局进行投资建设分工和资产置换谈判的同时，还穿插了与建德73812部队关于江山军用铁路专用线改建西公所油库设备、设施补偿的谈判。部队最初提出的补偿额是1456.94万元。与部队打交道，我们难免心里有无形的压力。但随着自己基础工作的不断完善，感情交流的不断加深,我们在谈判桌上的底气也慢慢足起来。“该出的钱,我们一分不少,但不该出的钱，我们一分不给。”就这样，部队谈拥军，我们谈爱民；部队搬出专家来，我们就请专业机构；部队推上级，我们就找上级。前后经历了一年半时间，来来往往谈了十几次，终于在2006年1月12日签订了补偿协议，以150万元的总额成交。

军专线改建库区补偿协议的签订，大大鼓舞了谈判小组的同志。

2006年10月9日，以浙赣指挥部指挥长方四弟为首的上海铁路局代表团在省政府代表金芹初的陪同下，来江山就城区段改线移站投资建设分工协议和既有土地、房屋等资产置换协议进行实质性磋商。按照宜粗不宜细、相对合理、双方认同的原则，上海铁路局首次将地方出资额降到4亿元以下。

喜讯不但没有让谈判小组的同志们长舒一口气，反而激发出大家的工作积极性，大量的基础工作仍在不断细化和完善。杭州、上海、北京、成都，各条线上的工作仍在紧锣密鼓地开展。终于，扎实的基础工作迎来一个灿烂的日子。

2006年11月23日，在杭州金溪饭店召开的投资分工协调会议上，时任省发改委副主任吴华海、上海铁路局副局长王峰、江山市副市长黄家驷、铁改办相关人员商定，江山改线移站地方出资按3.4亿元总额包干。至此，“浙赣线电气化提速改造江山改线移站工程投资建设分工协议”的框架才算形成，与之相配套的“浙赣线电气化提速改造江山改线移站工程既有铁路房屋、土地等资产置换协议”随之落地。因为铁路部门向我市移交1200多亩（约0.8平方千米）土地，仅城区就900多亩（约0.6平方千米），为我市城市建设提供了土地和资金保障，城市建设得以连片开发，城北新城发展也有了新引擎。

大数确定，并不等于协议已经谈定。里面还涉及3.4亿元所包含的内容和双方往来费用抵扣的清算等，涉及的金额也是几千万元的。大账算好后算小账，谈判小组的同志们并没有放过小账，仍然一笔一笔地算，一项一项地争。在谈判中，也有对手半开玩笑地说：“一个多亿我们都让了，这点小钱还要算得这么细吗？”我们谈判小组成员的回答是：“亲兄弟明算账，相让要让在明处，不能糊里糊涂。”就这样，又经过几个回合的核对确认，两个协议里的数字才确定下来。

以铁改精神续写铁路工作辉煌

我市是浙赣全线最后一个拿到征地红线图的县市，但后来居上，于2004年8月中旬在全省率先完成了交地任务，兑现了“15天内交地、45天内拆平房屋”的承诺，并在整个工程建设中实现了无障碍施工，得到了省委、省政府和上海铁路局的充分肯定。

2006年5月25日，“江山市铁路新客站落成暨浙赣铁路电气化铁路江山段开通仪式”隆重举行，参会人员超过万人。一个叫杨春英的老太太特别引人注目，这个90岁高龄的当地村民，一定要亲人搀扶她来现场看看。率先开通的喜悦和自豪顷刻间从新客站的上空扩散开来，弥漫到整个江山大地。前来参加仪式的人们，都不会忘记主席台两边背景上的十二个大字：“弘扬铁改精神，打造实力江山。”“万众一心、甘于奉献、只争朝夕、奋力争先”的江山铁改精神，不仅在江山大地唱响，而且在全省乃至整个铁路系统传颂。

如今的江山火车站，犹如涅槃的凤凰，展开青春的翅膀，架起冲天之势。如今的浙赣铁路江山段，犹如腾飞的巨龙，穿越青山碧水，融入蓝天白云。如今的黄陈安置小区与新客站隔路相望，白墙红瓦，绿水环绕。如今的城北新城，高楼林立，透着新城新区的气息。

我们以铁改精神，继续推进各项铁路工作。为提高城市品位，缩短我市与发达地区的时空距离，让我市及周边地区群众共享动车组带来的快捷、舒适、安全出行，铁改办及我本人，极力争取动车组在江山办客，多次向上海铁路局、金华车务段行文和专题汇报，并通过各种方式、渠道汇报我市诉求。经多方争取，上海铁路局从2010年10月26日起每天运行江山至杭州、上海两对来回始发动车，改写了我市无动车停靠的历史，极大地方便了我市市民的出行。在成功争取动车组在江办客的同时，积极做好由市四套班子主要领导等参加的“江山—上海始发动车组”首发仪式。并积极开展紧锣密鼓的宣传和客源组织等工作，大力培育动车市场，如短信提醒、报纸网络宣传、出台相关鼓励政策、到周边县市推介等，江山站的客发量不断翻番。浙赣铁路电气化改造及动车开通，也为成功争取杭长高铁途经江山并设站创造了条件。

青山常在，碧水长流。江山市城区段铁路改线移站工程是把“金钥匙”，拉大了城市框架。城北12平方千米土地与老城区连成一片，成为城北新城发展的理想用地。如今的城北，高楼林立，已成为我市城市建设的一张名片。

（严肖强，荣获中华全国铁路总工会“火车头”奖章，曾任江山市铁路工作领导小组办公室主任。）

贺村“进城”

——贺村争列省小城市培育试点镇二三事

王旭

一

根据中共浙江省委十二届五次全会精神，2010 年浙江省政府决定从全省 200 个中心镇中选取 20 个左右实力较强的大镇，开展小城市培育试点工作，省财政每年拨出 10 亿元专项资金用于支持试点工作。考虑到东西部经济发展的不平衡性，省里同时决定，欠发达地区（衢州、丽水、舟山）也可选择一个实力最强、人口最多、区位最优、潜力最大的中心镇参照试点。省里对欠发达地区的关照，给了贺村一个宝贵的机会！这对时任市委常委、贺村镇党委书记的我而言，也是一个重大挑战。

作为中心镇，当年的贺村虽然在省内不入流，但却已经是衢州的“名流”——历经衢州市两轮八年经济强镇培育，主要经济指标在当时衢州六个经济强镇中全都名列前茅。从这个角度分析，可以说贺村在衢州范围内的竞争中具有一定的优势。但从城市化的角度分析，贺村却未必占有优势，甚至贺村的劣势还很明显，比如在城市化水平、非农人口占比、产业发展档次、招商引资等方面都逊色于其他强镇。至于区位和潜力，则基本上是各有主张、自说自话。因此，竞争将异常激烈，而且比拼的主要还是“背后”的力量。年初，我们把贺村争列省小城市培育试点镇（以下简称“争列”）的想法向江山市委、市政府主要领导作了汇报。

市委书记傅根友认为贺村争列工作，不仅对贺村意义非凡，也对江山意义重大，要求镇里务必全力以赴，确保成功，并表示会做好上级有关领导的对接沟通工作，力争取得领导的支持。市长陈锦标高度重视贺村争列工作，专门成立了由发改、财政、规划、国土、经贸、建设、人劳等部门领导组成的贺村争列工作协调小组，并亲任召集人，指示我们必须在协调小组指导下有序地开展工作。

二

在书记和市长的直接领导下，根据省小城市培育的重点内容，我们贺村镇调整了当年的工作重点，把争列作为全年工作主线——就是拉开一种“小城市培育试点”的架势，围绕争列来展开工作部署。

首先，着眼长远，加强基础性的工作。这方面的工作主要有五项：一是加强规划引领，以江山市域次中心、江山商贸重点发展区域重新定位贺村，并据此定位对贺村镇土地利用规划、控制性详规和城镇总体规划进行重新修编。城镇总体规划委托同济大学编制。二是加强镇园互动，推动莲华山工业园区迅速形成规模，年内力争完成新增1500亩（约1平方千米）土地征用目标。三是着力提升集镇功能，实施镇区城防工程和贺滨大桥建设项目，部署镇区乌头石根、湖北坂和溪淤坂全面征迁工作。四是提升集镇管理水平，由市政府牵头论证，推进贺村集镇管理职能改革，在保留镇级建制的情况下，赋予贺村某些县级经济社会管理权限，组建市行政服务贺村分中心。五是启动区划调整工作。

其次，加强与上级主管部门和领导的沟通汇报。争列工作的主管部门是各级政府发改委，于是，向各级发改委进行沟通和汇报就是我和镇长周立武同志一个时期内的主要工作。江山市发改局局长徐惠民同志十分支持贺村的争列工作，举全局之力支援贺村。他积极出主意想办法，并多次和我们一起到衢州市与浙江省发改委，与相关处室负责人进行沟通，逐步使贺村和上级发改系统相关处室建立起了联系，最终使贺村的争列工作得以在上级专业部门的指导下顺利进行，少走了许多弯路。而向上级领导的汇报工作基本上是傅根友书记和陈锦标市长亲自去做的，他们曾在不同的场合当面向厉志海（时任省发改委主任）、孙建国（时任衢州市委书记）、尚清（时任衢州市市长）、傅炎康（时任衢州市发改委主任）等领导同志汇报过江山支持贺村争列的想法，并得到了领导的首肯。

第三，起草申报文本。按照省里的要求，申报文本分三部分：一是贺村强镇建设的基本情况，二是贺村小城市培育的试点方案，三是江山市政府的承诺意见书。前两个部分并不算太难，由镇里和发改局协作即可完成。第三部分市政府的承诺，实际上是要在机构设置、要素保障和管理权限方面向贺村镇全面倾斜放权，这就不是一件简单的事了。为此，陈锦标市长四次召开协调小组会议讨论方案，最终的意见是通过政府常务会议讨论后提交市委常委会讨论决定。这个承诺书，实际上就是一份市委、市政府长期支持贺村发展的纲领性文件，这以后，它对贺村的发展一直发挥着关键性的作用。

三

经过半年的努力，贺村的争列工作逐步引起了省、市（衢州）领导的重视，贺村的机会来了。

2010 年 7 月 6 日上午，衢州市委副书记、市长尚清在江山市委书记傅根友、市长陈锦标的陪同下，到贺村专题调研小城市培育工作，现场考察了十里牌园区、大成路农房改造项目、贺滨大桥、城防工程、中心街和莲华山工业园。在随后的座谈会上，书记、市长汇报了半年多来支持贺村争列所做的各项工作，希望尚市长能在衢州层面大力推荐贺村。尚市长指出，贺村是他多年关注的镇，也曾经是他驻点联系的镇，贺村区位优势独特、百姓创业意识强、近年发展较快，江山对贺村申报高度重视；虽说贺村与发达地区的中心镇相比，还有很大的差距，但重要的是，贺村向小城市迈进的工作已经开始做了。尚市长明确表示支持贺村的申报。

同年 8 月 16 日下午，浙江省副省长陈加元带着省属相关部门，在衢州市市长尚清的陪同下，亲临江山视察工作。陈省长此行主要有两个目的，一是祝贺江郎山申遗成功，检查督促世遗保护工作的落实；二是考察贺村中心镇建设情况。由于此前江郎山刚刚为浙江夺得第一个世遗项目，省、市领导都非常高兴。尚清市长直抒胸臆：江郎山申遗成功彰显中国强大、浙江实力、江山魅力，是衢州的骄傲，并当场表态奖励300万元，同时表示小城市培育力推贺村。陈省长的喜悦之情亦溢于言表，在充分肯定了申遗工作后，对贺村的中心镇建设成果也给予肯定，认为贺村的产业发展，定位清晰、初具规模、有独特优势、发展空间很大，而且贺村的边界特色在省内具有一定的代表性，希望贺村在下一步的强镇建设中，加快人员集聚、产业集中、功能集成、要素集约。在考察现场，随同陈省长一起来江考察的省发改委副主任姚作汀把我和周立武同志拉到一边说："你们要乘势而上，抓紧把省长的讲话精神落实好，把材料报上来！"

省、市领导亲临贺村考察之后，争列工作进行得顺风顺水，我们都以为贺村的申报十拿九稳了。同年10月12日，省委、省政府在杭州之江饭店召开全省中心镇发展改革暨小城市培育试点工作会议，我和徐惠民同志满怀欣喜参加会议，认为会议期间或许会有好消息传出。13日上午，进行典型交流的时候，我得到了信息——衢州即将上报争列的强镇不是贺村。贺村出局了！我一时不太敢相信自己的耳朵，但这是事实！

四

据说衢州将要上报的那个强镇，是因为最近有大型央企负责人亲临考察，并表达了有巨额投资的意愿。从招商引资的角度考虑，我们也理解领导的良苦用心。但我和周立武、徐惠民同志仔细分析后认为，若从省里的申报条件看，贺村还是有竞争力的，而且本来就有许多领导支持贺村，我们不能放弃。我们的意见是争取衢州能把贺村一同上报到省里，哪怕排在第二位也行。但这并不符合省里欠发达地区只报一个乡镇的规定，肯定还有大量工作要做。我把意见向书记和市长作了汇报，得到认可。

接下来，我和徐惠民同志反反复复地在衢州发改委和省发改委的相关处室和相关领导之间进行汇报和沟通。在与省发改委的沟通中，得到了曾挂职江山副市长的朱瑞清同志的大力支持，让我们少走了许多弯路。在完成前期铺垫之后，10月29日下午，陈锦标市长率领我和徐惠民同志到杭州，专程向省发改委分管副主任姚作汀进行汇报。姚主任对我们表示理解和支持，希望我们把材料整理好，特别要注意用数据说话。至于省级层面的工作，他说自有部署。此后，贺村就以衢州第二名（替补）的身份陪同正选乡镇一起报到了省里。我们开始了焦急的等待……

12 月 18 日，省发改委某副处长到江山调研，徐惠民同志邀我一同作陪。处长告诉我们，贺村争列大局已定：姚作汀主任邀请一批专家专门就衢州市申报的两个乡镇进行分析论证投票表决，贺村胜出！

12 月 21 日，浙江省人民政府办公厅文件浙政办发〔2010〕162 号下发，公布全省 27 个小城市培育试点镇，贺村赫然在列。23 日，全省小城市培育工作会议在宁波慈溪召开，姜方云副市长带领发改、财政、国土、建设部门和贺村镇主要领导，浩浩荡荡开进慈溪。贺村抓住了机会，“进城”啦！

（王旭，曾任江山市委常委，贺村镇党委书记，中共江山市委统战部部长，江山市人大常委会党组副书记、副主任。）

亲历韩亚空难善后处置

王旭

2013 年 7 月 7 日，韩亚航空客机（航班号 OZ214）失事，江山中学赴美游学夏令营的一个团 34 名师生也乘坐此航班。失事消息犹如晴天霹雳，震得江山全市人民目瞪口呆。到当日中午前后，最终确认：江山中学高一学生王琳佳和叶梦圆不幸遇难，另有两名学生刘易芃和李虹静重伤住院，其余 26 名学生和 4 名教师安全。

16 时，江山市委、市政府召开专题会议研究部署善后工作。会议决定：派出由我带队的工作组陪同遇难者、重伤者家属赶赴旧金山处理善后事宜；要求相关部门“特事特办”，为工作组尽早成行提供一切方便；向上级及时汇报情况，寻求支持。而实际上，空难发生之后，中央、省、市主要领导迅速就事件的处置作出指示或批示。有关部门行动异常迅速：从下午拍摄护照相片算起到 22 时 30 分完成全部手续，江山市、衢州市和浙江省三级公安部门一共只用了 5 个小时；省政府外事办 1 名处长和衢州外事办 1 名副主任专程赶到江山，连夜开展工作，重点就如何简化手续，与有关各方，特别是通过外交部与美国驻上海总领馆进行沟通，并最终取得美方的理解和大力支持。是夜，江山市政府大楼用通宵灯火迎接 8 日清晨。

茫然上路

8 日上午 9 时，工作组 5 名成员和家属代表共 17 人乘坐大巴踏上赴美旅程。车上弥漫着极度悲伤的情绪，对遇难者家属来说，这是一次心碎之旅，两个鲜活的生命转瞬间消失得无影无踪，家长们无法接受这个现实，任何安慰语言都显得苍白无力；对重伤者家属来说，担心更坏的结果出现，内心也是备受煎熬；对工作组成员而言，则是压力重重，忐忑不安。国内处理各类突发事件，派工作组是常规做法，但还未听说有从基层直接派往国外的；各级政府的应急预案，做得再怎么周全，恐怕都不会把国外的空难做进去。所以包括本人在内，工作组成员无一例外都对此行感到心里没底。我只是想，既已接受组织的任务，就只有勇敢地迎接挑战，义无反顾地走到底。行前接受央视记者采访时，我说："我们的任务，就是为死伤者家属和滞留在美的师生提供支持和帮助。"这句话听起来像句废话，但当时我确实对如何完成任务心中没数。

说心里没底不是没有理由的。实际上，我们出发时，护照、签证以及机票都未真正落实，一路上的交涉就没有停止过。美领馆方面所需时间最难确定，而韩亚方面始终没有敲定准确的航班时间。所幸我们不是孤军奋战，我们有强大的中央政府和全国人民支持，在我们求援时总有人出面破解难题。衢州市外事办的一辆专车带着材料到杭州办完手续后，先于我们赶到上海美国总领馆协调相关手续。我们于 15 时 30 分赶到，马上就进入绿色通道，这次美国人也是"特事特办"，派出 1 位领事对我们表示慰问并进行集体面谈，整个过程只用了 20 分钟。16 时，我们赶往浦东机场，路上被告知护照制作并送达至少还需要 3 小时，那意味着肯定赶不上 17 时 40 分起飞的韩亚航班。我们急得不停地同韩亚交涉，希望航班推迟起飞，却始终未能得到确切的答复。正当我们陷入困境的时候，传来外交部已通过韩国驻华使馆，明确要求韩亚航班必须等待我方工作人员和家属登机后方可起飞的消息，心里的一块石头这才落地。事后我们了解到，在当晚（7 月 8 日）外交部举行的例行记者会上，发言人华春莹在介绍韩亚空难事件中方所做工作的最新情况时，是这样说的："据了解，浙江省已成立工作组，预计于今晚陪同遇难者家属赴美处理善后事宜，外交部和中国驻美使领馆将全力予以协助，美方已表态将提供一切可能的便利和协助。"可见，外交部一直在关注我们的行踪，并一路为我们排忧解难。

在浦东机场，我们同先期到达的省外事办美洲大洋洲处副处长刘晓慰会合。与我这个外交外事的门外汉不同，刘晓慰有着多年从事外交事务的工作经验，并曾在新西兰担任过领事，他的到来为我们注入了一剂强心剂。最终，韩亚航班延迟 2 个多小时，于 20 时 20 分起飞，22 时抵达首尔机场，换乘飞机后于 22 时 40 分飞往洛杉矶。

抵达旧金山

飞机于美国西部时间 8 日 18 时 30 分抵达洛杉矶机场，我们要在这里入境美国，然后换乘美国国内航班飞往目的地旧金山。我们一行 18 人被安排先行下机，然后由美方机场工作人员带至专用通道办理入境手续。手续简单便捷，前后只用了十来分钟时间，工作人员甚至还为我们准备了点心和水果。我国驻洛杉矶总领事馆副总领事卞立新到机场迎接我们，并表达对伤亡学生家属的深切慰问，我们顿时明白之前那些便捷和礼遇都是总领事馆出面交涉的结果。在机场换乘候机时，我同我国驻旧金山总领馆副总领事易先荣通了电话。相互交流了情况后,他向我征求我们抵达后的工作愿望，我提出了希望能在第一时间让遇难者家属见到遇难者遗体、伤者家属到医院看望伤员、校长见到受困师生的请求。

8 日 23 时许，几经辗转，奔波了将近 30 小时后，我们终于抵达旧金山机场。我们被要求在其他乘客走完之后从后舱门下机，我国驻旧金山总领馆总领事袁南生和韩国驻旧金山总领事在舷梯旁迎接，随后我们分乘两辆机场大巴，在数辆警车护送下驰离机场。下了飞机，大家心情顿时紧张起来，等待我们的将是怎样的挑战？对于我们的抵达，7 月 9 日（北京时间）外交部发言人华春莹在例行记者会上是这么说的:“北京时间 7 月 9 日 14 时 15 分，浙江省伤亡学生家属及政府和校方处理善后工作小组一行 18 人抵达旧金山，驻旧金山总领馆正积极协助工作组及相关人员家属处理相关善后事宜。”当然，这也是后来知道的。现在想来，当时幸亏什么都不知道，否则，不知要平添多少压力。

大巴停在离机场不远的皇冠酒店门口。进了酒店后我们忽然发现遇难者的 8 名家属不见了，于是心急火燎地去找袁总领事。在酒店的 213 房间，袁总耐心地向我们介绍了整个情况：因为家属要求马上见遗体，而按美国法律要求，见遗体之前先要见验尸官，然后还得履行相关手续才行。现在遇难者家属就分别在和验尸官见面，美国人为了保护个人隐私，这种场合除了家属和领事官员外，其他人是不让参加的;伤者家属去医院探望也不成问题，去旧金山总医院的车子已经出发，家长很快就可以见到孩子；至于校长看望师生的问题，则比较简单，因为当天已将全体受困师生从其他酒店转移过来，就住在皇冠酒店。然后，袁总和我们就下一步如何开展工作进行了深入的探讨，他对我提出的几个工作目标，即弄清死亡原因、协助处理死者善后事宜、确保伤者得到最好治疗，以及师生平安回家和索赔法律援助等，均表示赞同，并从可行性角度提出了建议。

结束与袁总的会谈，已是凌晨 2 时。袁总还将结合工作组要求，进一步和美方磋商，我们则继续开会部署工作。同袁总见过面后，我心里已经有点底了，我知道今后工作必须把握一条原则——紧紧依靠总领馆，否则将一事无成。据我们了解，这次空难给总领馆带来了大量工作，8 日晚已经是领事们的第三个不眠之夜。60 名编制的总领馆仅在皇冠酒店就派驻了 20 多名外交官，直接参与善后事宜处置。在我们抵达的当天，国务院副总理汪洋和国务委员杨洁篪率 20 多位部长专程到拉斯维加斯参加中美经济对话，拉斯维加斯属旧金山总领馆的领区，本来袁总应该去接汪副总理一行，但由于空难发生，外交部部长王毅特别指示袁总在旧金山接应我们。这个消息在让我们吃惊的同时，也让我们对党中央视人民生命安全高于一切的治国理念，和处理突发事件的果断决心有了更真切的体验。

总领馆里的抗议

9 日下午，韩亚航空公司社长、总裁尹永斗先生赶到旧金山，提出要见伤亡学生家属,并当面致歉。见还是不见？是个问题！我们征求了家属意见，大家一致认为此时没有心情听韩亚的道歉，尤其对他们可能带着媒体上门的作秀行为表示强烈反感。旧金山当地韩侨在事故发生后自发捐款 7000 美金，托总领馆转交，亦被伤亡学生家属婉谢。

韩亚作为近年来快速发展的国际航空业新兴公司，毫无疑问是最不愿意看到空难发生的，灾后他们确实也投入了很大的力量参与救援。但从我们的角度看,韩亚开始时的反应远谈不上主动和迅速。如果以东方文化来要求，那么可以说他们对伤亡学生家属第一时间的抚慰和照顾是不成功的。仅举一例：我们出发赴美的航班，是我们在没有其他选择的情况下才找的韩亚，而非韩亚的主动安排；商务舱的安排更是反复交涉的结果，从没有到2个再逐步增加到8个。而我们伤亡学生家属共有12位，其中的4位就只能和工作组成员一起挤经济舱，可他们不但处于极度悲伤之中，而且已经几乎40个小时没有合眼了。所以，伤亡学生家属叶先生在浦东机场和首尔机场向媒体表达了对韩亚的强烈不满。

9日22时和翌日早餐时，尹先生又两次欲见家属，皆被拒绝。10日上午是工作组和家属代表约定同袁总会面的时间。会面中袁总再次表达对伤亡学生家属最真挚的问候，在认真听取大家的意见后，表示将向外交部书面反映韩亚善后方面存在的问题，并抄送我国驻韩大使馆，通过他们向韩国方面表达不满和关切。会面进行了一个上午，行将结束时，韩亚方面给袁总递进一个条子，大意是尹永斗先生求见，希望能尽快安排。袁总慎重考虑后决定下午14时30分在总领馆约见尹先生，并问我是否愿意参加。我想这是向韩亚方面转达家属意见和表达我们关切的最佳时机，不应错过，于是我坚定地说：去！而且要“发炮”。但心里却有些发虚，毕竟这是外交场合，不能出洋相。我向袁总讨教该说点什么，袁总只说挑重要的说。

袁总约见尹先生的情况，后来总领馆方面发了新闻稿，各大媒体多有刊载，其中关于我的发言是这样表述的：

“王旭组长在对韩亚空难深表同情的同时，代表伤亡学生家属及其他师生也坦率指出了韩亚航空公司在救治和善后工作方面的不足，要求韩亚航空为中方有关人员提供更多心理抚慰，尽快处理死者善后事宜，为改善滞留旅客生活条件提供更多实质性帮助，尽快解决中方人员面临的一些实际困难，更多体现出韩方应有的诚意。”看上去我的讲话得体且温和，但这是按外交口吻作了修饰的，实际上，我当时的措辞比这要激烈得多。下面也是我当时的一些话：“我们一行对韩亚的看法已从最初的期待，到后来的失望，变为现在的愤怒”；“韩亚在对死者家属的照顾和受困师生的心理抚慰方面，缺乏诚意和实质行动”；“韩亚被动应付的行为将可能在中国年轻人中制造一批自己的反对者”；“我们浙江乘客这次受伤害最重，但我们现在感到最无助，我们没有受到应有的重视”。

我的意见对后来韩亚态度的转变是否起了作用，不得而知。我只知道这是一场大的交锋，如果韩亚感到了压力，那力量一定是来自国家领导人、外交部门、媒体和包括141名中国乘客在内的全体中国人民，这种力量是难以抗拒的。一天以后，韩亚在《人民日报》《浙江日报》等主流媒体上刊登道歉信——《韩亚航空向中国人民致歉》，向所有中国人民郑重承诺，“会全力以赴，妥善做好善后工作”。有意思的是，《北京青年报》把袁总约见尹先生的消息和韩亚的道歉信刊在同一版面上。

援助受困师生

怎样确保受困的26名学生和5名（另有一位带队教师不在出事航班上）教师安全，并尽快将他们送回国，是工作组面临的最大挑战。空难中师生的身心受到巨大伤害，许多人身体上或轻或重都有些伤，但更可怕的是心理上的创伤。师生普遍有失眠、心悸、恐惧的表现，有些女生更是连乘电梯都心惊胆战，并经常被噩梦惊醒，个个成了惊弓之鸟。现代心理医学认为，强烈的惊吓和悲恸刺激会使人处于一种非正常的心理状态，也就是患了创伤后应激性障碍。必须采取措施，及时进行心理干预。

开展心理疏导

9日早餐时，我误打误撞地坐在了一个志愿者的席位上，结果同桌的一位华裔女士热情地问了我们的情况，并表示可以提供帮助。原来她是旧金山政府公共卫生局的雇员，此前他们已经把当地的一些华裔心理专家集中到酒店里来，以志愿者身份为受伤的乘客提供服务。这真是个好消息！可是，我能不能让美国人给我们的学生做心理辅导呢？要是因此出了些差错，那可怎么办？我同刘晓慰商量后下了决心：应该以更开放的心态来处理善后事宜，只要对师生有利，无论哪方力量均可借用；大灾当前，要相信美国人民的爱心，更何况是华裔。说干就干，上午就请吴丽燕、汤少梅两位博士为学生和教师各安排了一场心理辅导。当然，最主要的心理疏导手段还是师生间的交流，这种“润物细无声”的心理抚慰时时刻刻都在进行。

开通视频对话

学生们都是未成年人，事故后家长的心理安抚尤其重要，也是其他人难以取代的。9日下午，经过努力，酒店开通了与江山中学的视频通话，19位家长与他们的孩子远隔重洋“面对面”进行了视频对话交流。当看到自己的孩子出现在屏幕上时，家长们几天来一直悬着的心终于放下来了，而家长们的一声声问候、叮咛、嘱咐，更是对学生心灵的最好抚慰。家长们期盼学生尽早回家的热切愿望，让学生逐步建立起克服心理恐惧、准备重新出发的决心。

做客领事官邸

自从事故发生后，学生被困在酒店里已经好几天了，门口布满荷枪实弹的警察，安全是有了保障，但学生也憋得难受。有没有办法让学生集体出去散散心？那样肯定对学生的心理恢复有很好的帮助。恰好，机会来了，袁总邀请浙江和山西两个学生团参观旧金山市容，并做客总领事官邸！但这么好的事情，却被美联航和韩亚以安全为由加以拒绝。工作组据理力争，但收效甚微。第二天，总领馆继续交涉，到下午终于取得成果——学生可以到总领事官邸做客！总领事官邸是国家资产，并由我国管理，在异国他乡能到总领事官邸做客，就是回家！10日下午，师生们来到总领事官邸，袁总作了热情洋溢的讲话，并用正宗的中餐款待客人。学生回到了“家里”，紧张的情绪得到舒缓，个个显得精神饱满。

组织外出购物

按照美国的法律，空难之后，航空公司需预支一笔小额应急款，给乘客购买生活必需品。我们把这个机会作为一种心理放松手段留到最后执行。11日下午我们统一组织学生到指定超市购物。当学生拎着物品返回时，我感到学生回家的心理调节已经基本到位了。

但这还不够，师生回国之前，我们还需要对伤害索赔的权益保障做出评估。

维护权益的工作

维权的工作，实际上一直在进行。这里要说一下这次空难处置的一些特点：美国国家交通安全委员会（NTSB），是事故调查处理的主导方；韩亚由于能力和经验不足，在善后处置方面又与美联航（UA）合作，并以美联航为主。美联航把旧金山皇冠酒店整个包下，然后集中NTSB、美联航、韩亚、中韩两国总领馆有关人员、各路志愿者、所有滞留乘客，以及随后赶到的我们等各路人马，一起磋商解决问题。

我们每天的主要工作就是随同总领馆的官员，就关系重大的一些问题面对面与韩亚进行交涉，包括遇难者的丧葬费用、重伤者治疗与康复的保障、家属在美期间生活照应（含吃住行）、轻伤师生在美及回国后的检查治疗费用以及改善滞留乘客的生活待遇等。经过几轮交涉，韩亚对上述问题基本上作出了符合美国法律和国际惯例的承诺，乘客和家属的权益得到保障。我们还尝试就伤害赔偿问题与韩亚展开磋商，韩亚当然也乐意双方通过协商确定赔偿，但由于赔偿额度在短期内无法确定，所以磋商难以深入进行；而征求伤亡学生家属和部分学生家长的意见，大多倾向于通过诉讼解决问题。于是，后期的维权工作，主要体现在帮助家属寻找代理律师上。令人感动的是，遇难者家属忍着巨大悲痛，夜以继日展开律师甄选工作，最后都与自己满意的律师团队签了约。

至此，师生回国的条件已基本具备，只等我们下最后的决心。

一波三折回家路

旧金山时间11日凌晨，经过工作组认真评估后，我向江山市委书记陈锦标报告，决定于12日安排师生回国，计划乘坐东方航空公司航班直飞上海。在得到同意后，即着手相应的准备工作，但万万没想到，仅仅几个小时后，这个计划就被完全打乱。

台风来了

11 日早晨 6 时 43 分，手机接到短信，我一看却悲从中来：“浙江省今天启动了防台风三级应急响应。预计‘苏力’将于 13 日中午到傍晚在浙闽沿海登陆，最大风力可能达 15 级。”算了下时间，刚好是我们计划航班抵达的时候。这可怎么办？走，有风险。且不论航班是否取消，就算能走，以当前学生的心理状态，听说要去赶台风，敢不敢上飞机都成问题。不走，也有风险。随着 NTSB 的调查接近尾声，酒店警卫将于 12 日撤离，学生的安全问题将严峻起来。商议以后还是觉得应先避避“风头”，推迟一天回家。于是，要求韩亚预订 13 日的机票。

机票没了

11 日下午 18 时，韩亚工作人员报告，13 日及以后的几天，旧金山直飞上海的所有航班都拿不出 36 人的团体票，最快也要五天以后！权衡利弊之后决定改走北京，先平安回到国内再说！恰好韩亚工作人员报告 12 日直飞北京的美联航 UA889 有票，需尽快下决心。可是当我向市里汇报时，正赶上市里开常委会，主要领导联系不上，那边韩亚工作人员又分分秒秒催着订票。我只好先斩后奏，狠了狠心把票给订了。两个多小时后，我把情况向市里作了补充说明，领导表示理解和支持。紧接着就请教师把回家的消息逐个向学生通报，分头做思想工作。工作组其他成员抽空去旧金山总医院看望受重伤的刘易芃和李虹静同学。返回的路上，教师的电话来了。

学生出状况了

听说第二天就要乘飞机回家，学生渐渐放松的心情又紧张起来，其中 4 位女生关在房间里哭了起来，老师怎么也劝不住；还有 2 位女生甚至出现头痛和发热的症状，由老师陪着连夜上医院去了……我们分析这还是创伤后应激性障碍在作祟，只能继续进行心理疏导，唯有把学生潜在的勇气调动起来，他们才能战胜内心的恐惧。同时，做好分批回国的准备，确实不能走的，征求家长意见后，留下继续调理，工作组留下一半人员陪同。之后，我和老师找那4位女生谈话，我以长辈的身份向她们保证，我们的安排是安全稳妥的，但关键的一步却必须由她们自己迈出。12日凌晨3时30分，去医院看病的女生回到酒店，我们上前慰问并鼓励，让她们放下包袱，好好休息，一切等天明再作选择。在同她们的接触中我发现，孩子们实际上都愿意随大部队回家，只是对乘坐飞机不由自主地产生恐惧，可喜的是她们自己也一直在努力克服心理障碍，所以我心里又有底了。

不幸的消息

12日早晨7时，我向易先荣副总领事汇报，36人将于当天11时55分乘坐UA889返回北京，计划于9时离开酒店，请总领馆帮助协调快捷通道。之后，学生陆续带着行李到大堂集中，看到多数人表情轻松，我也感觉信心满满。7时30分传来不幸消息——刘易芃走了！这个消息震得我一时缓不过劲来，眼眶却不自觉地湿润了：刚刚才去看过的，怎么几个小时后就没了？这个女孩太叫人怜爱了，她已顽强地同死神抗争了6天，我们都以为她能转危为安，但最后还是走了……等我确认事实，并做应急处置之后，马上想到此事必须对师生严格保密：临出发又一位同学永远回不去了，这对孩子们会造成多大的心理打击？！于是，我对工作组成员作了交代，谁也不能泄漏消息，必须强忍悲痛，还得在孩子们面前表现轻松。

最后一击

隐瞒了不幸的消息，我们继续围绕9时出发做着准备。8时许，韩亚工作人员急匆匆地跑来告诉我：UA889航班取消了！我一时没反应过来，她就重复了几遍。我顿觉天旋地转，当即瘫坐在沙发上。航班取消？我问，什么理由？回答：没有理由！好好的国际航班，说取消就取消了，可我们的人怎么办？今天不走，今后几天就都走不了，那么局面很可能失控：刘易芃去世的消息马上就会传开，已经调动起来的学生情绪又会跌入谷底；山西团今日将离开酒店继续游学行程，而我们却回不了家，还要被困上五六天时间；警卫撤离，今后如何保障学生安全；还有，怎么去跟市领导和家长解释？不行，无论如何今天都要离开旧金山！情急之下，我只有向总领馆求救。8 时 30 分，易先荣副总领事带着官员们赶到时，我已有点乱了方寸，冲着他们大嚷大叫：我只有一个要求，就是我们今天必须离开！

峰回路转

外交官们紧急行动起来，向各航空公司寻求帮助。9 时 30 分，总领馆方面传来好消息：国航能帮我们！原来，总领馆直接找了中国国际航空公司旧金山负责人赵立涛，赵女士表示全力支持空难师生回国，当即停止售票，把票都留给了我们。柳暗花明，否极泰来！我的拳头重重擂在桌子上——一种如获新生的感觉！之后，在副总领事宋如安和领事王川的全力协调下，事情的发展异常顺利："国航和美方给予师生们'特殊待遇'，在酒店办理了托运、出境、登机手续。大巴从酒店一直开到了机场停机坪，师生们和外交官一一握手道别，千言万语的感谢哽在心头，一开口，眼眶却湿润了。"（8 月 7 日人民日报《祖国为你守望》）14 时 20 分，全部 36 人，包括 26 名学生、5 名教师、2 名家属、3 名工作组成员顺利登机；14 时 50 分，国航 CA986 腾空而起，昂首飞向北京……

后来的事

7 月 12 日 15 时，旧金山总医院正式对外宣布又一名韩亚重伤女生不治身亡（发布时间选择有讲究，此前 10 分钟回国师生航班已起飞）。

7 月 13 日 17 时 50 分（北京时间），国航 CA986 在首都机场安全降落。

7 月 14 日 17 时 40 分（北京时间），师生平安回到江山中学。

7 月 18 日，3 位遇难者家属和律师团队签约，同日我和工作组另一成员回国。

7 月 24 日下午，3 名遇难女生遗体告别仪式在旧金山松柏园殡仪馆举行。

7 月 27 日中午，工作组最后 1 名成员陪同遇难者家属启程回国。

8 月 1 日（北京时间）上午，3 名遇难女生追思会在江山市殡仪馆举行。

8 月 2 日（北京时间）上午，3 名遇难女生骨灰安放仪式在江山市曹家坞公墓举行。

至此，除 1 名重伤学生李虹静由父母陪护继续留美治疗以外，3 名花季少女魂归故里、入土为安，其他人员安全回到国内，事件的处置暂告一段落。

此行的体会

第一，中央高度重视是事件得以迅速妥善处置的根本保证。习近平主席亲自对遇难者表示哀悼，要求各部门全力做好受伤人员救治和幸存人员安置的指示，给遇难者家属以极大安慰，给我们以极大鼓舞；外交部、浙江省政府、衢州市政府及外事、公安等部门为我们的工作创造了最有利的条件；在各级政府的努力下，伤亡学生家属赴美和师生回国，所有环节都是特事特办，一路绿灯，我们在美国工作期间也得到各方面的尊重，绝大多数工作目标得以实现。感谢我们背后这个日渐强大的祖国！

第二，旧金山总领馆的努力为事件处理做出了突出贡献。在旧金山的 10 天时间里，我们目睹了外交官员废寝忘食、夜以继日的工作状况。他们为我们排忧解难，没有他们，我们寸步难行。在国外，平时说领事馆是国人的家，领事官员是我们的亲人，或许感触并不深刻，但在灾难发生的时候，在你陷入绝境的时候，你会真正发现“家和亲人”意味着什么。感谢全体外交官卓有成效的工作！

第三，当地留学生、华人华侨志愿者自始至终参与救援和善后全过程，发挥了难以替代的作用。事故一发生，大批志愿者的身影就出现在事发现场和十多家医院附近，主动参与救援行动；徐崇均等十多位江山籍华侨华人和留学生，主动通过江山侨办同带队老师取得联系，连续几天为受困师生购买生活必需品、提供交通服务；一些慈善机构组织华侨华人在酒店内提供生活用品、开展心理咨询，为遇难者进行慰灵祈福；一些中资机构、留学生组织慰问家属，帮助提供法律援助；等等。灾难发生在异国他乡，乡音乡情是抚慰受伤心灵的一剂良药。感谢所有志愿者的无私奉献！

第四，师生和伤亡学生家属自身的努力以及后方的全力协助，起到了关键的作用。灾难发生的瞬间，师生就开始了自救和互救。最初的两天里，受伤轻的师生奔波于旧金山两大医院，陪护受伤重的学生，使损失降到最低；学生们努力克服心理恐惧，主动配合工作组工作，最终使安全回国的目标顺利实现；伤亡学生家属为找到满意的律师团队，自身付出了巨大的努力；江山市委、市政府高度重视灾难善后处置，调动外事、公安、宣传、教育、侨务、民政、司法等部门，努力做好家长安抚、媒体应对、法律援助各方面工作，对前方的工作形成强大支持。

第五，工作组的全情投入，主动担当，也是事件有效处置的因素之一。从出发那一刻起，工作组成员始终牢记使命，忘我工作，不敢有丝毫懈怠。举几个微不足道的例子：当时，刘晓慰忘了带牙具，结果数天都抽不出时间去买，三天里只靠漱口解决问题；项深在旧金山 4 天里唯一一次出酒店大门，是陪同学生到总领馆做客；夏飞华实际上是顶着双重压力在工作，因为他的爱人作为带队的英语老师之一也在出事的飞机上；毛春燕作为本组的主要翻译对家属甄选律师帮助最大，并一直坚持到最后陪同遇难者家属一起返回；我和姜励没带够御寒衣物，又没时间买，就到救灾组织处各拿了一件，就这么穿着救济的衣服完成了救援工作。

（王旭，曾任江山市委常委，贺村镇党委书记，中共江山市委统战部部长，江山市人大常委会党组副书记、副主任。）

圆梦高铁，再铸丰碑

严肖强

我在翻江山高铁建设影集时，看到在杭长高铁江山站开通暨江山至北京南首发仪式时，我们铁办团队全体17位工作人员发自内心欢笑的合影，不禁浮想联翩。回顾2008年到2014年这六年杭长高铁建设的日日夜夜，从项目争取到落地，从征地拆迁到建成营运，从江山货场搬迁到公铁联运无水港开通，从存车线争取到江山高铁直通北京始发，有太多的艰辛感叹，有太多的不眠之夜，也有太多的感动故事和感激之人。

2014年12月10日上午，是一个让60万江山人民难忘的时刻，必将载入江山史册。这一天，江山举行了杭长高铁江山站开通暨江山至北京南首发仪式。仪式上，中共江山市委书记吕跃龙在热情洋溢的致辞中说："杭长高铁衢州江山站正式通车运营，标志着江山从此迈入'高铁时代'，江山经济社会发展由此掀开了崭新一页。"中共衢州市委书记陈新庄严地宣布："杭长高铁江山站开通！"江山始发至北京南、江山始发至合肥的高速列车相继开出……

面对江山站南来北往的高速列车，江山人的高铁梦终于圆了，我自己的江山直达北京的高铁梦也圆了。

胸有棋谱：主动作为，抢先手争得项目

杭长高铁是沪昆高速铁路的一部分，东起杭州，西至长沙，横贯浙、赣、湘三省，全长927千米，投资约1218亿元，设计时速350千米，是国家"中

长期铁路网规划”铁路客运专线“四纵四横”主骨架网的东西向铁路干线，全线于 2016 年建成通车。

2007 年 11 月，国家为拉动内需，提前建设“中长期铁路网规划”部分项目。长期与铁路部门和设计单位保持联系的我们铁改办一帮人，似有顺风耳、千里眼，在 2008 年 3 月获知杭长高铁项目列入铁路建设名单，但预可研方案有“南线”和“北线”两个线位方案选择，只有走“南线”方案才会经过江山，而各地都已闻风而动。

信息就是机会，争取就有希望，尽力便不留遗憾！于是我们在第一时间将此重要信息向市委、市政府作了汇报。市委、市政府高度重视，主要领导当即作出指示：一定要牢牢把握这一历史性的重大机遇，把它作为事关江山长远发展、惠及子孙后代的大事来抓，加大力度，向上对接，千方百计地争取杭长高铁经江山并设站。

我们深知，对江山人来说，这是一个重大的历史机遇，一旦错过便无法弥补。究竟走“南线”还是“北线”，决策权在上层，有分量的话语权在设计单位。但江山市领导的重托、百姓的愿望就是我们努力的方向。

如何拼力将可能变为确定，将蓝图变成现实，对于我和我的团队而言是一次大考。其中付出的艰辛，非常人所知，更是一言难尽。

一开始，我们便动用一切人脉关系，想方设法主动争取上级铁路部门领导、专家和设计单位的认可支持；同时为了让事实说话，我协调发改、规划、交通运输等相关部门尽可能收集江山及周边县市的资料和数据，以更科学、更充分的事理和准确数据证实：杭长高铁走“南线”（经江山），虽然线路增长了一些，但经过的区域腹地平广，人口众多，经济实力强，发展后劲足，并且江山又是浙、闽、赣三省边界地区的重要县市，在人流、物流、资金流、信息流方面都有得天独厚的优势；还有江山驻军部队众多，“南线”方案有利于军队人员、物资的战略投送……一摞摞翔实而细致的数据资料，一个个科学而严谨的论据，不断论证着杭长高铁经过江山并在江山设站的科学性和可行性，并证明这是最佳的选择。我们整理资料、汇总数据、形成文件，分别呈送铁三院、铁四院、上海铁路局，争先挂上号，让他们了解并认识江山。

接下来，我们团队人员全身心地投入“争”项目这场战役。我们发扬千方百计、千言万语、千山万水、千辛万苦的“四千”精神，做到勤动脑、勤跑腿、勤用嘴。三天两头跑武汉、赴上海、上北京，不辞劳苦。尊重专家，礼遇贤才，是我们江山人固有的品质。对铁路部门和设计单位的领导、专家和设计人员，我们做到用心、用情、用法，抓住所有的机会和他们沟通交流，用最隆重的礼节来款待，逐渐取得互信，并建立了深厚情谊。记得2008年下半年，铁四院的专家们第一次来江山实地踏勘，我们热情接待，周密安排，细致服务。他们也是拼命工作、不知疲倦，爬高山、钻丛林、过溪河、入村户，一直忙到半夜，为了不影响第二天的工作，坚持连夜赶往江西上饶住宿。这种忘我的精神让我们深为感动，我立即安排专车并陪送，当赶到上饶酒店时已是夜深人静的午夜。这种全天候的配合陪送，也给他们留下了深刻的第一印象。一样的性情，一样务实的人走到一起定能碰出火花，我们成了“铁哥们”！“铁哥们”的忙能不帮吗？！这是江山赢得铁路部门、设计单位信任的秘方。铁四院专家组负责人在完成任务告别时，表示他们沿线一路走来，江山的服务是最好的，同时也夸奖江山人先知先觉，为线位方案优化赢得先机。2009年3月下旬，我专程赶赴萧山拜会铁道部鉴定中心常务副主任周孝文，碰巧专家们开会，我在会场外静候，从下午两点一直等到晚上十点。会议结束后，我谦恭地呈上材料，让周主任感动不已。次日又与其共进早餐，相谈甚欢。2009年4月4日，由周孝文带队的杭长高铁调研组来江山现场调研，我们将调研组一行从衢江与江山交界处接入，市长陈锦标、副市长朱新潮，铁办、交通运输、发改、规划、公安等相关部门负责人及相关工作人员全程陪同，直至调研结束，一路送至与玉山交界处。其间，调研组成员对通往玉山路段公路红绿灯全部为黄灯感到诧异，一问方知为保证调研组一行快速安全通行，我们人为将经过路段的红绿灯调为黄灯。江山的这一特意安排，着实让调研组领导和专家们感动。信任是沟通合作的桥梁，真诚让我们与铁路部门、设计单位的领导、专家建立了互信。注重平时交流，处处留心，及时将上级的信息和江山的情况有效对接……像这样的事，在高铁筹谋过程中不计其数。

那个阶段，我的大部分时间花在陪同市政府主要或分管领导赶往目的地的车上、会上；花在自己带队南下北上，到衢州，去省城，跑铁道部，进铁四院……拜访领导，对接专家，提供材料，汇报数据上。在走访领导和专家时，遇到门进不去，就找老乡介绍引荐，一次进不去，也不灰心，第二次、第三次再敲门。想方设法寻机会、想对策、找理由，自始至终地做到无缝对接，一路过五关斩六将，前后历时一年有余，终于将一盘“死棋”下活。

有志者事竟成！2008 年 12 月 5 日至 7 日，陈锦标市长带队赴湖南长沙潇湘华天大酒店。利用参加杭长高铁预可研审查会机会，我们一方面参加会议，介绍宣传江山的优势；另一方面，利用会议间隙走访与会领导、专家，确保杭长高铁线路经江山并设站作为推荐方案在会上顺利通过。由于我们前期基础工作扎实，宣传推介有力，随后这一方案分别在 2009 年 3 月 1 日至 5 日在北京召开的杭长高铁项目建议书评估会、5 月 11 至 14 日在北京召开的杭长高铁可研审查会一路顺利过会；最终，10 月 31 日至 11 月 3 日铁道部鉴定中心组织召开的杭长高铁初步设计审查会原则上同意杭长高铁的初步设计审查意见，同意新建高铁车场江山站，为两台四线的中间站，并与既有线并站设置。这标志着我市争取的杭长高铁项目“南线”方案正式落地。

从争取杭长高铁“南线”方案途经江山，到经江山并设站，到经江山设站与既有线并站，江山终于迎来有史以来投资规模最大、对江山经济社会拉动力最强、意义最深远的国家重点建设项目。

在争取项目期间，市委、市政府高瞻远瞩，运筹帷幄；市委书记傅根友、市长陈锦标亲力亲为，特别是陈锦标市长就杭长高铁“南线”方案向衢州市委书记孙建国作专题汇报并获得支持，为杭长高铁经江山并设站定了调；先后分管的副市长毛建国、朱新潮、姜方云、吴耀光、王子平等担当有为、协调有力、沟通有方；交通运输、规划、发改等相关部门，步调一致，上下一心，克难攻坚；我们铁办全体干部职工全力以赴，密切配合；铁道部计划司和鉴定中心、上海铁路局、沪昆客专浙江公司等都为江山建高铁的方案提出了建设性意见；铁四院为项目落地精心编制方案。其中主要有：主管杭长高铁项目的副总工程师陈泽建、杭长高铁总体设计负责人盛勇、铁四院副总体设计负责人童勇，以及在铁四院工作的江山赤子刘和芳、李寒生……无数贤能成为杭长高铁江山段的项目筹谋伯乐，为杭长高铁经江山并设站立下了汗马功劳。

胸有棋路：无缝对接，抢先机少留遗憾

2009年1月，杭长高铁江山段工程开工在即，市委、市政府为加强对这项工作的领导和总牵头，专门成立机构，安排编制，让我接任新组建的铁办主任，我及时落实办公场地，组建班子，招聘和借调工作人员，快速有序地开展工作。

新的棋局铺开了。为了能站高望远，我及时提出“同步跟进、无缝对接、不留遗憾”的目标要求，并将这一目标要求贴在公开墙上，作为铁办上下的行动指南，争取在高铁建设过程中，尽量少破坏、不破坏。要求大家对于每一件事，都想得比别人早，比别人多，比别人透，比别人广。我们从江山的长远利益出发，在线路、站位设计上棋先一步，为争取主动，寻找高铁建设和江山城市建设双赢的最佳方案。通过与铁四院的无缝对接，经我市相关部门反复讨论比较形成的线位走向方案呈送给铁路设计单位后，被基本上复制过去，这样该预留的就预留了，该规避的就规避了，为后续发展留足了空间。

2009年7月初，铁四院负责杭长高铁衢州至弋阳段勘测设计的第三测段现场组的工经、地路、桥梁、场站等技术人员相继进驻我市。为配合铁四院现场组对我市建材资源、设计线路内的房屋等进行详查和地质勘探等工作，我调排好铁办人员，与沿线乡镇（街道）、村干部一起冒着烈日酷暑，跋山涉水，行走在乡间小道。无论何时何地，只要现场组人员到场，就有铁办干部职工到场配合，现场组人员需要车辆、资料数据，铁办随时协助提供，并在生活上给予关心照顾。我们细致扎实的各项前期准备工作和务实的工作作风，感动了铁四院的技术人员，他们十分用心地在线位优化、货场迁建等方面充分考虑我市的要求进行方案设计优化。如高铁线路本来要从国家级重点职校——江山中专校园的中间穿过。为了让校园少被占位破坏，我们精心组织了一次中秋联欢晚会，设计人员通过与学校教师的联欢交流，对学校的诉求心领神会，经对设计方案的微调，最终线路调整到只占用校园一个边角。类似的如坛石镇潭边村公墓山和一家竹木制品企业，均通过设计微调、优化，取得了两全其美的效果。

江山铁路货场迁建项目是杭长高铁工程建设的重要组成部分，是国家、

浙江省的重点建设项目。江山货场的建设曾有两个方案，一个是迁建，一个是还建。考虑到江山的长远发展和规划布局等因素，利用杭长高铁穿越江山货场的契机，从优化城市布局、服务工业主战场、整合提升货场的综合功能出发，在我们的建议下，市委、市政府决定实施迁建方案。经与铁四院、上海铁路局和沪昆客专浙江公司的充分对接协商，按照贯通式标准，同时预留大唐发电、高新园区等企业铁路专用线接口条件进行方案设计，按照整列到发、分步实施建设的原则，获得铁道部批准。根据市政府与上海铁路局、沪昆客专浙江公司三方协议，沪昆客专浙江公司全额出资，新货场扩大到 348 亩（约 23.2 万平方米），新建货场与原上铺货场煤专线、水泥专线整合，设计年到发运量提升至 400 万吨，废弃的 100 亩（约 6.7 万平方米）货场土地还给江山。2013 年 9 月江山货场建成投用，实现规模扩大、功能提升和效能提高目标，成了浙西地区规模最大的铁路货场。新货场增加集装箱运输条件，方便我市及周边县（市）企业货物到发，实现路地双赢，并为一站式服务的提供打好基础。

同时，江山境内三个货场整合成两个货场，把江山物流、仓储等融为一体，并在新建货场安装了 36 吨和 40.5 吨门吊，为集装箱作业奠定了基础。为打通江山与宁波的货运通道，我们从建设海关监管、铁路专用线、物流（冷链）仓储和保税区等方面着手，谋划了公铁海联运项目，通过努力，总用地约 640 亩（约 42.7 万平方米）、总投资约 12.02 亿元的浙西公铁联运综合物流项目分步实施，先建设年配送小型汽车约 20 万辆的汽车配送基地。年通关集装箱量 5 万标准箱以上、年配送冷链物流 5 万吨以上的无水港项目，将于 2021 年年底建成。无中生有、破天荒地建起一个无水港项目，为助推区域经济发展、构建区域性物流大平台、打造绿色交通和提升辐射功能、促进江山物流业发展、助力跨境电商和浙闽赣皖综合保税区加快落地打下了基础。

双江线是江山市区通往衢州市的主要交通干道之一，南连市区主干道礼贤路，北连京台高速公路衢州南出口，途经四都、上余两个镇，涉及 29 个村 5 万余人，经过江山市功能小区之一的四都机电工业功能区，是江山市城北主要入城口之一。市委、市政府高度重视，要求把握住杭长高铁江山段建设这一历史性机遇，用长远发展的眼光，千方百计争取礼贤路至双江线（毛塘山）公铁立交上跨方案。但这条路上跨立交方案涉及杭长高铁和既有沪昆线，在国家“高速铁路沿线公跨铁如无特殊原因原则要求下穿”的明文规定下，争取双跨铁路线上跨方案的难度可想而知。为了保证双江线功能和江山城北大门的形象，我随同市几任分管领导多次赴沪昆客专浙江公司、铁四院等单位对接洽谈、沟通协商，从上跨不会积水、养护低成本和安全性、技术可行性，以及江山市沿线乡镇（街道）干部群众诉求等层面阐述我方意见。经不懈努力，沪昆客专浙江公司和铁四院的领导和专家，既被我们百折不挠、全力争取的精神所感动，又被我市翔实的数据所说服，也出于对我市支持铁路工作的感激，同意了上跨方案。沪昆客专浙江公司董事长、总经理兼上海铁路局副局长张扬带队来江调研，并为礼贤路至双江线（毛塘山）立交上跨方案定调，报铁道部并获得批准，为我市绘就城市北部的建设蓝图奠定了基础。

杭长高铁江山段动工建设之后，为方便老百姓出行，担负重托的铁办人便着手谋划争取高铁动车在江设存车线和始发站。我们通过翔实的客源数据反馈和江山作为上海铁路局和南昌铁路局的局界站这一特殊区位，及时向铁路部门建议，在江山站杭长高铁高速场建设折返渡线、存车线，满足高铁动车在江过夜、清洗、折返要求，为江山每天早晨及各黄金时间段均可始发前往杭州、上海端的高铁动车创造条件，也为下一步争取江山至北京高铁动车赢得先机。意想不到的是，我们的建议与铁路部门的思路不谋而合，路地双方建设存车线项目萌芽出土。同时，在对接协调中，我们江山也慷慨表态出资200余万元建设司乘人员公寓，由此，路地双方建设存车线的目标更加一致。在上海铁路局客运处处长时建平的关心支持下，根据江山站作为跨局交接站的地位和局管运输组织的需要，从有利于缓解杭长高铁浙江段杭州动车组存放场所饱和压力；有利于江山站动车组夜间存放及早上发车，避免从杭州、上海端和南昌、长沙端发车，出现早7至9时和晚20至23时江山等沿线小站旅客出行高峰而出现空窗期；有利于江山及周边县（市）与长三角地区联系的加强和旅客出行的方便等方面出发，上海铁路局向中国铁路总公司报请在江山站增设两条存车线的变更设计方案。该方案在中国铁路总公司审批期间，我们通过人脉关系全程跟踪进展，报批程序走到哪一步，我们都清楚掌握。2014年11月16日，项目变更设计得到中国铁路总公司批复，当晚我们就获知签批信息。江山成了杭长高铁唯一拥有存车线的县级市，为我市极力争取江山至北京南等始发高铁动车提供了条件，也为今后增加始发高铁动车车次预留了空间。

由于我们全盘充分考虑，项目前期做足了功课，棋高一着，占得先机，高铁建设、铁路货场整合搬迁、折返站、存车线这四步棋步步为营，先后得到一一落实。

实践证明，我们的超前谋划，为高铁建设的顺利进行奠定了基础，从而拓展了城市空间，提升了城市品位。

胸有棋道：以人为本，抢先锋创征迁奇迹

有人说："征迁"是天下第一难事。杭长高铁江山段沿线的征迁任务是繁重而艰巨的。2010 年的大征迁涉及 7 个乡镇（街道）、32 个行政村，共需拆迁房屋 480 户 156428 平方米，征收土地 2100 余亩（约 1.4 平方千米），迁移坟墓 868 穴。既要做好征迁，又要配套安置，让拆迁安置群众满意，压在我们肩上的担子的确很重。

市委、市政府尤其重视，市委书记、市长亲自挂帅当总指挥，沿用浙赣铁路电气化改造时的成功经验，给沿线的乡镇明确了征迁时间、任务要求，形成压力和推动力。征迁工作既要有超前意识，又要有章法。我们紧紧抓住拆迁和安置两个至关重要的环节，一切工作严格规范，执行公开透明，连细枝末节都不容忽视，以"一盘棋"思想统筹兼顾整个征迁工作。

征迁工作开展的前期，沿线个别群众得知国家重点工程即将启动，为获得更多的补偿款，对征迁范围内的建筑实施突击装潢、抢搭建和抢种植。此类行为若不能及时遏制，势必影响评估补偿的公平和公正性。我们及时协调相关部门深入沿线镇、村，细致地做好说服教育工作，及时予以制止。在征迁工作中，拆迁红线一确定，随即组织详查评估，并在评估结束的第一时间，指导沿线乡镇（街道）村做到"三上墙"，即补偿拆迁政策上墙、房屋拆迁评估数据上墙、宅基地安排上墙公示，坚持公开、公平、公正，接受监督。

加快安置点建设是征迁工作顺利推进的重要保障。征迁伊始，为了让

安置户有良好的居住、生活和交通环境，我们会同市相关部门高起点规划、高标准设计、高规格市政配套、高要求建设管理。我们结合乡镇（街道）、村实际情况，广泛征求拆迁户意见，因地制宜地开展安置点规划设计工作，及时开展地质勘探、红线图设计和建设用地勘界、户型设计、标高确定及“三通一平”等前期工作。征迁动员会开完后，一个月内完成16个安置点的平面规划、市政设计、土石方测量等工作，两个月内全部放样到户。为让安置户住上比城市人还漂亮舒适的新房，把安置点建成我市“中国幸福乡村”的示范点，我们抽专人、配专车，专门负责安置点建设的管理、协调和指导工作，着力抓好安置点市政、绿化等配套设施建设。通过征迁安置，我深有体会，大多数老百姓支持高铁建设、支持重点工程，他们发扬风格，主动配合，所以铁办不能让老百姓失望。我反复强调，安置点要按照新农村建设的标准，尊重民意，科学规范设计建设。如今，这些安置点已成为一道道亮丽的风景线，拆迁户在此安居乐业，其乐融融。其中，麻车安置点除了“六通一平”外，在全市集中安置点中第一个铺通管道燃气，第一个铺筑柏油路。为方便群众生产和生活需要，我们还专门在安置点内建了集健身、摆宴席、晒场为一体的球场，成为杭长高铁沿线各市县（区）借鉴学习的样板。

作为铁办负责人，面对繁杂紧迫的征迁工作，我坚持阳光操作，一把尺子量到底。我提出“一线工作法”“早做一步法”“一次做对法”等工作思路和方法，带领全办人员全身心扑在工作上。每天既要统筹安排整个征地拆迁安置工作，又要协调沿线乡镇（街道）、拆迁公司和规划、国土、林业及三线部门的关系。总是一边及时制定计划，深入现场了解工作进度，协调解决问题；一边提供可靠的数据供领导决策之用。工作千头万绪，纷繁复杂，但我把握棋道，指挥若定。

为了宣传和鼓劲，调动各方的积极性，我联系市委宣传部、江山婺剧团等部门单位，特地办了高铁宣传一台戏、一份简报。通过一台戏的宣传，沿线的群众家喻户晓，知道江山高铁建设的重大意义，理解和支持高铁建设；通过一份简报定期不定期（有时甚至一周两份）地及时宣传典型事例，推广好做法、好经验，公布征地、拆迁进度，形成压力和动力，推动乡镇（街道）领导包片包村包户开展工作，有效助力征迁工作推进。

俗话说各家有各家的事，家家有本难念的经，我们铁办也不例外。征迁期间，有的家中有老人、小孩或病人需要照顾，有的子女备战中高考，有的本人健康时不时出现问题，但大家都能自己克服，轻伤不下火线，没有一个人因事因病请假，大家经常早出晚归，披星戴月，“白加黑”，“五加二”，一心扑在工作上。如副主任徐辉在征迁工作启动后最繁忙的六七月份，父亲因肺癌晚期住院治疗，为了打好征迁安置这场硬仗，他几乎每天都带领部下赴征迁安置第一线，经常要到半夜才能返回陪伴照顾一下父亲。其父亲临终那天，他仍在参加一个征迁会议，当接到家人电话，匆匆赶到医院时，父亲已不能开口言语，只是瞪着眼睛遗憾地望着他。为了不影响工作，在处理父亲的后事时，他忍着巨大悲痛说服家人和亲戚，做到丧事从速从简，葬礼后第二天，就戴着黑纱来到了征迁现场。

“天下第一难”的征迁工作，涉及方方面面的利益，稍有不慎，就可能引发群体性事件，造成工作被动。征地难，拆迁难，难就难在群众对征迁工作意义不理解，对征迁政策不了解。为了确保项目按计划有序进行，我们除了紧紧依靠沿线乡镇（街道）党委、政府开展工作外，还经常深入拆迁户家中，了解征迁户的思想动态，耐心细致地做思想动员工作，坚持用真心换取民心，用热情融化“坚冰”，以实际行动赢得群众的信任和支持。在与一个有一定社会背景、用地性质为国有土地的企业主进行谈判时，我与工作人员发扬“蚂蟥精神”，先后 10 多次上门为该企业主解决困难，答疑解惑，以诚心、耐心取得该企业主的理解，最终签订了拆迁协议。

我坚持带头尽可能多到征迁一线，跋山涉水，一身汗水，两脚黄泥。起初，市铁办的年轻人对我的工作作风很不习惯，说我是“工作狂”“拼命三郎”。但随着时间的推移，大家渐渐习惯和适应了，都跟着我的节奏无怨无悔地扑在征迁工作上。

2010 年 8 月中旬，受台风影响，江山市暴风雨不断。当时，上余镇五程村的拆迁工作正进入最后的攻坚阶段，只剩几户还未拆完。在这节骨眼上，若是停工，耽误几天后拆迁户可能会反悔，直接影响工作进度；拆吧，风雨又那么大，走村入户也有危险。两难之际，经过商量，我们一致决定要把拆迁工作进行到底。当我和同事们冒着暴风雨像落汤鸡一样出现在拆迁户面前时，他们无不为之动容，纷纷递上毛巾，端上热茶，并主动配合完成房屋拆迁。从那以后，拆迁户们给了工作人员更大的理解和支持，极大地推动了征迁进度，平稳和谐地完成了艰巨的征迁工作。

从 2010 年 6 月 22 日江山市召开杭长高铁江山段工程征迁动员会以来，一张征迁工作进程表，可以看出骄人的“江山速度”：

17 天，100% 完成土地征收协议的签订；

26 天，100% 完成征迁土地的交付使用；

33 天，完成坟墓迁移，公墓、企业和国有土地等各类补偿评估；

36 天，560 亩（约 37.3 万平方米）临时用地全部交付施工单位使用；

38 天，100% 红线内完成土地地面清表；

70 天，全线红线内应拆房屋全部签订协议并予以拆除；

7 个月，完成江山货场搬迁上铺的房屋征迁和土地征收。

……

江山上下齐心协力，只争朝夕，仅用 3 个月的时间就完成了杭长高铁主线红线内土地征收、房屋拆迁工作，比省政府规定的时间整整提前 6 个月，获得了全省第一名，创造了“江山速度”，一马当先地跑在浙江沿线县市（区）的前面。整个征迁过程实现进京赴杭和群体性到衢州均零上访，实现了和谐大征迁，受到了沪昆客专浙江公司和省重点办、省统征办的通报表彰。衢州市委书记孙建国欣然批示：“江山市组织有力，工作扎实，成绩显著，在全省率先完成杭长高铁征迁任务，为我市争得荣誉，应予充分肯定。”我个人也荣获中华全国铁路总工会“火车头”奖章。

胸有棋盘：科学统筹，抢进度确保施工无障碍

杭长高铁工程是一项系统工程，点多线长面广，涉及多个部门、乡镇（街道）和村，从全局看，留足发展空间，事关江山后续发展；从局部看，涉及群众生产生活利益的事无小事。

为将好事办好，实事做实，做到未雨绸缪，科学统筹很重要。在我们的建议下，市政府及时组织铁办、规划、交通等相关部门和沿线乡镇（街道）、村，会同设计单位，在沿线多次开展现地踏勘，结合路地双方的意见，对 205 国道、48 省道、城区和高新园区等近 20 处重要交通节点作了近远期规划预留，为江山市下一步规划发展夯实基础。同时对沿线 20 余处穿越高铁线的供水、

电力、通信光缆、天然气、排污等设施作了预埋预留，对20余处跨铁路管线作了预铺埋。我们及时协调施工单位，对114处，涉及土地54处、总面积21540平方米的需要改路、改渠、改溪等小“三改”工程进行精心设计和方案论证，并在沿线县（市）中率先完成方案设计报批，项目如期实施。施工过程严格管理，确保质量，受到了沪昆客专浙江公司的肯定，并在杭长高铁浙江段全线推广。

加强路地合作，确保“无障碍”施工。市委、市政府要求全市上下将杭长高铁工程建设当作地方自己的大事来做，做好路地无缝对接，确保工程“无障碍”施工。在杭长高铁建设的5年间，我们一直与沪昆客专浙江公司、中铁十九局等项目业主、施工监理单位密切配合，有困难相互帮助，有需求互相支持，携手共建，取得了丰硕成果。同时路地双方都加深了了解，增进了友谊和互信。在工程前期基础工作、施工单位进场准备、工程动工等各个环节，我们协调各相关部门和沿线乡镇（街道），要人出人，要力出力，积极主动配合铁路设计、施工单位。对工程施工需要的弃土场、拌和站、制梁场、施工便道、电力走廊等大小临时用地，及时进行规划选址，从而确保项目施工建设井然有序，一路高歌猛进，得到沪昆客专浙江公司和施工单位的一致肯定和好评。正如沪昆客专浙江公司工程部部长徐东辉所说：江山对高铁的建设不是作为一项任务，而是作为自己的事业，作为拉动经济的一项惠民工程来做的。

时至2014年8月，一盘大棋终于进入收官阶段，我和铁办的工作人员丝毫没有松懈：强抓礼贤路上跨桥及接线工程进度，力争在高铁通车时上跨也变为通途；力促折返站和两条存车线建设进度，确保高铁动车江山往杭州、上海方向具备多趟高铁动车的始发条件和能在江山停靠过夜，方便江山及周边百姓出行；齐抓主线和配套工程的收尾工作等。我们善始善终地走好了每一步棋。

胸有棋局：再绘蓝图，抢机遇开直达北京先河

20世纪80年代初，我在杭州上学时，从江山至杭州都坐绿皮火车。当时就非常羡慕衢州有到北京的特快列车，心想，我要是什么时候能在家门

口坐上直达北京的快速列车，那将是多么美好的事情。2013年下半年以来，随着杭长高铁建成步伐的临近，杭长高铁建成通车后应当为江山带来什么，为江山百姓出行提供怎么样的方便，成了我经常思考的问题。在关注和争取2014年春节铁路运行图的过程中，通过走访拜望金华车务段和上海铁路局等有关领导，我清楚地认识到，江山人经过六七年的努力争取和全力支持建设的高铁，不就为一张高铁运行图吗？由此启发，我有了争取开通江山至北京高铁动车的初衷。

从2014年2月24日起，高铁运行图的关注已成为市铁办的一大重点工作。可县级市开通至北京的列车，全国没有先例，更何况要开通的是高铁动车，难度可想而知。项目一开始便遇到重重困难，我们带着请示文件赴上海铁路局对接，上海铁路局领导给予“当头一棒”：不可能！马上列出一系列理由：江山至北京距离远，高铁动车检修难；跨局管段无进京时间点，需中国铁路总公司统一调度；客源难以保障；沿线各地都在争取开设至北京始发列车；等等。一堆现实难题像山一样横亘在我们的面前。

面对如此艰难的事情，我们没有放弃，保留直通北京的希望。为争取好的结果，我们先从基础工作做起，组织人员开展客源调查，通过多种内部途径获知，衢州每天有两个班次的民航飞机往返衢州和北京之间，每班次乘客约150人，其中50%的乘客来自江山或与江山相邻的常山和江西玉山、广丰及福建浦城等地；江山有4000多人长期在北京从事消防、建筑装潢、电器设备等商务活动，其中在北京注册成立的大小企业有400多家，他们将江山、北京作为产销地，两地人员来往频繁。高铁动车与民航相比，优势是显而易见的，可以相信他们大多数人会选择更便捷的高铁动车，所以客源是充足的。

有了真实可靠的数据，也就有了底气。2014年5月26日，我们向上海铁路局呈送《关于请求开通江山至北京高铁动车的函》。在行文中，我们以科学发展观实事求是地陈述了开通江山至北京高铁动车的三大理由和一大诉求：一是江山站杭长高铁高速场具备往北京方向的折返、存车条件，而且存车线项目也完成了审批；二是江山特殊的地理位置和丰富的旅游资源赋予铁路江山站今后更大的发展潜力；三是江山与铁路部门在长期的路地合作中建立了深厚感情；四是作为拥有江郎山世界自然遗产的旅游城市，开通直通北京的高铁列车，对江山经济社会发展非常重要，这也是浙江常山、福建浦城、江西广丰等周边县市老百姓期盼已久的事。

为实现目标，我们在开通江山至北京高铁动车的争取过程中分两步走。第一步，保持与金华车务段对接，打好基础。我们积极主动地与金华车务段领导沟通，争取最大化的支持。2014 年 6 月初，我们摸清金华车务段段长毛金民祖籍江山、老家在木西坂村的情况后，向分管副市长王子平汇报。后来王子平副市长带队，带上江山毛氏族谱登门拜访，在与其交流时，真诚地拿出江山毛氏族谱给他看，并认真地给他讲解江山毛氏的千年变迁。具有强烈家乡情感的毛金民被家乡人争项目的韧性所折服，当即表示一定要为家乡人民力所能及地做些实事。同时，江山的争取工作，对金华车务段开通直达北京的高铁动车，解决段内乘客一站直达北京、方便老百姓出行有了新的认识和驱动力。第二步，不停走访上海铁路局，夯实基础。能否开通江山至北京的高铁动车，上海铁路局的支持是关键。2014 年 7 月中旬，我陪同副市长王子平专程赴上海铁路局客运处，将精心调查研究之后拟就的数据翔实、论证充分的《关于请求开通江山至北京高铁动车的函》呈送到时建平处长手上，极其诚恳地反映我市的诉求。当然我们心里清楚，就凭一份可行性文件跑一两次是不可能如愿的，好事得多磨。为此，我们一次又一次地专程跑上海铁路局客运处，拿江山人的话说就是“没柴不下山”，每次都献上江山人民的一片真情和希望。时建平处长为人直爽，在长期的路地合作中对江山留下了良好的印象，从路地双赢的角度出发，他为开通江山至北京动车奔走呼吁。江山人由此看到了希望的曙光。

与此同时，为获得铁路总公司的支持，我又陪同副市长王子平奔赴北京，拜见中国铁路总公司运输局领导，呈上我市进一步完善的《关于请求开通江山至北京高铁动车的函》，真诚地反映我市的迫切要求和愿望。

机遇总是留给有准备之人。在我市马不停蹄的争取中，2014 年 10 月 30 日，时建平处长、毛金民段长一行来江检查杭长高铁开通前准备工作。在市委书记吕跃龙等的陪同下，时建平一行前往江山火车站售票处、候车大厅、站台实地踏看后，充分肯定我市杭长高铁开通前的准备工作，认为江山市委、市政府高度重视、措施有力，各项准备工作有序推进并如期完成，完全具备高铁开通运营条件，为杭长高铁建设起到了很好的示范作用。并通报高铁开通的大致安排，表示江山有 34 趟高铁动办客，有江山至杭州、合肥等 7 趟始发高铁动车，尤其江山至北京高铁动车也列入计划。时建平处长的肯定和高铁开通计划的提前通报，让我市在场领导和相关部门负责人都非常高兴，吕跃龙书记当即代表江山市委、市政府向上海铁路局对江山经济社会发展的关心和支持表示感谢，并表态下一步江山市将加快完善各项配套设施建设，以杭长高铁开通为契机，积极拥抱“高铁时代”，大力发展“高铁经济”，加快推动区域经济跨越发展。

精诚所至，金石为开。有了上海铁路局的高度肯定和坚定支持，开通江山至北京高铁动车的梦想，从当初的遥遥无期变成近在咫尺。

然而此时却节外生枝，网络上出现 2014 年 12 月 10 日中国铁路总公司大调图的帖子，江山至北京南高铁动车赫然在目，连发车时间都确定了：8:22！互联网新媒体时代，这个帖子迅速被海量转发。一石激起千层浪，沿线各地政府领导及部门负责人纷纷赴上海铁路局，要求开通至北京的始发高铁动车，给上海铁路局和江山带来了巨大压力。在得知这一消息后，按照吕跃龙书记指示，我连夜赶往上海，到上海时已是凌晨一点，我顾不上休息，马上准备应对方案，直到天亮。时建平处长也顶住了来自铁路内部和地方的双重压力，坚持已有的合理方案，第一时间向我们通报情况以及运行图在公布前的相关工作，要求我们一是保持低调，二是保持沟通。由于应对及时，并保持高度警觉，密切关注网络舆情，正面引导解释，我市的运行图终于保住了。

2014 年 11 月 20 日，中国铁路总公司官方正式公布 12 月 10 日运行图，江山至北京南高铁动车榜上有名，创全国县级市高铁直达北京之先河。运行图上共有 34 趟高铁动车在江办客，其中始发终到 7 对，为杭长高铁浙江段沿线县（市）始发高铁动车最多的县级市。

2014 年 12 月 10 日，随着杭长高铁江山站开通，江山人的高铁梦和直达北京的梦，双双梦想成真！

首都北京，小城江山，在这个冬天，因为高铁，携手相拥。

吃水不忘挖井人，滴水之恩当涌泉相报也是江山人的品格。杭长高铁江山站开通的次日，我随市委副书记、市长叶美峰和副市长宁晔、王子平以及相关部门负责人，一同乘坐 G46 次高铁动车赴北京参加“坐高铁游江山”新闻发布会，并专门拜访、感谢中国铁路总公司相关领导以及劳卫司张志农司长等领导。2015 年 3 月 9 日，市政府在第七次全体（扩大）会议上，隆重表彰了杭长高铁江山段建设开通工作先进集体和个人，其中：授予上海铁路局副局级领导兼客运处处长时建平、沪昆客专浙江公司常务副总经理高静华、金华车务段段长毛金民 3 位同志“江山市荣誉市民”称号；铁四院站场室主任刘和芳、铁四院北京分院院长李寒生 2 位同志记个人三等功一次；泉州中闽交通勘察设计有限公司董事长陆立太通报嘉奖。他们及幕后的仁人志士都为江山高铁建设和开通江山至北京南高铁动车立下汗马功劳，做出巨大贡献，实至名归。

作为先后任市铁改办主任和市铁办主任的我，积极主动参与其中，努力下活杭长高铁这盘大棋，确保杭长高铁江山段顺利建成，成为江山交通史上的里程碑。同时，也布置江山铁路交通未来发展棋局。2009 年 9 月，在赴省发改委对接杭长高铁开工建设相关工作时，获悉省规划建设杭衢铁路相关信息，我主动联系省发改委相关领导并咨询有关专家，在他们的建议下，我有了争取杭衢铁路延伸至江山和江浦铁路列入省级以上规划的设想。返回后，我及时将信息呈报市主要领导和分管领导，市领导也高度重视并要求我们积极做好争取工作。我们立即会同发改、规划等部门对两条铁路线位走向开展前期研究和规划预留，准备好基础数据，及时向省发改委行文，委托设计单位编制杭衢铁路项目预可研。与此同时，我们主动联系福建浦城县铁办，双方建立工作机制，共同委托铁四院编制江山至浦城铁路项目预可研，两地政府联合向铁道部行文，我多次与浦城县分管铁路工作的县人大常委会领导一同赴北京向铁道部经规院对接沟通。经多方几年合力争取，2012 年杭衢铁路延伸至江山和江山至浦城铁路项目成功列入“浙江省铁路网规划（2011—2030 年）”，我市重大战略性项目取得了又一新突破。如今，杭衢铁路已于 2020 年 5 月启动建设，江山站随着杭衢铁路的建设将拆除重建，面积由原来的 4550 平方米扩大到 15000 平方米，功能显著提升；江浦铁路也转为杭（州）深（圳）铁路衢州至武夷山段，列入浙江、福建两省铁路网规划，并正在争列国家铁路网规划。到 2023 年，江山将进入杭长、杭衢双高铁时代，再建的江山客站又将成为我市新的标志性建筑和一道亮丽的城市景观。未来，随着杭深铁路的建设，杭长、杭衢和杭深铁路在江山站交会互通，江山有望成为浙、闽、赣三省边际铁路交通枢纽，江山的区位优势将更突显，老百姓出行将更方便。

看似寻常最奇崛，成如容易却艰辛。回眸建设的历程，我们感怀杭长高铁凯歌迈进，顺利建成通车并实现高铁动车直通北京的目标，目睹杭衢铁路江山段轰轰烈烈的施工场面，展望不远的将来杭深高铁建设。作为曾经参与江山铁路交通建设的一员，深感荣幸与自豪，江山铁路交通事业取得重大成就，我个人及团队成员在其中做了一些工作，但离不开历任市委、市政府领导的高度重视，他们亲自带队向上对接和争取；离不开市人大、政协和老干部们的高度关注及热心指导；离不开相关部门的紧密配合、协同作战；离不开高铁沿线乡镇（街道）、村的干部群众识大体、顾大局、全力支持国家重点项目建设的配合；离不开社会各界的关注和支持。同时，也离不开铁路总公司，省委、省政府和衢州市委、市政府的关怀和指导；离不开上海铁路局，以及省发改委和省统征办等部门的支持和帮助；离不开沪昆客专浙江公司和铁四院等业主、设计单位的长期配合和给力帮助；离不开中铁十九局、中铁电化局、中国铁通和中铁三局线路分公司等施工、监理单位锐意进取、顽强拼搏、永攀高峰的奉献精神；离不开福建南平、浦城等兄弟市（县）的共同努力……

所有过往，皆为序章；所有未来，皆可期待。回望过去，杭长高铁的棋已完胜；放眼今朝，杭衢高铁的棋已稳赢；展望未来，杭深高铁等棋还将走下去……怀揣梦想，坚定信念，众志成城，让梦开花。腾飞吧，高铁，一路前行，一路收获成功与希望！

（严肖强，荣获中华全国铁路总工会“火车头”奖章，曾任江山市铁路工作领导小组办公室主任。）

难忘的抗疫经历

郑积才

2019年12月以来，武汉出现多例不明原因的肺炎患者。作为一名长期从事传染病诊治工作的医生，我也始终关注其进展。2020年1月中旬，考虑到春节将至，人员流动频繁，形势不容乐观，医院多次开会，传达相关会议精神，布置相关事项，做相关的准备工作。我也从1月13日开始放弃休息，着手防控准备工作，想着能让科室人员平安、顺利过年。只是当时信息很多、很杂，更新又快，不知道哪些信息是真实的，哪些是不确切的。

1月18日，科室收住并隔离了第一位从武汉返江的肺炎患者，当时尚不能做核酸检测，只能把病人隔离在病房。我每天小心翼翼地穿着防护服查房，想着下一步该如何处理，想着什么时候才能有检测手段，把病人及时筛查出来。1月24日，即农历大年三十，发热门诊患者突然呈爆发式增长。了解到这一情况后，我马上向院领导汇报，科室全体医务人员立即行动起来，腾出三楼病房，作为收治隔离病人专用。下午，接疾控中心报告，隔离病房一名武汉返江患者新型冠状病毒核酸初筛阳性，等待衢州进一步复核。接到电话后，我立即来到会议室，参加相关职能部门及专家组成员会议，商议下一步防控工作。大家都怀着忐忑不安的心情等待着最终结果，明知确诊的可能性很大，可还是希望最好能排除。晚上6时，尚未接到衢州疾控检测报告，朱良副局长说："饭还是要吃的，给大家两个小时，先回去吃年夜饭吧，吃完马上回来。"我匆匆回家，吃了晚饭，于晚上7时30分回到科室，组织科室人员把二楼病房也腾空作为隔离病房使用。同时，对新收治到隔离病房的患者，我都仔细询问病史及流行病学情况，做了相应筛查，一直忙到次日凌晨5时。24日23时30分左右，衢州疾控报告武汉返江患者新型冠状病毒核酸阳性。

发热门诊是筛查新冠肺炎患者的第一道关卡，必须做到不漏诊、误诊、错诊一例患者；不能让发热门诊医患、患者之间出现院内交叉感染，这是底线。每天白天、夜间，我都会抽时间进发热门诊，了解情况，对重点病人现场会诊，对部分不配合的排查对象做好沟通、解释工作。发热门诊医生在诊治过程中遇到问题必须打电话向我汇报。

隔离病房病人的安全同样重要，科室主任必须掌握病房重点病人的所有情况。1月27日，隔离病房一名新冠肺炎确诊患者有发热，考虑病情较重，接触病人感染风险大，我身先士卒，穿戴好相关防护设备，亲自带着患者通过指定路线，进行胸部CT检查。29日，该患者诉胸闷。为掌握患者的相关情况，我又穿好防护服，进入病房，询问病情，检测患者的生命体征，听诊肺部情况，组织院内专家组讨论，及时联系上级医院专家会诊。

在这一时期，整个医院都弥漫着紧张的气氛，所有的信息，所有的中心工作，最终都要汇集到我这里。我既要参加各种防控会议，接受工作安排，并把上面安排的工作及时、准确地布置、执行下去，安排协调好科室上班人员工作；又要指导科室医生做好患者的流行病学调查、病情评估、诊治工作以及患者信息的上报、核酸检测的申请；还要和院感、公卫科一起做好院感防控工作，做好和后勤部门、信息部门的协调沟通工作，以及和检验科、放射科的联系协调工作，做到既能让患者得到及时的检查，又要做好院感隔离工作，防止患者之间、患者和医务人员之间的交叉感染。同时还得接受医共体及其他医疗机构相关人员的工作咨询。从大年三十开始，我连续40多天没有休息，每天早上7点多开始工作，一直要忙到次日凌晨三四点钟，才能休息一下，其间还要不断地接听各方面的电话，处理各种事项，最繁忙的时候，每天要接听200多个电话。后来，随着疫情逐步平稳，发热患者减少，我才慢慢回到日常工作状态。

2020年，发热门诊先后接诊门诊病人8000多人次，隔离住院病人900多人次，最终确诊了6名新冠肺炎患者。没有一例新冠肺炎患者漏诊，也没有出现院内感染情况。我们做到了“早发现、早报告、早诊断、早隔离、早治疗”，为尽快控制疫情、防止疫情的传播，为完成省政府要求的医务人员零感染、病人零死亡的目标尽了自己最大的努力。后来，我被评为“浙江省抗疫优秀感染科医师”“衢州市抗击新冠肺炎疫情先进个人”，并分别荣立衢州市人民政府和江山市人民政府个人三等功。

（郑积才，荣立衢州市人民政府个人三等功，江山市人民医院主任医师、感染科主任。）

担当、尽责、感动

——我的抗疫经历

祝翠霞

我是江山市人民医院护理部主任，管理全院400多名护理人员。江山市人民医院是我市唯一的一家疫情定点医院，在这次新冠肺炎疫情防控中是任务最多、责任最重、风险最大的地方。

2020年1月18日下班后，我接到医院通知，发热门诊要加强力量，指派固定人员分诊，流行病学史为14天内武汉回来或与武汉回来的人有接触，体温等于或高于37.3℃算发热，就应到发热门诊就诊。现在回想起来，这个电话就是抗疫的冲锋号，从接到这个电话开始，我就踏上了工作三十年都没有经历过的抗疫路程。

1月19日一上班，医院就组织开会，布置如何落实发热门诊的管理，检查发热门诊、负压病房设施情况，检查门诊一楼分诊点和急诊、发热门诊护士分诊情况，医务科组织发热患者就诊处置演练。

1月20日，通知诊疗场所工作人员必须戴医用外科口罩。发热门诊、感染科门诊、呼吸科门诊须戴N95口罩，穿隔离衣。用含醇消毒剂，做好手卫生，做好自身防护。防护用品申领要院感科审批，制定钉钉审批流程。

1月21日14:30，召开护士长会议，强调了防控形势，防止出现医务人员感染、院内感染。不信谣，不传谣。

1月22日，通知科室护士长防护用品要加锁保存，按人领用。联系设备科采购额温枪、耳温枪，应对就诊患者测体温问题。排出进负压病房的梯队护理人员名单。组织人员上午、下午各一次对工作人员诊疗场所戴口罩进行检查，对不戴口罩者当即指出，通报全院护士检查结果，再次强调自身防护的重要性。

此后，每天都有新的通知、规定要落实，感觉上面对防控的要求越来越严格了，不亚于2003年应对SARS。

我原本计划全家四口到深圳妹妹家过年，先前已经买好1月24日衢州去深圳的飞机票，准备赶到深圳吃年夜饭。父母亲1月初就到深圳了，哥哥一家三口放寒假后也已出发。1月22日听说衢州已经发现阳性患者了，我想：衢州离江山这么近，人员流动非常多，江山随时可能会出现阳性患者，而且医院的事情非常多，就与丈夫商量不去深圳了，医院工作更重要。丈夫征求我爸意见，老人家很支持，当即就退票，退票费花了2000多元。

现在回想起来，我们医院领导很有前瞻性，很早就意识到防护用品的管理问题。领导们各显神通，采购防护用品，虽然口罩、防护服存量很少，采购很困难，很多时候担心不够用，但通过努力，整个抗疫过程中我院的防护用品还是能正常使用的，保障了一线抗疫人员的安全。

从1月23日开始，疫区回来就诊的患者越来越多，我院开始不断增加人手、扩大场地。过年期间，工人都放假了，只有依靠自己，我们身兼多职，有时是搬运工，有时是清洁工，有时是引导员……

1月23日，发热门诊增派护士。

1月24日上午，搬空八号楼感染科三楼患者，空出整层病房作为隔离留观病区收住新冠肺炎隔离患者，抽调一批护理人员护理隔离患者。当天下午，我接到通知有阳性患者，负压病房要开放，于是紧急通知第一批医护人员做好进入负压病房的准备。整个江山从上到下行动起来，乡镇、街道通知从疫区回来的人员都要到人民医院排查、验血；做肺部CT；进行两次核酸检测，两次检测应间隔24小时以上；每位患者都应住单间。这一天是大年夜，发热门诊就诊的患者更多了，我们排出更多的护士进行分诊、导诊，夜间发热门诊就诊患者仍人来人往。22:45召开会议，讨论新冠肺炎疫情防控问题，一直开到次日凌晨两点。

1月25日，隔离病房防护口罩已经没有几个了，新采购的也不知何时能到货，各科室均备有院感防护箱，于是我去各科室收取N95口罩、防护服，交设备科供全院统一调配。感染科三楼疑似患者很多，没有专职护士长管理，院感风险很大，我赶紧调派护士长专门负责。19:30接通知，感染科三楼没有空病床，门诊有很多患者没法收住，决定把感染科二楼患者连夜搬到内科大楼三号楼空楼层十三楼，腾出病房收住新冠排查患者。于是我连夜与总务科及其他职能科室一起落实搬迁事宜，帮助护送患者、运送物品和病床准备，患者及家属都非常配合。22:30，最后一名患者到达新病区，无意外发生。

1 月 26 日 21:00，接通知，新冠排查患者收不进去，要开九号楼三楼。我立即动员护理部全体人员帮助总务科落实物资调配、场地布置工作。

1 月 27 日凌晨 1:30，指引第一次 PCR 阴性的 11 名患者从感染科二楼转到九号楼三楼。下午，开放 905 病床 7 张，做好收住新冠肺炎隔离患者准备。17:30 接到通知，凌晨转到九号楼的 11 名患者第二次核酸检测阴性，必须尽快做好出院终末处置。当时已过下班时间，没有工人，我立即通知护理部 4 人去做病床终末处置：拆去脏被服，消毒病房、桌子、病床，拖地，铺床，烧开水……21:30，把感染科又一批第一次核酸阴性的 11 名患者转至九号楼。

1 月 28 日，接到通知，疫区包括湖北和杭州、台州、温州、金华，尤其是去过杭州银泰城的。规定医院实行 1 个入口，所有进入人员均要测体温，询问流行病学史，分诊发热患者去发热门诊就诊，由护理部负责大门口预检分诊。护理部立即抽调人员、准备物资，9:00 大门口分诊点开放，进入人员均测体温，北侧出口小门关闭，只能车出，抽调一名护士长专门负责大门口分诊工作。外三科、骨三科病区关闭，抽调医护人员完成大门口预检分诊和各隔离点护理工作。为解决感染科工友院感问题，规定工友不进入隔离区，患者的卫生工作由护士完成。决定开放状元里养老院隔离点，排出入驻人员，12:30 到状元里养老院，进行物资准备、环境布置，14:00 收住第一次核酸阴性的 21 名患者。

1 月 29 日，开设发热门诊 1 区、2 区，规定有流行病学史的患者在发热门诊 1 区就诊，无流行病学史的发热患者在 2 区就诊，降低发热门诊就诊患者院感风险。

1 月 30 日凌晨 2:00，接总值班电话，八号楼、九号楼患者收住不下，立即联系状元里隔离点收住转科患者，3:00 完成收住。

……

在抗疫过程中，我深深感到，我们的医务人员是一支召之即来、来之能战、战之能胜的队伍。接到任务，没有人讨价还价、畏缩不前，有困难也是自己克服解决，保质保量完成任务。接到报名通知后，大家义无反顾，踊跃报名，服从安排，积极投入疫情防控，有担当，尽责任。广大医务人员的家属也默默地在后方支持工作，承受着更多的压力和风险。

整个抗疫期间，我两个多月没有休息，工作不分白天黑夜，往往很迟回家，夜里只要接到电话马上就到医院处理事情。丈夫非常支持我的工作，我不会开车，晚上他都会打电话问什么时候回，要不要开车来接。我告诉他，不知什么时候下班，他总是说需要接随时打电话。好几次半夜接到电话，我要马上赶到医院，丈夫每次都二话不说，立即起床开车送我到医院，并不忘叮嘱一句，需要时打电话。我一直忙碌，从来没有考虑过他的感受，直到有一天他照例来医院接我，平时可能我都让他等很久，那天没有另外的事情，很快就下班了，丈夫没有料到我会这么快，他在车里没有戴口罩，我习惯性地拉开副驾的门，就要坐上车，他慌慌张张地叫我等一下。我站在车外，看着他急急忙忙戴好口罩。我坐上车，埋怨说哪有这么可怕？他说：医院里都是细菌。我这才知道他其实也是很担心和害怕的，但他从来没有表现出来。他不是医务人员，我应该体谅他。回家后我说，其实风险还是有的，我每天都要到重点岗位检查，接触很多病人，谁也不能确定哪个是阳性病人。为了安全起见，从那天起，我就单独睡在隔壁的小房间。

女儿学校放假后，一直在奶奶家。疫情期间我一直没空去看她，开学后她就在奶奶家上网课。女儿也习惯了，从小她就知道，医院的事是最重要的事。她从小就能自己管好自己，学习也不用我操心。

作为医务人员，我明白抗疫中肩负的责任，特别感谢家人对我工作的支持，没有他们，我也做不到全身心投入。

（祝翠霞，衢州市抗击新冠肺炎疫情优秀护理管理者，江山市人民医院主任护师、护理部主任。）

我的抗疫经历

郑旭锋

2020 年 1 月 23 日，像往年一样，春节的气氛渐浓。作为医务人员的我，这天值完夜班，第二天就可以赶往岳父岳母家一起吃团圆饭了。虽然有些期待，但是武汉新冠肺炎的消息让我隐隐担忧，尤其是发热门诊病人近两天急剧增加，更让我有不好的预感，因为我除了值守 2 楼病人，还需要接诊发热门诊病人。

下午 5 点刚接班，就接到了发热门诊白班主任林雪梅的电话，说发热门诊病人很多，让我快点下去接诊。当时病房里也收了两个病人，其中一人病情还较重，我只能让同事延迟下班，先帮我把病房的病人处理一下。我到了发热门诊，林雪梅主任还在忙着，我立马接手工作，当时戴了 N95 口罩，戴了手套，还没有意识到需要怎么样的防护。等待的病人比较多，我赶紧按照流程对病人进行问诊，了解流行病学史，询问症状，详细记录并开具相应检查。病人一个接一个，我看一时脱不了身，就电话联系病房里的同事，让他帮我在病房多守一段时间。同事很仗义，饿着肚子帮我顶着病房里的工作直到七八点钟。等我把等待的病人处理完，已过了三四个小时。没病人的时候我就跑回 2 楼病房做些病房里的事，处理一下住院病人；发热门诊有病人就赶紧跑回发热门诊。2 楼病房到发热门诊的台阶来来回回跑了几十趟。

这时，一个病人走进诊室，说他发热、牙疼，我想那不就是牙龈炎嘛，再一问，说是从武汉回来的。我心头一紧，然后开了血常规、肺部 CT 让他去做，但是他不愿意花这个钱，让我开点消炎药给他吃就行了。当时还没有针对武汉返江人员就医的任何政策，但不能未经检查就将病人放回家。

我只能劝说病人，病人仍然不愿意。电话汇报科主任，但没有政策的情况下也只能尽量劝说病人自行解决费用问题。病人在诊间外徘徊，我也只能等待病人做决定。十几分钟后，我接到科主任电话，说武汉返江人员就诊可以免费住院检查。我松了一口气，立刻安排病人住进3楼隔离病房，进行常规处置及新冠病毒核酸检测。其后又陆陆续续看了几个发热病人，没有武汉回来的了。看看时间，已是凌晨1点多。

我返回2楼病房，查看了一下重病人，发现有个病人病情危重，随时可能死亡，立刻和家属沟通，并进行相应的检验和处理，抽空写病历、签字，时不时跑进病房查看病人的情况。幸好后半夜发热门诊的病人很少，让我有空做这些事。

不知不觉中天已经蒙蒙亮了，我活动活动发酸的脖子，揉揉沉重的眼皮，再熬几个小时就可以下班了。终于到了早上8点，同事们都已到岗，我也终于“解放”了。交完班后，我就和妻子孩子踏上了去湖州的路。

我一上车，妻子就很体谅我，让我在后座睡觉，一放松之后整个人就感觉疲惫无力了，虽然车上睡得并不舒服，但我还是很快进入了梦乡。

4个多小时过去了，车子还在高速公路上疾驰，我突然接到科主任电话，说我昨天接诊的武汉回来的病人新冠病毒核酸检测阳性，院领导要求我马上返回江山隔离。我听完电话，脑子一阵发蒙，新冠病毒阳性？那我是不是被传染了？我的妻子孩子是不是也被传染了？我们不能去过年了？大概5分钟后我才缓过神来，告诉了妻子这个消息。妻子说：“那我们下了高速就掉头吧。”

就这样，我们在近在眼前的湖州高速出口下了之后，又马上上高速返回江山。我打电话告诉岳母这个消息，刚开口我就哭了起来，眼泪不停地往下掉，我觉得对不起妻子孩子，害得她们年都过不了了。我被传染新冠肺炎也就罢了，如果害妻子孩子也被传染，那我不是罪大恶极了！我哭了三四分钟，孩子在旁边用奇怪的眼神看着我，她大概在想爸爸怎么就哭了呢？哭完之后我的情绪稳定了下来，是福不是祸，是祸躲不过。不管怎样都要正视面对，回去再说吧。于是大年三十，我们一家三口就在高速公路上来回跑了9个多小时，途中只在服务区吃了一碗泡面。

回到江山，我让妻子孩子待在家里自行隔离，我到医院后向领导汇报。

院领导和科主任也都没吃团圆饭，一直在开会商议对策。经过分析讨论，最终决定我无须隔离。于是我继续投入抗疫一线工作。

没想到我第二天接诊的一个武汉返江的病人也是核酸检测阳性，但此时我已经没有什么害怕的感觉了，因为做了全面防护。整个疫情防控期间，我们医院的防护用品都是能保证的，让我们工作在第一线的人员感觉很安全。其后大家都在一线工作，没人抱怨，没人要求休息。其实当一群人都在为一件事努力的时候，心里会有热血沸腾的感觉，而不会感到害怕和累。我想，这就是我们医者的职责担当！

两周后我终于放心了，我没有被传染，我的妻子孩子也平平安安。一线人员在努力，领导们在努力，全市人民在努力，全国人民都在努力，疫情就这样渐渐地被控制住了。

时间之轮依旧如以往一样，不紧不慢却又不可阻挡地前进。一年后回想当时的情景，感觉是那么的梦幻又那么的真实，内心还多了些感悟：既然做了医生，就要面对各种疾病，面对各类患者，面对各种风险，但不管怎样，凭着一份初心、一股勇气，终究要完成我们的任务。

（郑旭锋，浙江省抗疫优秀青年医师，江山市人民医院副主任医师。）

守护好居民的健康门

姜慧敏

“上面千根线，下面一根针。”社区工作千头万绪，社区干部一头连着党和政府，一头连着群众，可以说重任在肩。要做好社区工作，重要的是对群众有真挚的感情。群众在社区干部心里的分量有多重，社区干部在群众心里的分量就有多重。我在社区工作已有20余年，始终怀着深厚、真挚的感情，去关心群众的冷暖和疾苦，努力成为群众排忧解难的知心人和贴心人。

2020年春节疫情爆发，让我度过了人生中最繁忙又最难忘的一个春节。自1月23日起，我就投入紧张的抗击疫情工作，第一时间部署辖区内疫情防控工作，制作疫情防控作战图，明确防控工作重点，实行网格化管理，组织开展地毯式巡查，全力开展健康随访、居家观察等工作。社区力量薄弱，就通过微信群、钉钉群发布志愿者招募信息，1000多名党员干部迅速加入楼幢长队伍，构筑了由党委、临时党支部、小区长、业委会、楼幢长、单元长、志愿者组成的“红色管家团”防护墙。我们率先要求小区实行一个口出入，封闭其他所有出入口，积极完成信息摸排，利用小喇叭、楼栋宣传单等做好宣传工作，全力做好卡口值勤、人员管控、量体温、送承诺书、代购生活用品、代扔生活垃圾等繁琐又不可或缺的工作。

每天一到社区，我就开始安排管控人员到岗、社区物资申报、卡口巡查、新增名单核查、外来车辆排查、健康码咨询服务、为孤寡老人和空巢老人联系医生上门等工作，并根据上级最新防控要求，及时调整优化工作方案，消除薄弱点和空白点。疫情期间，困难群体和老年群体一直是我的牵挂。有一天晚上7点多，我在小区巡查时获悉国际花城一位90岁高龄的老人自下午两点多出去后一直未回。我立即组织人员兵分两路，积极联系红十字会救援队帮忙，一路队员赶赴辖区派出所查阅监控，明确老人走失路线，引导工作人员沿线搜寻；另一路直奔目标搜寻地。时间一分一秒地流逝，大家的心情也越发急切。对于高龄老人来说，时间就是生命，迟一分钟找到就多一分钟的危险。终于，在查阅了海量的画面后我们发现，推着一辆自行车的老人最后一次出现在城南清湖童家安置房工地附近。在确定老人没有出现在其他路线后，大家进入工地搜寻。直到次日凌晨 2 时左右，经过 7 个多小时锲而不舍的寻找，我们在工地一个灌满泥浆的浅洼里，隐约看到个身影。老人找到了，万幸的是，90 岁的老人除了骨折外，没有其他大的损伤，然而在湿冷的泥浆中浸泡了六七个小时，老人早已筋疲力尽。我们马上拨打 120，将其送往医院救治。

疫情期间，我总是第一个来社区，最后一个离开。晚上常常催着同事们早点回去休息，自己留下来做一天的收尾工作。白天忙于各项防控业务，晚上到各个执勤点转一圈，发动爱心人士为深夜值勤的志愿者送上热气腾腾的夜宵。因社区人口密集，外出人员多，回江人员也多，每天要说很多话，见很多人，接很多电话，突发性事件也多。我一再嘱咐大家一定要注意防护，自己却总是冲在最前面。辖区里有多少个居家隔离人员，有几幢房子和几个单元，多少个卡口，几拨人值守，我都心中有数，一旦卡口有突发事件必须迅速到场。我们成立防疫临时党支部，发挥党员志愿者先锋模范作用，切实把社区防控的“网底”兜住、兜实。繁忙的工作累得嗓子哑了，可我觉得心里面踏实。当国际花城的一业主被定为疑似病例后，我立马与社区工作人员对整幢楼的业主信息进行重新摸排，一个晚上不停地拨打电话，并通过电话顺藤摸瓜将业主信息一一排查清楚。在该幢楼确定封闭的命令下达后，“国际花城小区有人确诊了，就住在 69 幢！”的消息一时间飞遍了江山的每个角落，69 幢也因此让其他居民人心惶惶。在街道工作组的统领下，我又与社区主任、居监委主任直奔一线，一边安抚周边住户，一边与医生逐户发放居家隔离医学观察书、承诺书、体温计、告知书等，忙碌到半夜。

当疫情防控从一级响应降为二级响应后，社区既要做好复工复产后的疫情防控工作，又要及时协调解决复工复产中的困难和问题，满足居民正常生产、生活的需要。我带领社区一班人指导“十小”行业线上复工复产备案，落实复工复产行业备齐防疫物资，要求企业严格执行消毒制度。我们社区境外人员排查出来的人数最多，随着境外疫情的加重，社区境外人员回国疫情防控任务也不断吃紧，我发动楼幢长开展线上线下排查，跟踪对接，及时建立境外人员回江服务微信群，发布温馨提示，要求回江人员提前三天报备，严格按要求申报健康登记，配合落实防控措施，不得隐瞒个人旅行史、接触史、健康史等情况，组织人员做好境外人员飞机落地闭环接送和集中隔离服务工作。

在那段特殊的岁月里，我用实际行动将保护社区居民生命健康的使命和责任放在心上，守护好居民的健康门，我无怨亦无悔。

（姜慧敏，浙江省“千名好支书”，江山市双塔街道周家青社区党委书记。）

2020，我与新冠肺炎战斗的日子

王胜

2020年1月24日下午四点，我刚忙完科室的事情，准备回家跟家人一起吃个团圆饭，突然接到护理部祝翠霞护士长的电话，让我马上到医院会议室开个会。会议大概内容就是江山有个疑似新冠肺炎的患者，核酸标本已经送疾控中心检测，需要我们第一梯队人员晚上进负压病房工作，大家在科室等通知。回到科室，我给家人打了电话，说晚上不能回去吃饭了，送点生活用品给我。虽然家人也觉得大过年的，有点不舍，但还是非常支持我的工作，很快给我送来吃的、穿的、用的。

晚上八点多，我第一次进入负压病房，感觉非常陌生。虽然在医院上班10多年，但我还是第一次到负压病房工作，心里非常紧张，手足无措。看到了祝华英护士长已经在忙前忙后，后来又看到了林雪梅主任，我心里一下子就不紧张了。有熟悉的同事，可以相互沟通、帮忙，内心的恐慌很快就消失了。

当时我们面对的是陌生的环境，对新冠肺炎的处理也不是很熟悉，林主任给我们好好地上了一课。第二天早上，我们又迎来了第4个队友徐利珍，自此，我们四人就在那“三区两通道”里工作。

刚开始，工作开展很艰难，病人不配合，觉得没有那么严重，自己也没有什么明显的不适，为什么给他放在一个负压房间内。可接下去随着新闻的不断报道，武汉封城了，新型冠状病毒犹如一场冰雪，覆盖了亿万人民的心，也给我们所有人心理增加了一丝恐惧，毕竟我们护理的是确诊患者，尤其是新闻里每天报道着确诊病例和死亡病例。江山的新冠肺炎确诊患者也在增多，但我们四人非常团结，互相督促，互相提醒，互相鼓励。同时我们也鼓励患者，不要担心，一定会好的。

后来，省里规定新冠肺炎确诊病例统一集中管理，我们也结束了在负压病房的工作，集中隔离 14 天。

也就在隔离期间，我意外收到了女儿写给我的第一封信。疫情期间不能上学，只能在家上网课，虽然妈妈在医院，爸爸在社区帮忙排查，但懂事的女儿一个人在家异常认真。虽然思念,但我们还是故作轻松地安慰着对方。也就在那一段时间，我突然发现女儿长大了，懂得体贴父母、关心父母了。

隔离结束后，疫情还在继续，我又投入科室的疫情防控工作。科室的小姑娘们也非常给力，一个又一个参与发热门诊、隔离病房、隔离点工作，为疫情防控贡献着自己的力量。

如今，再次回忆在负压病房工作的那段时光，我一点也不后悔。毕竟人生很短，值得回忆的事情会一件件被遗忘，但这段经历，也许会在记忆中永久保存。

如今已是 2021 年，但新冠肺炎疫情还未结束，疫情的常态化管理还在继续。我们需要继续做好本职工作，在自己的岗位上默默奉献。

（王胜，衢州市抗击新冠肺炎疫情先进个人，江山市人民医院主管护师、内科病区护士长。）

我的抗疫故事

郑春燕

2020年春节是一个特殊且难忘的春节，因为一场来势汹汹的疫情。1月24日，除夕夜，我在和父母回老家的路上接到了护士长的电话："发热门诊需要护士支援，我们科要出个人，我想到了你，但这不是通知，现在是疫情特殊时期，你可以选择的。""好的，需要我我就去！"挂了电话，我和父母说，明天要换个科室，那边人手不够。于是在医院的发热门诊开展了为期一周的工作，在那里也接触了确诊病人，不免有些担心、害怕。

院领导连夜组织改造隔离病房，院感科、设备科因为防护用品东奔西跑，医护人员为了节约一个N95口罩、一套防护服，不吃饭不喝水……全院职工都在努力做好自己的工作。2月1日，我回到原科室工作，护士长让我休息两天再上班，考虑到科室人员紧缺，我放弃了休息。

2月8日，新年后的第一天休息，第二天就是夜班了，由于白天睡了懒觉，晚上睡得比较晚。2月9日凌晨一点，已经放下手机关灯准备入睡的我，突然听到了钉钉的消息声音，一般情况消息不会发钉钉，只有通知才会发在钉钉上，好奇心驱使我打开手机。"接上面通知，本院要挑选3名3年以上工龄护士，加入医疗队，9日携自己生活用品出发，请通知本科护士，有意向的两点前向祝总电话报名。"看完消息，自己瞬间坐了起来，有点蒙，拿着手机呆呆地坐着，虽然通知没说去哪里、去干吗，但是能看出来情况紧急。我拨打祝翠霞护士长的手机，莫名出了满手的汗，迟迟没有打出这通电话。要么打电话报名，要么这事和自己就没有关系。不要再去想啦，我心里告诉自己。犹豫了21分钟，我拨出了那通电话："祝总，我是507的郑春燕，我是 2018 年 9 月份来我们医院的，之前在别的医院有工作经验，加起来有 3 年。我没有结婚，没有小孩，爸妈身体好，我报名。”说完这些话我松了口气。祝总问我：“爸妈支持吗？这次要去的是湖北，你害怕吗？”“爸妈都支持的，而且我有在发热门诊工作的经验，可以先考虑我。”“那我觉得你很合适的，你收拾下行李，明天早上 8 点来医院集合出发。”

挂了电话，反而没了先前的紧张感。我打开父母的房门，叫醒了熟睡的他们：“我明天要出发去湖北啦！”妈妈一脸茫然地看着我，问：“什么时候出发？”“明天早上 8 点。”我蹲在床头看着妈妈认真地说。“那你现在就要收拾行李啦！”我点了点头。“收拾好早点休息吧！”妈妈平静地说完，我拉了拉妈妈的手便回房收拾。收拾了一半，突然收到了妈妈的微信：妈妈舍不得你。我瞬间眼眶湿润了，自己一腔热血，并没有认真考虑父母的想法，我犹豫了，爸妈肯定会很担心的。片刻，我整理好了情绪，再次去了父母的房间。我一进门，妈妈便说：“你白天不是说湖北那边很危险吗？能不能不去？”仔细一看，妈妈已泪流满面。我强忍着泪水，认真说道：“我那么年轻，又没小孩，你和爸爸身体又都挺好的，你看我们科室很多姐姐都有小孩要照顾，有些怀孕了，还有些工龄不够，像我这样符合条件的其实不多，如果我不去谁去，总要有人站出来呀！这就是我的工作呀！而且我都报名了，领导也已同意，妈妈你肯定能够理解并支持我的，对吧？”我的话让妈妈没有一丝退路，我一边安慰妈妈，一边擦去她脸上的泪水。对于我的“先斩后奏”，妈妈显得有些无奈：“既然是你的选择，又是你的工作，妈妈支持你，你快去收拾行李，早点休息吧！”回到房间，眼泪顺着我的脸颊慢慢流下来，好像我有些“不孝”吧！那夜，妈妈注定是无眠的。

早上 7 点半，妈妈借口给同城舅舅送菜“顺道”送我去医院。家离医院不远，平时 5 分钟的路，今天她好像骑了 10 来分钟，或许更久。车缓缓停在医院门口，我先下了车。随后，妈妈也下车并停好了电瓶车，站在车旁看着我。“你下车干吗？去给舅舅送菜啊！”“你几点的车出发啊？我进去送送你吧！”妈妈笑着问我，看似坚强，其实我知道，再多说几句，感性的妈妈肯定要流泪了。“不知道呢，还要培训，送什么呀，有什么好送的！你快走吧！”“好的好的，那你保护好自己，注意安全啊！”我用力点了点头，头也不回地朝医院内坚定地走去，仿佛此刻我已经走上了“战场”。在转角处，我偷偷回头，只见妈妈仍站在车旁，朝我的方向看着，一动不动……后来我才知道，1997 年出生的我在江山的 5 名援鄂队员中，是年龄最小的。

家人、同事、患者……平日冷清的医院大门内今天格外热闹。知道了我们要驰援湖北，大伙儿纷纷前来送行，另几位援鄂队员纷纷与家人相拥，与同事道别、相互鼓励。每一个画面都触动着我，我突然特别想妈妈也能够在这里抱抱我。我拿起手机，拨通了那个熟悉的号码："妈妈，我要走了啊！"说完，自己已经两眼汪汪。我强忍着情绪，简单的几句寒暄之后，便擦了擦眼泪，准备坐车出发去衢州集合。在场除了几个平日仅见过面的领导，最熟悉的只有我们科的朱院长啦，我转身将手中的鲜花送给了他，他笑着对我说："小姑娘，真勇敢！花我先替你收着，等你回来时送你一束更大更漂亮的！你们去的是对口的荆门，没武汉那么严重，别怕，最多一两个月。"说完拍了拍我的肩膀。不知道为什么，那股力量特别强大有劲，我内心更加坚定了！

先到衢州，再到杭州和浙江医疗队集合后，我们便出发了。随着飞机落地，我们的紧张感随之而来。由于自家医院物资的紧缺，我们四名队员手中只有两个 N95 口罩和一些医用外科口罩，这两个 N95 口罩还是出发前院感科的张科长强行塞给我们的，要知道当时医院的库存几乎为零啊！队长和悦琳姐姐把这两个口罩让给了我们两个妹妹，我有些不好意思，厚着脸皮向同行的中医院的李强要两个（之前他告诉我医院给了他 5 个 N95 口罩），他爽快地答应了。有了口罩，我们五人相互查看口罩的佩戴是否规范，生怕有一丝不合格。当全机所有队友换好口罩后，我们便下了飞机。踏上武汉的那一刻，隔着口罩我深呼了一口气，心里暗暗地给自己加油打气！此时，我也知道了我们来支援的是武汉，而不是荆门。

到达武汉的次日凌晨两点多，爸爸在微信上给我发了一大段话："孩子，作为一名普通的医护人员，在国家困难时期能勇敢地站出来奔赴武汉，同武汉人民共同对抗一场没有硝烟的战争，我们为你感到骄傲。锻炼你的时候到了，希望你工作的时候保护好自己，只有这样才能去保护更多的人。相信党和国家，相信自己一定能战胜疫魔，因为你背后有一座坚定的靠山，那就是中国、江山，还有市政府、医院领导的关心和支持以及亲朋好友的支持、父母的爱。武汉加油，平安回来！"早上醒来看见后，我心里很不是滋味，有感动，有心疼，他不善言辞，却在以父亲的方式默默地爱我、关心我。更让我激动的是第三天我们几名队友在武汉火线入党啦，这是之前想都没想过的事情。

这是一场没有硝烟的战争，如果说武汉那些重症监护室是主战场，那么我们第三批援鄂医疗队打的便是清扫周边的“游击战”。我们专打硬仗：建立根据地并稳定后，移交给别的队，然后我们撤，建立新的根据地，建好稳定后再转移基地。第一个进入的是武汉黄陂方舱医院，我们见证了医院从无到有、患者从一名到满床。穿戴好防护服后，为了认识每一位战友，我们都在防护服上写上自己的姓名和所属省份。“浙江”这两个字好像充满了力量。患者、警察、保洁员经常夸赞：“你们是浙江的，我们相信你们！”“浙江的医生护士技术都是很棒的！”“谢谢你们浙江的医生护士！”……这些话听着像是在感谢我们、温暖我们，我却觉得更像是在激励着他们自己，我们浙江人给他们带去了生的希望，让他们相信我们可以一起战胜疫情！此刻，我很自豪，我是中国人！我是浙江人！

简单却温暖的场面每天都在上演。记得有一天，我上的是责任班，主要负责管理患者，测量生命体征、基本护理及一些日常生活护理。那天收了将近 10 位患者，一位低着头、拖着行李箱的姑娘引起了我的注意。她看着与我年龄相仿，办公班询问基本情况时，她只是简单回答，没有多余的话；带她去床位并向她做了些基本的宣教，她也只是头也不太抬地点了点头。随后，我回护士站取宣教单及测量生命体征的相关物品。当再次走近她时，医生已在询问病史，只见她默默地抱着膝盖蹲在床旁，我也蹲了下来：“你怎么了？”我才刚问出口，她瞬间就哭了，抬头看了我一眼：“爸爸因为这个病走了，妈妈在观察，我又被送来了……”说完继续低着头痛哭。感性的我一时没忍住，轻轻拍着她的肩膀，也流出了眼泪。我不太会安慰人，或许，此刻最好的安慰就是陪伴吧！渐渐地，她的情绪有所好转，我向她解释了方舱医院患者的大概情况，都是轻症患者，她点头表示理解。测量好生命体征后，我回护士站给她拿基本生活用品，来到她的床旁，她看着我，情绪激动地和我说：“我姐姐一家刚被拉走，送去隔离了，怎么办啊？”她又开始哭了。我看着心里很难受，于是向她讲解这个病的相关知识，安慰了许久，她才慢慢平静下来，开始收拾自己的物品。此后，我虽然手头上一直有其他事情忙着，但一直格外留意这位姑娘。有一回我看完其他患者回来路过她床边，特地拉着自己的防护服说："我们是浙江的，你别怕，有我们在，你要坚强！"她的眼睛仿佛出现了光，睁得大大的看着我，用力点了点头。临近交班时间，我实在不放心，又去看她，她不在，邻床阿姨说她去洗漱了。我偷偷向邻床阿姨简单交代了一下她的情况，让阿姨帮忙多留意，有情况及时向我们反映。走之前我在她的床头柜上放了一颗糖果，心里偷偷对她说："希望你吃了这个糖果心里可以甜一点，就没有那么难过啦！"后来，我们互加了微信，我也常在微信上关心、开导她，两人彼此鼓励，互相加油，还邀请对方到自己的家乡玩。

方舱医院里，警察、保安，每一位都很贴心，他们抢着帮我们分发生活用品，消毒地面。"你们是客人，去坐着休息会儿吧，这些事让我们来干，谢谢你们！"这些话他们时常挂在嘴边，其实该说谢谢的是我们，谢谢他们把我们照顾得那么好！谢谢英勇的武汉人民！

我们的驻地离医院有些距离，路途颠簸，有些队友本身就有些晕车，穿上防护服后由于不适应，便会出现头晕、恶心等不适。在方舱医院内待得久了，还会出现呼吸困难、呕吐等情况。之前看新闻说一位护士姑娘把吐出来的东西又咽下去，或许只有我们亲身经历过的人才懂其中的苦楚吧。"战友"是一起经历过生死的，大家真的很团结，明明都很累，连快走几步路、弯腰量个血压、两人套床被子等这些最基本的事情都要扶着墙壁或床栏，大喘几口气才能缓过来，却仍然争着抢着去干。"你休息会，我去！"这是医院内战友间我听得最多的话，每一次都温暖着我。下班后，不管多晚多累多困，我们都坚持等到最后一位队友出舱，才一起回到驻地。这些日子，战友情在心里深深地扎根发芽。

2 月的武汉，还是挺冷的，每次下了班，我总是习惯给家人发个消息报平安。每当下夜班时，经过多次洗手消毒（舱内设施尽管安全性高但也简陋，没有热水，洗手都是冷水），出舱后，手总是冻得哆嗦，连字也打不了，整个人会发抖，只好在原地不停地来回踱步取暖。下了夜班，每次一上公交车，大伙儿便直接靠在冰冷坚硬的椅子后背上休息，蜷缩着身体，不出一分钟的样子吧，便都能沉沉地睡去。公交车缓缓地向驻地驶去，速度不快，大概是怕惊扰了大家休息吧。偶尔颠簸，我睁开眼看见的是大伙儿奇形怪状的睡姿，看着搞笑，却很心疼。夜晚空荡的街道上有时还能碰见其他医疗队的车，车内的情况和我们是一样的。

在黄陂方舱医院的最后一天，我本来是没打算告诉那些患者的，有位队友在防护服上写了“再见黄陂”，患者们看见，便都问了起来。知道我们要转移阵地，几乎舱内所有的患者都向我们表示感谢与不舍，有的嘴里一直说着感谢的话，有的起身向我们鞠躬致谢。有位姑娘在我走时，递上了她亲手绣的“纳福”荷包，她说不知道我们那么快就要走了，还没来得及绣很多，今天匆匆赶出来一个。由于工作规定，医院内物件不能带出来，我们便留影纪念，希望每位患者都能早日康复，我们也能早日回家！

辗转第二个方舱医院后的某个下夜班的早上，打开手机，我看见了与我年龄相仿的那个姑娘给我的微信：“白衣天使小姐姐，我今天出院了，到酒店隔离 14 天。谢谢你！”现在回想，我已经忘记了那天上班的疲倦，但仍记得那天阳光明媚，晴空万里，我很开心！

3 月 28 日，结束了在武汉的 49 个日日夜夜，我们终于盼来了回家这天。从前几天接到通知开始，我每天都在收拾行李，甚至激动得晚上都睡不着，一直整理着东西，生怕落下了什么。27 日晚上，大伙儿激动地在走廊上探着脑袋讲了好久的话，不知道在说什么，走廊上弥漫着那种难以掩饰的喜悦。第二天我早早地起了床，吃了早饭，我背着书包在走廊上溜达了一圈。驻地里一直回荡着祝福的声音：“谢谢你！因为有你，世界更美丽……”所有工作人员都出来在大厅举着横幅欢送我们。可这时，我莫名少了昨天的那种激动，更多的是不舍，放眼望去，每个人眼眶几乎都是红红的，拥抱、拍照留念，和队友，和朋友，和工作人员，想把每个人的样子都深深地烙在脑海里，即使不知道他们的长相。遗憾的是，到离别之时，我们仍没看到大伙儿口罩下面那张可爱的脸，希望以后我们可以以“脸”相见。

飞机上，机组人员兑现了他们当初的诺言：冬日送我们出征，春日接我们回家。看见他们亲切的脸，我们仿佛已经回到了家乡。下午两点多，飞机即将落地，我静静地望着窗外，地面房子的模样越来越清晰，渐渐地，泪流满面，止也止不住。随着飞机与地面摩擦的声音响起，大伙儿默契地举手欢呼、鼓掌、流泪，或许是因为回到浙江，或许是为我们一起拼命过的 49 个昼夜……飞机停稳，我给爸妈发了个视频：“到杭州了，我回来了！”

边上的夏老师拍拍我的肩膀，回头，也是满脸泪水。在武汉的这些日子里，其实爸妈一样紧张着，甚至比我更担心，妈妈总是晚睡早起，凌晨五点多便能在朋友圈发现她的身影，我上夜班她“陪”着上夜班，这 49 天她和我一样没有睡过一个安稳觉。

这次驰援湖北的医疗队有 4.2 万人，有一半以上是 90 后。从前，90 后都被别人说是最不可靠的一代人，顽皮、任性、没有责任心，但是这次疫情中，我们 90 后向世界证明了自己，证明了我们有自己的个性，是有责任、有担当的新时代青年。确实，没有人天生是英雄和超人，在家里我们都只是孩子，但是既然穿上医护人员的这身白衣，当国家召唤、人民需要时，我们一定会挺身而出、全力以赴！

我相信，在我们所有中国人的齐心协力下，疫情一定会很快过去，有春暖一定会有花开。希望所有抗疫战士在抗击疫情的同时保护好自己，闪闪发光的同时平平安安。

（郑春燕，荣立衢州市人民政府个人三等功，江山市人民医院护师。）

抗疫记

祝华英

2020 年 1 月 24 日，这是一个全国百姓翘首盼望的日子——除夕，和往年一样，我和儿子约定了下午一起贴春联，一起做年夜饭，一起看春晚……

中午在医院里吃了饭，想着下午把留下来过年的病人统计好，自己也可以稍微早点回去。就在准备回去时，我突然接到了医院开会的通知，当时心里“咯噔”一下，有种不好的预感：肯定是有大事情要宣布，不然不会在这个时候召集开会的。等到了院长办公室，我看到了郑逸华书记、何洪强院长、詹寒科长、祝翠霞主任及比我先到的 3 位同事，看大家的脸上都很凝重，自己心里更加紧张。郑书记及何院长看出了我们的担忧，先是安慰了我们一下，然后很严肃地告诉我们：医院里发现了一例新型冠状病毒感染肺炎的病例，现在病人已经在负压病房进行隔离，需要成立一个治疗小组，马上进驻病房对病人进行治疗与护理。因为我们这些人以前就通过自愿报名参加新冠肺炎病人治疗小组，所以现在我们将作为第一梯队进入病房。

当时听到这个消息，我脑袋里“嗡”的一下，完全一片空白。虽然我们每天都在宣传疫情防控及通报各地疫情的发生情况，但突然离我这么近的时候我还是有点蒙。接下来郑书记及何院长交代了一些注意事项，因为事情紧急，需要我们马上进入隔离病房，所以让我们通知家人送些洗漱用品及换洗衣物。任务布置完了，我们几位纷纷开始打电话，因为该情况暂时还不能对家人说太多，怕引起恐慌，所以我们都轻描淡写地说医院因为疫情原因要值班，不能回家过年了。我爱人也是本院的医生，我简单和他说了一下，他就明白了。接下来要想想怎么和儿子说这件事。儿子在我们开会的时候已经打过来好几个电话了。我拨通了儿子的电话后，他兴奋地问我是不是可以下班回去了，我说临时接到医院的任务，今天不能回去了。儿子马上哽咽了，问："你为什么不能回来？你难道不回来陪我们吃年夜饭了吗？你不是答应过我要一起看春晚的吗？"听到儿子快哭出来的声音，我心里也莫名地难受，只好安慰他说："你今天好好看春晚，帮妈妈把春晚录下来，这样妈妈回来的时候就能看到了。"儿子还是很不开心地挂了电话。

当晚七点，外面下着大雨，刮着寒风，我们匆匆吃了点饭，我和林雪梅主任先进入隔离病房。到了病房后，我们先对病人的情况进行了大致的了解，该病人病情还算稳定。我把自己的手机号给了病人，告诉他有事情可以随时给我打电话，又教他如何使用病房里的呼叫器。因为该负压病房里就一个病人，又碰上过年，我想病人的心情肯定很低落。经了解，该病人心理压力很大，因为他是江山第一个确诊的病例，对于预后及以后的生活都非常担心。于是我就通过短信不断地开导他、鼓励他。在隔离病房里，我们数着零点的钟声，第一次这么安静地迎来了新的一年。

因为第一天病人没有特别的治疗，所以我没有进入负压病房，我们与病人的交流主要是通过对讲机或电话。第二天要将消毒机送到负压病房，为负压病房进行消毒，由我第一个进入负压病房。虽然在这之前院感科主任已经多次为我们培训过防护服的穿脱，我们也演练过很多次，但这次我们是要真正去接触这个病毒，防护上稍有不慎就有可能感染自己，或者感染我们的同事，所以我在思想上不敢有一丝懈怠，认认真真地穿好防护服并让同事确认无误后才进入负压病房。刚进去并没有什么感觉，但在病房里稍微活动了一下就感到自己的呼吸有点加快，然后就觉得有点胸闷。可能是因为紧张吧，我自我安慰了一下，定了定神，调整了一下呼吸，坐下来与病人交代了相关的一些注意事项，为病人测了生命体征。可能注意力得到了分散，刚进来的那种胸闷感好像不明显了。

有了第一次的经验后，我再进来给予治疗与护理就没有了紧张感，对防护服的穿脱也越来越熟练了。经过几天的相处，病人的情绪比较稳定，和我们配合得较好，我们也比刚入隔离病房时适应了许多。

有一天夜里，手机突然响了，我看了一下是林雪梅主任打的，马上想到肯定是病人有事。果不其然，病人说牙疼。我马上睡意全无，立即去查看病人，然后将情况汇报给林主任，林主任邀请了牙科医生进行会诊。等会诊结果出来，给病人用上药后已经是下半夜了，但直到看见病人熟睡了我才放心。

经过几天的治疗，病人因为需要集中统一管理，被送往衢州市人民医院继续治疗，我和同事们也要进行14天的隔离。虽然在隔离期我不能离开隔离点回到自己的科室上班，但作为内分泌科的护士长，我时刻牵挂着科室里的防控工作，每天将医院的各种防控要求通过钉钉布置下去，并让他们每天汇报科室里的防控情况，时刻关注医院里的疫情防控检查反馈结果。终于熬过了14天的隔离期。被告知可以离开隔离点的那天，我如释重负：我完成了医院交给我们的任务，我们既护理好了病人，同时也保护好了自己，没有让病毒继续扩散。隔离期结束后，我马上投入病房的工作，因为那里将是另外一个战场……我又开始了新的战斗！

（祝华英，衢州市抗击新冠肺炎疫情先进个人，江山市人民医院副主任护师、内科病区护士长。）

除夕夜，我和“战友”出征！

徐利珍

2020年1月，新型冠状病毒来袭。疫情就是命令，防控就是责任。1月22日，医院成立新型冠状病毒感染的肺炎诊疗预备队，作为一名党员，有着多年急诊工作经验的我，毫不犹豫地报了名。最终我被确定为医护人员救治第一梯队成员。

1月24日（大年三十）下午，我突然接到通知：我市发现一例新型冠状病毒感染的肺炎疑似病例，治疗队第一梯队成员将在当晚进驻负压隔离病房，执行救治任务。开了一个短会后，我赶回家，吃了一顿匆忙的“团圆饭”。“爸，妈，老公，你们不要担心我，我会保护好自己，你们也要听社区干部指挥，戴口罩，勤洗手，少出门，常通风……”“你放心去护理真正需要护理的病人吧！”告别支持自己的家人，还有两个放心不下的幼小的女儿，我临危受命，进入确诊病例隔离病区，和其他3位医护人员一起，轮流值守负压病房，展开连续5天的抗疫战斗。

面对突如其来的疫情，其实我内心是担心的，心情是忐忑的，没有经验不说，一切都显得陌生和未知，风险自然也是存在的。但这是自己的使命，我义无反顾！为争取时间，我们反复练习负压病房的防护穿戴，尽快熟悉流程。接下来的几天，我们每天都通过电话与病人联系：“今天感觉怎么样？有什么不舒服吗？”病人真切地感受到了我们的关心与问候，愿意和我们分享他的心情，我们也时刻关注他的心理状态。我们穿好隔离衣进入负压病房给病人送餐、送开水以及送生活用品。当然也要穿好厚重的防护服，戴上护目镜，进入病房做治疗和护理，测体温，查氧饱和度……一个流程下来，护目镜已经模糊，整个人濒临窒息。做完所有的事情出来，看着镜子里的自己，额头上和两侧面颊起了深深的压痕，感谢自己不曾放弃。在此期间，我们还要考虑另外一件棘手的事情：既要保证我们医护人员的安全，防止病毒感染，又要避免防护过度造成防护物资的浪费。每天群里都在更新院感（“医院感染”的简称）信息，包括负压病房，我们都认真地执行。通过努力，在整个救治过程中，我们医院没有发生医护人员感染，也未出现病例向外传播扩散现象。

直到1月29日，患者被送往衢州市人民医院集中收治，我们才完成了前期的救治工作。其间有记者来采访我们，也只能通过视频通话联系。医院的领导们对我们关爱有加，让我们倍感温暖。

2020年对于每个中国人来说都是不平凡的一年，对于我来说更是值得这辈子铭记的一年，因为我有了一段特别难忘的经历，深深明白了“好好活着是一件多么幸福的事”。1月28日，江山新闻网发表《谢谢你为我们拼过命》，网友纷纷点赞留言：“战斗在一线救死扶伤、迎难而上的医护工作者就是伟大的英雄！”同日，江山市妇联发表《防疫前沿，巾帼风采》，致敬逆行者。1月29日，江山新闻网发表《江山人民医院隔离病房内，白衣天使与确诊患者相处的第6天》，用视频的方式采访了在负压病房工作的我们。在这篇几万阅读量的新闻下，读者纷纷留言，其中最多的是：“白衣天使，您辛苦了！”“祝愿你们早日结束战斗，回家团圆！”2月7日，歌曲《愿你安好》发布，致敬一线白衣战士。感动之余，我要好好感谢社会各界的支持与鼓励。

2月13日，我隔离观察期结束。返回岗位后，我立即加入医院志愿服务和社区志愿服务队伍，继续做“最美”的逆行者。坚守，直到治愈！这是白衣天使的职责，也是一名共产党员应有的担当。

（徐利珍，衢州市抗击新冠肺炎疫情先进个人，江山市人民医院主管护师。）

用数据信息战疫记

林建青

2020年春节，一个特别的春节，从湖北到全国乃至世界的天空都笼罩着一层可怕的阴霾，人们正在经历一场严峻的考验，面对攻势迅猛的新冠肺炎疫情，浙江也沦为疫情重灾区。

疫情发生后，江山市人民医院作为新型冠状病毒肺炎的定点救治医院，全院医务人员奋战在一线，还有一批医护人员主动请战，奔赴武汉，成为最美的“逆行者”。

我是一名重症医学科医生，因医院上等级需要，被抽调到职能岗位负责“三乙”医院创建工作。面对突发疫情，院领导对各岗位人员进行了全面的统筹安排，当时的会议、通知、现场协调、物资调配、人员动向、患者的流行病学调查等工作千头万绪，信息更新十分重要。为此，局领导亲自坐镇我院，统一指挥。根据安排，我负责做好本次疫情的信息数据收集、汇总和报送工作。

我在重症医学科担任主任多年，比别人更清楚医生需要什么，患者需要什么，家属需要什么，所以义无反顾地投入了这场抗疫战斗。新冠肺炎是空气传播的疾病，是一个无形的杀手，起初防备物资紧缺，某一天我被告知全院的防护服不到150件，外科口罩不到3000个，以当时的日流量计算，我们的防护物资抵不过3天。这是一个多么可怕的概念，没有口罩、没有防护服就意味着我们的战友是光着身子在打仗。而卫健委提出的要求是零感染、零死亡。可以想象，那时我们面临的压力有多大。

当时政府也下了军令状，全体医护人员毫不退缩，迎难而上，坚守在各自的岗位上，全力抗击疫情。根据疫情筛选需要，我连夜陪同局领导看隔离病房场地，制定应急预案，协助病房搬迁，及时整理会议资料，第一时间通报医疗决策及患者动向，为决策部门合理调配医疗资源提供数据信息。我用第一手数据对抗着疫情，与战友们并肩作战！

信息报送求真务实。随着疫情的不断变化，上报信息的内容跟口径也在不断调整，为确保医院工作有效开展，信息的上报务必做到准确、及时、真实。我把所有医疗相关部门一个个零散的信息汇总到一起，进行全面了解和掌握，如管理方面国家级、省市级的政策、方案导向，医疗科室人员布置调控、后勤管理部门场地拓展、物资保障等细节。发现问题快速审查核对、电话确认，把控信息数据完整、及时。这意味着每天都需要整理，并第一时间上报市卫健局和政府部门。那段时间我天天加班加点，没有休息时间，用我女儿的话说："爸爸是工作狂，半夜才回家，我的学习是妈妈管，妹妹的生活是奶奶管，家里的水龙头坏了是妈妈修，爸爸的时间都花在工作上！"

除了数据上报外，我还要对数据进行归纳分析，制成图表，这样可以更直观地了解院内各项数据动态，从中掌握疫情发展趋势，提早采取各种应对措施及应急预案，合理调配医护人员和医疗物资，确保疫情得以有效防控。

病毒的传播途径广，传播速度快，当发生一例患者感染时，不知道会伤害多少人。为了防止前期工作不严密，通过信息处理"与时间赛跑，与病毒赛跑"，我们对 1 月 25 日前在发热门诊就诊的离院患者进行了快速的专人电话回访，共电话回访 146 人次，对被回访人员提出的问题耐心解答，对仍处在居家隔离阶段的人员强调做好隔离的重要性。特别在对一名发热儿童进行回访时，我及时地捕捉到"该患儿母亲从湖北返江"这一重要信息，当即提醒该人员及家庭成员复诊，排查隔离，最终明确了三名确诊患者，第一时间避免了疫情的扩散。

为了不误诊任何一位非新冠肺炎的患者，更不漏诊任何一位新冠肺炎的确诊患者，我们得总结经验，加强学习，不断提升诊断能力。我挤出时间，完成了对我市新冠肺炎确诊病例影像学资料的整理，制作好学习课件，供临床一线人员学习和参考。同时对留院隔离的患者进行个人资料、流行病学史、发病日期、检验检查结果等信息汇总（截至2月19日14时，累计留观253人，解除隔离246人，发热门诊接诊1281人），第一时间为职能部门提供参考，以最快的速度调整工作重点和医疗物资的调配。

数据由一个个冰冷的数字组成，但每个数字的背后，都凝聚着白衣战士抗击疫情流下的辛勤汗水。在这场巨大的战役中，我以最新、最真实的数据掌握“敌情”，让我们的战士们有更好的作战方法、作战方式来打赢这场战“疫”，让整日惴惴不安的市民更加安心。

这也是一种坚守！

（林建青，江山市政协系统疫情防控和经济社会发展工作先进委员，江山市人民医院急诊重症监护室主任、“三乙”创建办常务副主任。）

坚守一线战疫情

胡超芬

2020 年春节期间，新冠肺炎疫情在各地爆发。疫情就是命令，防控就是责任。市人民医院作为新冠肺炎定点救治医疗机构，任务艰巨，责任重大。时任医院外科护士长的我，因有多年感染科患者护理经验并担任护士长，在正月初一临危受命，调到隔离病区，负责隔离患者的护理和疫情防控工作。

正月初二，由于疫情严峻，隔离观察的人数骤增，隔离病房的 40 个床位在白天全部住满。晚上 8 点多，发热门诊还有 10 多位患者未安排入住。我心急如焚，一边和其他护理人员安慰焦急等待的患者，一边各方联系、协调，全院上下共同努力，将九号楼三楼腾出来作临时床位。安排病床、借调物资、护理人员排班等工作安排好，已经是次日凌晨 3 点多。简单地休整后，早上 7 点不到，我又出现在病房，开始一天忙碌的工作……

接下来的几天，留院隔离观察对象天天爆满，我带领护理团队合理安排患者入住，及时办理出院手续，严格执行病房终末消毒工作，让需要隔离观察的患者尽早入住，及时得到治疗。

在隔离病房，患者核酸检测结果出来前，任何一次护理操作都有极大的感染风险，我作为护理负责人，每次都身先士卒，冲在前面。一天，发热门诊收治了一位杭州回江的 6 个月大的小孩，在采集血液标本时，化验室的同志仔细找寻了半天都没发现可以抽血的静脉，求助于护士。我二话不说，穿好防护服立即进入病房，用触摸股动脉的方式找到了进针点，没几分钟即完成了采血过程。小孩母亲连连致谢，竖起了大拇指：

“您技术真好，这样就放心了！”还有一次，一位阳性患者的父母因为身体不适，也住进了隔离病房进行隔离观察和核酸检测。该患者担心父母被自己传染，情绪非常激动。我了解情况后，主动安慰患者，向他宣教新冠肺炎的相关知识。在我的耐心解释下，患者情绪稳定了下来，积极配合治疗。

由于隔离病区是新组建的科室，各科抽调的低年资护士多，她们对操作流程和院感防控有点生疏，并且有恐惧心理。我第一时间根据医院的院感防控要求，制定切合本科室实际的操作流程，每个护士入科时我都亲自带教、考核，使之掌握院感防控要点，并且鼓励护士：“只要防控措施做到位了，并不可怕，我会陪着大家一起战斗到底的。”各位护士有了主心骨，像吃了定心丸，也就信心满满、安全有效地完成各项工作。

因疫情防控需要，病房空调停止运行，考虑到夜班护士的取暖问题，我积极与总务科、设备科等部门联系，及时采购了取暖器。隔离病区的护士，每天洗手数十次，免洗消毒剂对皮肤损伤较大，护士们的手都脱皮了。我看在眼里，疼在心里，又联系总务科采购了一批护手霜给护士们使用。在负责隔离病区期间，我就像姐姐对待妹妹一样爱护着整个护理团队，工作上严格要求，生活上无微不至地关心，得到了大家的认可和肯定。

在抗击新冠肺炎这场没有硝烟的战场上，院感防控就是生命线。在防控初期，各种防控物资严重不足，我每天晚上在科室现场指导正确穿戴防护用品，减少防护用品的浪费；现场指导、协助护士准确按要求完成各项防控措施和终末消毒，等出院病人走完，入院病人全部入住，和夜班护士一起做好终末消毒，结束后才放心回家。我还经常和院感科主任交流院感注意事项和知识点更新，一起做好院感防控工作。有人曾经问我：那段时间忙到什么程度？我笑笑说，那时只记着要把各种事情安排处理好，接听各种电话接到手机没电，没有时间想过休息的问题。问我几点才能下班回家，我回答，基本上是凌晨了……

在我的带领下，隔离病房全体成员加班加点，积极应对各种突发状况。两个多月来病房共收治筛查 300 多人次，检出阳性病例 6 例。在做好病人治疗和护理的同时，落实各项院感防控措施，通过努力，全院无交叉感染情况发生，医护人员零感染，圆满完成了新冠肺炎防控治疗护理任务。

后来，我被浙江省护理学会评为坚守前线杰出护士。

（胡超芬，浙江省护理学会坚守前线杰出护士，江山市人民医院主任护师、外一科护士长。）

2020，我所亲历的战“疫”

姜海华

2020年1月25日，庚子年正月初一，上午8点，我突然接到医院通知，要求半小时内赶到医院多功能厅开会。

会上，院领导向我们通报了武汉及全国新型冠状病毒肺炎疫情，疫情严重，形势紧张，远超2003年的SARS疫情。院部要求从即日起，所有中层干部以上人员每天上班，无特殊事由不准休息，并通知所有回家过年的职工马上回院参加疫情防控工作。每个科室在做好本科室防控的基础上，还要派出一名临床医生支援发热门诊。我们科室本来就人手紧张，参加值班的只有4名临床医生，其中一名老家在外地的员工已回家过年，只剩下3人24小时倒班，并无富余人手。我只好紧急通知已回江西广丰过年的员工，要求他中止休假，马上回院到发热门诊报到。当时他答应马上回院，并于次日上班，但临行时，他父母听说是到发热门诊上班，坚决不同意，并将车钥匙藏起来，不准他离家。我作为科主任，晓之以理，劝说其“做父母思想工作，疫情就是军令，这时拒绝回院就相当于临阵脱逃，后果严重”。但他父母还是说“实在不行就辞职算了”。我只得准备自己去发热门诊顶班。

第二天一早，我告知妻子要去发热门诊顶班，可能会几天不能回家。在上班的路上，我接到那位员工的电话，说已做通父母的思想工作，并连夜赶回，到江山已深夜，因此未告知我，现在正准备去发热门诊报到。我不禁感慨：虽然这是我们应该有的行动，但昨夜对那位员工及他全家而言一定是个不眠之夜，他们肯定面临着艰难而痛苦的选择。此时的我们又何尝不像军人奔赴战场！

我们的战“疫”就这样开始了。

江山人民医院是防控哨点医院，第一时间自上而下紧急行动，成立新型冠状病毒感染肺炎疫情防控领导小组，落实各项防控措施。生命重于泰山，疫情就是命令，防控就是责任。准备防疫物资，腾出病房，呼吸科、感染科、发热门诊、急诊科、检验科、放射科……无论是院领导还是普通员工，无论是医护还是后勤，全员参与。随着疑似病例、确诊病例的出现，负压病房启用，发热患者明显增多，发热门诊急需人手，而防护服、口罩接连告急……医务科几乎每 1 至 2 天就更新诊治流程。为支援武汉抗疫，我院连夜选派 4 位医护人员参加省援鄂医疗队，第二批、第三批医护人员也在待命。这完全是战时状态，只有踊跃报名，没有抗命不遵。

我们一方面要做好疫情防控，一方面还要做好日常诊疗工作。在短时间内（2020 年 1 月 23 日至 2 月 8 日），国家卫生健康委员会不断更新公布新型冠状病毒感染的肺炎诊疗方案与诊治流程，已试行到第六版（现行方案是第八版）。省、市也分别出台了各自的诊疗方案与流程，医院还有自己的诊治流程，我们必须不断地组织学习、领会并执行。每日测温、戴口罩，督查医护人员、患者、家属，丝毫不敢马虎、懈怠。

我们康复科虽不算一线科室，但防控难度也很大。病人多，陪护多，老年病人多，残疾人多，在医院大部分科室病人骤减的情况下我科仍基本满员，而且又处于三号楼的 2 楼，医护人员、工作人员去食堂都要从我科经过，光把守病区大门就令人头疼，而且康复训练大厅人员密集、流动频繁，给我们的防控工作增加了不少难度。作为科室负责人，我一方面要做好患者的日常诊疗工作、抓好医疗安全，一方面还要腾出较多时间应对疫情防控，与患者、家属解释防控流程、注意事项。一开始大部分人不理解、不配合、不满意，只能耐心再耐心地去沟通、说服，以求得配合。

下班了，虽然是春节期间，回家的路上却空空荡荡，畅通无阻，空旷的街道行人稀少，但到了小区门口，车辆却常常会排成长龙。大家都会耐心等待，配合工作人员一个个测温后再依次驶入小区，极少见到与工作人员发生争吵的情况。平时见缝插队司空见惯，这时大家都能自觉配合，不得不感叹大家的觉悟、素质空前提高。回到家里，我做到自己不出门，并劝说家人不出门、少出门、出门戴口罩，尽量配合政府防控，做到不造谣、不传谣、不添乱。

2020年的江山市“两会”延期到4月20日才召开，这时的疫情虽已得到缓解，但市委、市政府、市人大、市政协仍然高度重视，以防控为首务，控制参会人数，测体温、戴口罩，每人一个房间，宾馆服务员送餐到房间门口，不聚会，不串门，让大家经历了一次前所未有的、特别的“两会”。

（姜海华，衢州市名中医，江山市人民医院主任中医师、康复医学科主任。）

这个不一样的春节

徐红霞

2020年这个不一样的春节，注定会刻进每个中国人的记忆。

这个春节，原是最让我期待的。春节前的两个月，各种年底的事项紧张繁忙，加上有个同事请病假，还有“甲流”横行一段时间，我很少休息。正好节前同事来上班了，而且我的值班排在腊月廿九和正月初五两天。这意味着我可以从初一休息到初四。这样的春节假期于我近乎奢侈，史无前例。我已做好了计划：除夕去婆家吃年夜饭，年初一去娘家拜年，初二、初三来个短途旅游，初四招待客人，初五上班。但是，完美的计划，被突如其来的新冠肺炎疫情搅黄了。

节前，卫生院召开了防疫会议。会后，我马上联系旅行社取消了旅游行程。本以为老老实实宅家，也能享受其乐融融。不料，大年初一，我便接到院长电话：我的责任村红星村里有武汉回江人员，需立即居家隔离观察，执行每日两次体温监测。

一边是温暖的家，快乐的节；一边是恐怖的疫，严肃的令。不容犹豫，没有选择。

临出门，外面淅淅沥沥地下着小雨，天灰蒙蒙的，透着阵阵冷意。

先生说：“我陪你去。”

我笑问：“你去干吗？”

“帮你开车。”先生答。

“得了，好好在家做饭，一会我回来吃。”我笑答。

我知道，他是担心我紧急状态下的安全，想当个帮手，随时提醒，随时照应。我心里暖暖的，有人在乎，这就够了，也因此格外镇静。

我家离卫生院不远，十几分钟的车程。路上几乎见不到其他车辆行人，显得有些冷清，但沿途的人家还是沉浸在春节欢快的气氛里。

我在卫生院里一刻未停，穿上白大褂，戴上一次性口罩、帽子、手套，带了体温表、酒精等，便直奔村里。在网格员的陪同下，我给这户人家一家三口测了体温，都正常。叮嘱完一家三口后，在空旷地，淋着细雨，我坐上车子打了电话回家："我现在完成测温，准备回医院处理一下，然后回家吃晚饭。"

回到卫生院，天色已暗，值班医生已经吃了晚餐。我处理好衣物等，静下来，想起严峻的疫情，一瞬间下定了决心：不回家。

去食堂看看，还剩一点饭菜。菜凉了，饭还有点温。我胡乱吃了点，便安心在宿舍住下。

我的责任村是大陈乡红星村，是人口近两千的大村，流动人员相对较多。初二，又有一户从湖北谷城回来的居家隔离对象，此后又陆续新增从湖北武汉、黄梅以及浙江温州等地回来的，前后有 9 户 17 人，成为大陈乡的首警村、重点村。工作量增加了，防护意识也更强了。还好，对新冠肺炎知识的不间断学习，使我很快从开始的焦虑不安过渡到从容淡定。之后，其他村也出现了随访对象。我便向他们传授自己的经验，怎样做到完成工作的同时保护好自己。

开始时，随访对象都有抵触情绪。居家隔离不自由，失面子。而且在喜庆的春节里，看到我们穿戴着白大褂、口罩、帽子上门，更是忌讳。我也注意到这个细节，所以会站在门前稍远的地方，让他们到门口。一方面在室外空气流通，还有一定距离，减少感染机会；另一方面，也减轻他们对我们这一身装备的忌讳。我主动加了他们的微信，在微信上积极沟通，给他们发一些科普宣教的文章，指导他们洗手、通风和消毒等。还发一些心理疏导的文章，在共享中沟通，在聊天中疏导。我始终坚持在每次测温后真心感谢他们的配合。渐渐地，他们都理解了，也对我的工作表示感谢。后来我们都很默契、很融洽，工作起来轻松顺畅。有次看我朋友圈发了半夜从卡点测温回来，他们纷纷跟我道一声"辛苦了"。解除隔离后，他们会跟我说："这段时间辛苦你了！"看到他们的留言，听到他们的话语，我很开心，工作得到了认同、体谅，也不觉得那么辛苦了。

每次去村里，村口守卡的乡亲都很客气，都会热情地招呼："医生来啦，红霞来啦，真辛苦啊！"

隔着口罩，隔着距离，眼睛里还是可以看到笑意。他们会给我递一杯老中医廖其贵亲自配的方剂药汤，希望我喝了提高抵抗力。

路口开鹅馆的老板对我喊："这段日子辛苦了，等疫情过后我请你吃鹅。"

"好啊！好啊！"我爽快地应着，心里比吃了还高兴。

我把车停在村口，从这户走到那户，从村的这一头走到那一头，有些村民站在门口，见到我都会跟我道一声"辛苦了"。有的还会关切地问："你怎么没穿防护服？"有妇女拿出锅里烤得香喷喷的红薯想给我吃，我只好往后退着，远远地拒绝，跟她说，等以后，我来吃个够。特殊时期，没有更多的交流，只是一次次地叮嘱，好好在家里，不要出去，不要聚集。

初一临时匆忙上阵，并没带什么换洗衣物。初八我让女儿收拾了一些，先生送到小区门口。我匆匆捡起，对着小区的隔离布条，说了句"我走了啊"，便回到了卫生院。先生因此写了一首《与妻诗》，看哭了我。通过江山妇联、浙江治水公众号等的转发，也看哭了大疫中的许多人。我知道他有担忧，有牵挂，但更有支持。家里有他照顾，我在卫生院不用分心。

傍晚，我偶尔会站到露台上，看着村庄里的万家灯火，想着里面的人们一起吃饭，一起追剧吃零食，一起嬉笑打闹，一起练字作画、看书写文章。我一直盼着，大疫快快过去，我也好回家团聚。看着朋友圈里，大家开始热衷做馒头包子，包饺子，擀面条，炸油条，捞凉皮，做奶茶，做蛋糕，有初次做就成功的，也有做得不像样子异常搞笑的，满满的烟火气竟让我万分羡慕。

不知不觉，元宵已过。看着一批又一批的支援人员奔赴武汉，一批又一批的基层干部坚守关卡，我心里总能涌起一股又一股的暖流。他们"苟利国家生死以，岂因祸福避趋之"的高尚情怀，激励着我，抚慰着我，让我更安心地住在卫生院里。

2 月 20 日，责任村里最后一户隔离到期，我的值守也将画上圆满的句号。回家团聚，指日可待。

这个不一样的春节，我为自己坚守在抗疫一线而欣慰，谨以此文作纪念。

附：

与妻诗

封兴中

我看见你了
我们家的车停在离小区门口
十米远的地方
你戴着口罩
站在我们家的车旁
静静地
在等着我的出现

你也看见我了
我拎着两个袋子
正从小区里走向门口
我也戴着口罩
匆匆地
给你送换洗的衣物

我们互相见了
只是我们之间
有一条红色的隔离布条
你走向我
我走向你
突然
你停住了脚步
我却加快了步伐
但在隔离布条前
我停下了

望着红布条
那一刻
我有些鼻酸
怏怏地把你的衣物放下
放在绑扎隔离布条的
樟树下面
正方形的防腐木上

我往后退了
你才前行
我停住了
你已拎起两个袋子
幸好！我早有准备
拍下了你的身影

我没有目送你上车
我匆匆回到了家里
淡淡地
告诉女儿
妈妈的衣物已领

我不知道
女儿为你收拾衣物时
你们是通过视频
还是音频
我只知道
应由我拎给你

我不知道
把白糖当盐炒白菜
把盐当白糖加在米酒里
是什么原因
女儿当笑话告诉你
你只戏言
“老爸是老年痴呆”

但在晚饭后洗碗时
我有了诗意
你在抗疫一线
出发在正月初一
穿梭于责任村的居家隔离
一直坚守在卫生院里
我也按单位要求
前往办公室
你最不放心的
是女儿的一日三餐

我自豪地告诉你
早餐，吃的是粽子
她自理
中餐，虽然简单
她满意
晚餐，她吃太饱的样子
你熟悉

我不懂音乐
唱不出主旋律
我没有英雄情结

也不曾豪言壮语
我只是觉得
抗疫，你不能不去
你我不得不离

我讨厌口号
但我相信宣传的魔力
我讨厌官僚
但我相信官方的魄力
我讨厌形式
但我相信招式的给力
大疫当前，没有神力
只有一个一个
清晰的脚印

成稿于2020年2月1日20时46分

（徐红霞，江山市中医院医共体大陈分院主任医师。）

戴着口罩出征

蔡华军

2020 年，我们医疗设备行业有个不成文的规定：不接受任何采访，更不能做报告。

前段时间，我接到政协委员工委赵敏主任的电话，要我回来谈谈疫情期间的故事。我犹豫了很长时间，后来一想，我是为数不多的在外政协委员，平时没在江山，参与活动比较少，这次故事会，无疑是政协委员履职的好机会。

2020 年的疫情，始发于武汉。我有一个弟弟在武汉做医疗相关工作，李兰娟院士是我的副校长，武汉封城，是她第一个提出来的。所以，我有机会提前 24 小时知道这个信息。

那天，刚好上余商会开年会。本来我只有一次的会长发言机会，结果我上台发言了四次，又不方便明说，怕引起恐慌，所以，只有各种明示暗示，希望大家引起重视。当然，我已经计划着第一时间赶到抗疫一线。

正月初五，我赶回杭州，十多个兄弟分头赶到各自的岗位，生产温度计和血氧仪。接下来的 45 天，是最扣人心弦的第一轮抗疫阶段。这期间，有许多平日里难以想象的故事。

一条微信牵动市长心

2020 年 2 月 6 日，全国抗疫最紧张的时候，当时，我有两百多支额温枪和一批口罩，要分送到江山十多个单位。可快递都停止发货了，怎么办？

我想到有个创建文明卫生城市的微信群，于是，我把信息发到群里。副市长何正芳看到了这条信息，马上联系我，并迅速安排商务局的专车，到我的工厂提货，开足马力把抗疫物资运回江山。

一枪难求愁煞业内人

在抗疫中，我国的体制优越性有目共睹。但由于疫情不宣而战，抗疫所需的物资严重不足。比如额温枪，虽然我们可以在 24 小时内生产出来，可芯片短缺，我们巧妇难为无米之炊。我厂每天的生产量是 200 支额温枪，而浙江市场每天能分到的芯片，只有 1200 个左右。我厂生产的另一种产品血氧仪，当时我们库存只有 99 个芯片板子，不够一天的生产量。直到 5 月份，供货才趋于正常。于是，我在想，这只是特殊时期，万一发生战争，我们该怎么办？

一个口罩隐藏高风险

几乎一夜之间，从无到有，中国制造就体现得淋漓尽致。面对口罩供不应求的情况，各企业紧急复工，加班加点，解决了口罩短缺的燃眉之急。3 月中旬，我回江山，看到一些企业纷纷转型生产口罩，异常担忧。我主要担心口罩的防护性能不达标，达不到防护病毒的要求，对防疫不利。今年的政协提案，我写的是加强口罩等防控物资的监管。

一个项目只为补短板

我觉得，一个地方如果没有医疗产业，应该是不完美的。江山至今还没有真正意义上的医疗设备生产企业，这是短板。今年，我和几个合作伙伴出资，引进一个医疗内窥镜项目，并在江山落地建厂，争取用三到五年的时间，成长为浙西地区最大的医疗器械工厂。

（蔡华军，资深医疗设备工程师，杭州蔡卓医疗设备有限公司董事长。）

援鄂感想

李强

作为浙江省第三批援鄂医疗队队员，2020年2月9日，我接到援鄂通知，当时内心是迷茫的。在思想斗争中，我选择了舍小家为大家，凌晨唤醒父母，向他们道别，让他们不要担心，从小独立的我定能完成去一线战斗的任务。

2月9日晚上7点，我们的飞机抵达武汉。在这样一个大城市里，宽阔的马路上没有车辆，没有行人，所有的房子门窗都是紧闭的，就像电影里的战士到了战场，空气凝重。坐在大巴车上，我们只能听见自己的呼吸和心跳声，唯一能做的就是把自己的口罩紧了又紧。

我们医疗队先后在黄陂区方舱医院、光谷日海方舱医院及袁家台方舱医院救治确诊患者。

在方舱医院工作的这49天，穿戴防护服、护目镜、N95口罩还有双层的手套，让平时最简单的工作在这里都变得异常烦琐。再加上密闭的空间、工作流程上的衔接不畅，工作效率大打折扣，需要随时调整自己，以保持最佳的状态来完成每一个班的任务。所幸队员们都非常积极和相互配合，我们的工作也越来越得心应手，每天都会收获惊喜和感动。

在武汉的49天里，工作是充实而有意义的，我们遇到了各种各样的病人，有情绪偏激的老大爷，有烦躁焦虑的大妈，也有心情抑郁的老奶奶。目睹病毒给他们带来的不仅仅是身体上的伤害，还有精神上的创伤，我们能做的只有依靠自己的知识给予恰当的诊疗和心理安慰。在我的印象中，大部分病人还是很乐观的，每次去查房，总能听到他们在讲：“党和国家的政策实在太好了，在危难中没有抛弃我们，还免费给我们看病、免费提供食宿……”

他们的这种积极乐观也时刻感染着我，我还有什么理由不投入百分之百的努力呢！

没有一个冬天不可逾越，没有一个春天不会来临。在武汉抗击疫情的这段时间里，我们经历了恐惧、紧张、无助再到平静、欣喜、感动的心路历程。我们最终平安归来，没有辜负武汉人民的重托，没有让家乡的父老乡亲失望，圆满地完成了任务。

（李强，荣立衢州市人民政府个人三等功，江山市中医院主治医师。）

我的援鄂故事

杨凯琳

人的一生，要走许多路，才能确定前行的方向。人的一生，要遇到许多人，才能知道与谁同行。人的一生，要经历许多事，才能感受生命的真谛。

2020年春节，新冠病毒席卷神州大地。它无情地摧残着人们的身体，肆意地吞噬着人们的生命。作为一名医护人员,我唯有用行动来与病毒抗衡。

2月9日凌晨一点刚准备交接班时，我接到了护士长钉钉上发来的需要报名参加武汉救援的信息，于是在第一时间报名，让平凡又渺小的自己加入了“武汉救援”的队伍。

在拿行李时，我看到科护士长悄悄地往我的行李箱里塞各种日常生活用品，大大小小、各种各样，她想尽办法地填塞、填满，正如她平时给予我的爱和关怀，细腻且盈满。她一边放，一边落泪。看着她那双红肿的双眼所流露出的心疼和不舍，我心中如打翻了五味瓶，无法言喻。在送我上车的路上，她一遍又一遍地叮嘱我：注意身体，一定要休息好，一定要保护好自己，她等我回来……

出发时，市委书记童炜鑫、副市长何正芳，以及卫健局等相关部门领导来给我们送行。郑书记、王院长等院领导各种的嘱咐、关心还有各部人员的加油、打气，让我感觉到“江医”大家庭的温暖和爱。

在局领导的护送下，我们和衢州32名同行聚合，一起前往杭州和大家会合。在路途中，接收到的祝福太多，我来不及一一回复，但是我都悉数放在了心里。他们当中有素不相识的陌生人，有平时嬉戏打闹的小伙伴，也有我至亲至爱的妈妈。其实妈妈心里有万分的不舍，有无数的担心和害怕，但是却一直强忍着泪水给我打气，让我加油！母爱是自私的，也是伟大的。

来到武汉后，我才发现自己是300多名浙江救援人员中的小小一员，是千万前往武汉的白衣战士中的小小“天使”。我踏上武汉这片热土时，内心沉重又激动。沉重的是看到那么多同胞在遭受病毒的折磨，激动的是我终于可以为他们献出自己的绵薄之力。在机场，我看到了无数前来武汉参加救援的队伍，当时内心深处的震撼是无法言喻的。我听到了自己来自内心的呐喊：“武汉，不要怕，我们来了！我们来自全国各地，我们的目标只有一个：帮助你！武汉，不要哭，我们身后有强大的祖国妈妈……”

记得2月9日那天，我们入住华美达酒店时，已经是深夜十一点。因为当天和我们同时到达武汉的医护人员估计有几万人，机场的工作人员在整理过程中有些吃力,所以我们到第二天中午才拿到行李。在等待分配的几天中，我和队友不断地学习相关院感知识，防护服穿一遍脱一遍，不断地重复练习，那段时间甚至做梦都梦到自己在穿脱防护服。

等待是漫长的，省医疗队的陈亚岗队长非常理解我们想尽早上岗投入战斗的想法，他一边安慰我们，一边积极与当地部门沟通。由于黄陂华美达酒店不能满足单间隔离的规定，医疗队决定转场到木兰草原度假村。

转场通知是12日上午临时下达的。因为木兰草原度假村比较偏远，住宿条件相对较差，通知要求我们将原酒店的被套、床单和垫被等床上用品一起打包带过去。一阵忙乱的收拾后，中午十二点，我们乘大巴出发。

坐在前往新驻地的大巴车上，我看到车窗外的街头空荡荡的，鲜有行人，偶尔会遇上几辆交会而过的车辆。我们一路畅行，10多分钟后便到达郊区，路边的房屋也十分稀少了。细雨滴落在车窗，模糊了窗外的风景，延绵低矮的山包，泥泞的黄土，泛着点点新绿的成片枯黄杂草，一晃而过。

40多分钟后，我看到空旷的原野上几幢楼房背山而建，楼房前是个大草坪，草坪前面有个面积不大的湖，这就是我们的目的地。我们住在酒店大堂旁边一幢四层楼房的第三层，5名江山队员的房间相邻。房间设施简陋，由于久无人居，空气里还带着淡淡的腐味。我仔细地消毒、擦拭、整理房间的每一个角落，小小的空间渐渐溢满了温馨。这一天，我就在疲惫紧张中入睡。

那一夜雷雨交加，早上七点又停电了。在接下来的几天里，停电便是常有的事。每天的三餐，都是晓明队长给我们送来的。因为根据医疗队个人防护规定，不能聚餐，队员饮食由各小队队长到食堂领取后分发。进舱上岗后，实行单间隔离，不得相互串门。因此，我们抓住上岗前的这点时间抓紧训练。

2 月 15 日，风刮得更猛了，天空飘起了雪花，显得更冷了。下午 3 时，我们接到上岗通知。由于浙江省医疗队负责的黄陂区体育馆方舱医院于 14 日中午已收治满员，遵照国家卫健委安排部署，省医疗队在 24 小时内完成第二个方舱建设,并在 48 小时内实现可收住病人。这些都体现了"浙江速度"和"浙江精神"。

当天晚上，武汉黄陂区的第二家方舱医院将投入运行，这也预示着我们江山 5 名队员即将进入战斗。

2 月 16 日早晨，雪后天晴，晨辉映照下的木兰草场，亮丽而宁静。在这份静美的背后，我们将迎来一场艰巨的战斗！

自从来到武汉的那天开始，我每天的睡眠都很浅，外面一有动静，就会马上惊醒。我随时随地把自己调整到备战状态，夜里只要手机一响，就会立马起床。每天入夜，书桌上的小台灯都会一直开着。因为，看着小灯亮着，我就能感受到光明和希望。

当天晚上，我们队里 5 人都知道第二天我们要一个接一个地入舱，大家都紧张不安。因为我们不可以聚在一起相互打气，相互解压，所以最终大家各自录个小视频来给自己充电、加油。一个短短几秒的视频，我录了删、删了录……就这样反反复复地重复了几个小时。从开始录时的紧张哭泣，到最后的轻松镇定，我知道，这是一个成长的过程。

凌晨一点，队长晓明哥第一个出征了。躺在床上的我，可以听到宿舍楼下公交车发动的声音，接下来就辗转反侧，难以入睡，各种不安。天一亮，我就拿出手机，等着晓明哥在微信群里给我们发语音。经过漫长的等待，终于接收到了晓明哥的语音。他告诉我们入舱时身体会出现什么样的不适应症状，以及如何去调整等。另外，他告诉我们，这里医疗物资非常紧张，让我们把医院给我们寄来的物资先应急用上去，同时自己的防护一定要做好（当时我们的医院一直在想尽一切办法帮我们解决各种物资供应）。听了晓明哥的战前交流，我那悬着的心才放了下来。从上午起床开始，我就控制自己的饮水量，能不喝就不喝，也开始整理物资，心中不停地演练穿脱隔离衣、防护服，一遍又一遍提醒自己多洗手，要把“高度洁癖”的状态保持在线。

一整天大脑都在重复地思索着：出门穿哪双鞋，外出的衣服里里外外怎么穿，入舱后穿哪双鞋，出舱后穿什么…… 很快就到了晚上七点多，临出门晓明哥一直在给我们安抚和鼓励，并且一路护送我们上公交车。

一路上，公交司机把车开得很快，20 分钟左右就把我们平安送达。下车时，我硬是把吐出来的胃酸给咽了回去。因为，我不能把临出门刚戴的口罩弄脏。

到达入舱口时，我被分配到外舱工作。帮助队友穿好防护服、隔离衣后，我就开始打扫清洁区、更衣室的卫生，再进行消毒。在清洗浸泡护目镜时，消毒水的味道熏得我眼泪一直在打转，浸泡在消毒水中的双手隐隐作痛，一阵刺骨的冷风吹来，不禁全身发抖（当时的更衣室、消毒室全是小型集装箱改建的，由于时间紧迫，又要保证空气流通，所以没有空调）。清洗好护目镜后，我接到电话，要去 A 舱借物资，我已经记不清一共来回跑了多少趟，但是能感觉到贴身衣服已全部湿透。

一阵忙碌后，两位公安人员来替换舱里的同事，于是我开始帮助和指导公安人员穿防护衣。这时候下班的队友也陆续来舱内交换班。我跑到集装箱外，站在窗户旁看着里面的队友，一个个监督并提醒他们如何有效地一层层脱隔离衣。

这一切全部结束后，已是凌晨三点多。同事们陆续坐上公交车，尽管都已疲惫不堪，但仍然在讨论分享着自己在班上的各种经历。其实，第一次上岗没能进舱，我并不觉得遗憾，因为只要尽心尽责，站好每一班岗的都是英雄。

第二次，我进舱了。当我穿戴好防护装备，拿起治疗盘，与患者一起抗击病魔的时候，我能感受到来自内心的声音：我爱这份工作。第一次穿着厚厚的防护服进舱，走几步就能感觉到胸闷气喘等各种不适，做个平时工作中再简单不过的更换床单，全程都是慢动作进行的。记得当时的我，竟然羡慕舱内患者戴个口罩可以自由自在地活动。胸闷得受不了时，我坐在护士站的凳子上，一旁的警察大哥看我不舒服，就教我如何调整呼吸。在他的指导下，我的呼吸明显顺畅很多。之后，警察大哥问我：“你们住得好吗？饮食上习惯吗？吃得好吗？”我支支吾吾地说：“还行……”警察大哥一听就知道不对，立马严肃地对我说：“那可不行，你们是远道而来的贵客。我们吃得不好，住得不好，都没有关系。但是，你们不行。”听到这句话后，我的眼眶湿润了，忍着眼泪说：“你们太不容易了，全国各地一下子来了这么多医护人员，你们已经做得很好了。我们是来帮助你们的，不是来做客的。”和警察大哥交流后，患者的一箱箱晚餐送到了。我们正准备把一盒盒饭菜送到每位患者手中时，几位患者主动走到我们面前说：“我们是患者中的志愿者，我们来帮你们一起分配饭菜。”晚餐过后一个半小时，舱内院感护士背着又重又大、装满消毒水的洒水箱给舱内地面消毒时，几个患者阿姨又主动帮忙分担水箱的重量，帮助院感护士一起消毒。在黄陂方舱医院，不管我做什么工作，都会有患者帮忙，让我感受到武汉人民的勇敢、担当、热情和友爱！

2 月 20 日下午，我们接到第二天准备转场的通知，当天晚上我们上完最后一个班。大概是晚上七点四十分，接替我们的湖南医疗队来了，他们是第一次进舱，在穿戴防护装备时出现问题，我们赶紧联系在外舱的队友帮助他们。我和队长等 4 个人最后出舱，等队长交接完，出舱时已经九点多了。所有的行李我们白天就已经全部打包收拾好，临行，队长还特别强调，离开前一定要把房间收拾干净，给湖北乡亲留下良好形象。

2 月 21 日，和往常一样，我起床后在房间里稍做运动。随后，队长晓明哥给我们端来热气腾腾的饺子。上马饺子下马面，估计食堂的叔叔阿姨知道我们今天要转战场，此去路途遥远，所以一大早就给我们准备好了饺子。正吃着，听到同楼层同事——龙游的护理专业小哥哥挨个房间通知我们：大巴车来了，大家先把行李搬下去。他很有绅士风度，看到我们姑娘行李多，主动帮我们一箱箱、一趟趟地搬行李。因为大家的行李都超级多，所以省里专门安排一辆公交车给我们转运行李。

狼吞虎咽地吃好早饭后，我和小伙伴们一起下楼了。看到大厅门口大大小小一箱箱的全是行李，我们仿佛来到了义乌小商品批发市场。我卷卷袖口马上加入大部队，成了一名合格的搬运工。

一番忙碌后，大家陆续上了车，等集合好车队后，四辆大巴车有序地出发。

坐在车上，看着窗外淅淅沥沥的小雨，大家有点思念家乡，纷纷谈起出发前往武汉时的情景。这时，悦琳姐打开手机音乐："人生路上甜苦和喜忧，愿与你分担所有。难免曾经跌倒和等候，要勇敢地抬头。谁愿藏躲在避风的港口……阳光总在风雨后，请相信有彩虹……"大家跟着音乐节奏一起唱起来。一支歌曲结束后，大巴车进入高速公路收费站入口，这时站在入口旁边的一分队武警纷纷向我们敬礼。刚毅的军姿让我们每一个人为之动容，我为自己成为医疗队一员感到骄傲，心里呐喊："武汉加油！杨凯琳加油！"

十一点多，经过两个小时的车程，我们到达新驻地——武汉市洪山区的君宜王朝大饭店。和木兰草原度假村相比，新驻地的条件好了许多，从我房间的窗户就能看到武汉大学的宿舍。

等大家整理好自己的行李，悦琳姐就收到通知，要先行前往日海方舱医院，进行院感知识培训。快六点钟时，悦琳姐回来了，发语音告诉我们：从我们宿舍到日海方舱医院需要一个小时，所以我们上班时要早一个小时出门。

第二天上午，我们和大部队去了日海方舱医院踩点。听同事说，日海方舱医院是由工厂改造的，各种设备齐全，设施完善。到了目的地，日色正丽，四下张望，四四方方的厂房有序排列着，望不到边际。我们排好队等着进舱观看。由大型厂房改建的日海方舱医院，场地空旷，分成了 ABCD 四个区，路边一丛丛绿色植物赏心悦目，墙上激励病人的标语随处可见，每一个舱门口都放着一台饮水机以及咕咕作响的空气净化机。顺着绿色箭头走进，舱内一张张并排两行排放的病床干净整洁，每张床都配备了一件羽绒服、日常洗漱用品、电热毯、暖手宝、床头柜、小座椅。再往前走，是摆放着一台台电脑的办公区，一个个红色大格子的卫生间，单独的 CT 方舱，化验室，摆放着中外名著、杂志报纸的图书室，独立的淋浴间。看着这一幕幕，我们无不震撼，感叹中国政府的力量。

踩点结束回到宿舍，已经是下午一点左右，饭菜早就凉了，我用开水泡了下，随意扒拉了几口。晚上六点三十分，衢州医疗队队长柴东剑在微信工作群里发出通知，要队里的男队员们到楼下搬物资。看到通知，我们女队员也没闲着，跟着下去帮忙，加入搬运队伍。

物资是衢州商会捐赠的，足足一大卡车，除了十几箱湿巾外，其余的都是尿不湿。说实在的，穿尿不湿上班还真不习惯。在黄陂方舱医院的时候，我们上班前不吃饭，不喝水，一个班6个小时还是能坚持下来的。于是大家就商量，能不用就不用，等我们任务结束后可以将这些物资捐赠给当地的医院或敬老院。

自从来到武汉后，我的泪点就特别低，常常在不经意中被感动。无论是在华美达酒店，还是在木兰草原度假村，我们不时收到来自衢州的各类爱心捐赠，还有我们医院各位领导和同事想尽办法给我们送的物资。一瓶瓶消毒水、一个个口罩，都让我心生感恩。虽然我们离家千里，可我们深深感受到父老乡亲们每时每刻的牵挂与关爱。家中的妈妈，每天都担忧得无法入睡；知道我睡眠不好，从家里给我寄了新西兰奶粉；知道我因为水土不服，天天流鼻血，给我寄来了蜂蜜、葛根粉、人参粉、红枣、枸杞……大大小小的瓶子装满了妈妈的爱和担心。从小挑食的我来到武汉后，饮食有点不适应，又加上我们工作时间长，有的时候一天三餐中有一餐是直接省略的。于是，妈妈就每天发语音给我：不喜欢的菜，可以少吃点，但是饭一定要多吃，要慢慢吃，在嘴里多嚼下，把饭吃出甜味来。每天晚上又提醒我：睡前泡泡脚，喝杯牛奶……

这次住过的酒店都给我留下了深刻的印象。在木兰草原度假村时，我比较害怕，因为那个空荡荡的三层宿舍楼看不到保安，偶尔能看到几个阿姨在楼下大厅门口收垃圾。但是这个静美的地方，让我的内心得到了安宁。搬到君宜王朝大饭店后，安全感十足，有种被人保护的感觉，24小时都可以看到大厅入口保安叔叔的身影。我永远都会记得前台小姑娘，带着甜美的笑容，每次看到我走向她，总会站起来问我："怎么了，有什么可以帮您吗？"温柔的声音让我感觉像家乡的姐姐。还有，君宜王朝的经理，知道我们饮食不习惯，给我们换成自助餐，我们大家分批按规定的距离打好饭菜回各自的房间用餐。我记得每个星期二都有热干面吃。餐厅的厨师阿姨热情地给我们下面、拌面、下料。阿姨说：这是正宗的武汉热干面。等到临行的最后一餐早餐，阿姨给我们下了最后一次面。阿姨说："知道大家要走了，再给你们做一次热干面吧！谢谢你们这群可爱的孩子！"最后我在房间里吃完一整碗热干面，吃着吃着，眼泪就掉下来了。出发前，我们又一次把各自的房间整理干净。但这次，大家都留下了自己写的一封感谢信。临行时，酒店全体工作人员都在大厅口对着我们鞠躬道谢："谢谢你们，你们辛苦了！”看到这一幕，我再一次泪奔。我何德何能，受得了这么大的礼！我只是平平凡凡的人，做着身为中国人应该做的事，更何况这是我的职责和义务。临上车，我折跑回去，加了前台小姑娘的微信，拥抱并告诉她：明年的这个时候，我还要住在这个酒店，看最美的樱花。虽然从来都没有真正看到过口罩下的她长什么样子，但我永远都会记住她那甜甜的声音和美丽的眼睛。

武汉是一座英雄的城市，每一位武汉人民都是英雄。这场疫情给武汉人民带来的伤害太大了，但他们仍然勇敢坚强地生活着。

英雄的城市里，还有一群群可爱的志愿者，知道我们头发长，修理头发困难，一次又一次上酒店给我们理发。因为我们队里人多，所以有些时候他们一站就是一整天，甚至挨着饿、忍着渴，担心自己是本地人会给我们造成心理负担。轮到我剪时，我问理发师：“你们累吗？”他笑着说：“不累，你们才真正辛苦！”听到他说的话，我的眼眶又一次湿润了。

我记得有次替院感的班。工作上相对来说比较轻松，先检查入舱同事的防护服是否穿戴规范，然后检查清洁人员的。这时，我发现眼前一位腼腆的小伙子，穿防护服十分规范和熟练，交流一番，才知道原来是位00后，山东济南人。他本来和父母在武汉打工，封城前一晚父母先回家了，他因为一些事情耽搁了一晚，结果当晚就封城了。回不了老家，又没地方工作，身上的钱也用得差不多了，他通过网上招聘志愿者，去了火神山当建筑工人。火神山完工后，又去了雷神山当保洁员。在火神山期间，因为病人多，需要建方舱医院，他又被调去汉口方舱医院工作，现在汉口关舱了，就来我们工作的地方。我问他：“你害怕吗？家人支持吗？感觉工作累不累？”他底气十足地告诉我：“起初，家人不同意，但也无法阻止我要做的事情。我不怕，我感觉自己穿上防护服和口罩，就是超人。所以，还有什么好怕的？”听了他的一番话，当时我就呆住了。看着他熟练地清洁消毒每一个缓冲间的地面，将所有的医染垃圾按正规的鹅脖式的方法打结，将每个垃圾箱的袋子全部按正规的标准套好，我深深地被打动了，这才是我们年轻人该有的样子，勇敢无畏，积极乐观，勇于担当。

让我怀念的，还有战友情。有段时间，我们和内蒙古援汉的男护士搭班。工作时，我们相互帮助、相互关心。工作空隙交流中，我们得知他们什么物资都没有，住的地方只有24小时方便面供应。当天下班，我们整理出一大箱物资给他们:口罩、洗衣液、巧克力、饼干、江山绿牡丹茶叶、自嗨锅……第二天上班，我们把一箱满满的心意送到他们手上。他们惊讶地问："你们哪来的？"我们很自豪地说："我们身后是大浙江！"一段时间后，患者一个个健康出院，在剩下最后十几个患者的时候，我们接到了省里让我们撤退的通知。记得离开的那天早上七点多，我给内蒙古的战友发了条长信息："小太阳，早上好！今天，我们要起程返回浙江了。此时此刻，千言万语都无法形容我的心情。我们的战友情，早已深深刻印在我的心里，记录在我的脑海里，感谢你一路上的关心和照顾！我永远都不会忘记，你告诉我内蒙古大草原的样子，还有草原上的马、牛、羊，草原上每户人家养的狗。很开心在春暖花开的时候，能和你们相遇。虽然我没看到武汉的樱花，但是，我已经看到了武汉最美的你们。很遗憾不能和你们继续并肩战斗，你们一定要好好照顾自己。有机会一定去内蒙古大草原找你喝马奶酒！"

有段时间，我上晚上九点到凌晨三点的班。下班时，我会习惯性地选择靠窗的座位，闭着眼靠着车窗，感受着汽车发动机的震动，头砰砰地磕着窗，就这样也能睡得很舒服。有一天，不知道是不是痛经的原因，我没睡觉，第一次全程观看了车窗外面的夜景。窗外一个路人都没有，只有几辆车驶过，我能深深地感受到这座城市的静谧之美，它的夜景让我渐渐着迷。也许下一次我还会来到这座城市，静静地欣赏它的夜景。

武汉这座城市，真的有太多无名英雄。当我脱下防护装备，看到身边那些身心疲惫却仍然眼神坚毅的同事时，我能感受到来自心底的呐喊：我爱他们！当我举起右手，高喊入党誓词时，我能感受到来自心灵的呼唤：我爱我的祖国！没有一个冬天不可逾越，没有一个春天不会到来。

3月28日，我们乘上回家的飞机。飞机降落时，我们讲着家乡话。从我们身边路过的姑娘一听，立马停下脚步，尖叫道："啊！江山人！没有想到，是我们把你们一个也不少地、安全地送回家！你们的动态，我全都知道，队长第一次进舱，因为紧张还吃了碗泡面……"一番对话后，我们又一起哭了。

坐在前往莫干山隔离酒店的车上，回想这段日子，自己已经慢慢地适应了新环境，唯一感觉到不适的是，穿着防护服和护目镜超过四个小时就会感觉到身体各处发出的隐隐痛感和窒息感。有的时候，甚至感觉自己一闭眼就会晕倒。一有不适感，我的脑海里就会浮现出自己躺在沙发上等着妈妈做饭的情景，与电影里的情节十分相似。

经过一段车程，我们来到湖州德清莫干山的酒店。我走进房间，被眼前的一幕感动。因为山上气温有点低，房间里的空调已经开启，床上的电热毯也开着，被窝是暖的，房间里很温馨，桌子上摆着各种水果、零食、牛奶，酒店工作人员将我们的行李箱一一送到房间门口。吃饭的时候，餐厅的桌椅都间隔一米，和高考座位一样，我们笑称：吃饭考试。等上齐菜后，不到几分钟，饭菜全被我们吃完了。餐厅工作人员看到后，连忙道歉说："不好意思，本以为大家在飞机上都吃过了，所以饭菜没有多准备。不过，厨房正在抓紧做，辛苦大家等一下。"其实，大家都只是好久没有吃到家乡的味道了,所以个个胃口全开。一方水土养一方人,家乡的味道永远都是最好的！这时，陈亚岗队长举着酒杯站起来说："大家辛苦了，大家都是最棒的！我很自豪我把大家一个也不少、平平安安、健健康康地带回家！谢谢大家的付出！"其实为了我们大家可以全部平安回家，陈亚岗队长和他所带领的院感团队付出了很多。每个新工作地方的踩点、每个缓冲门上的提示牌……还有大家一次又一次的院感培训，每个小队都有院感小组长，每个班次都有舱内外专门的院感护士，每个小小的细节上都有队长和院感团队辛苦付出的痕迹。我为成为他们队伍中的一员而骄傲！

夜幕降临，薄薄的水雾开始升腾。泪水再一次迷了我的双眼，是不舍，是感动，是开心……夜晚，我躺在家乡的床上安静地入睡了。这晚，我不会失眠了。家乡的空气，真的好甜！

（杨凯琳，荣立衢州市人民政府个人二等功，江山市人民医院护师。）

援鄂随笔

郑悦琳

我们援鄂医疗组于2020年2月9日凌晨接到通知，上午8时整装出发，晚上7时抵达武汉天河机场。到了酒店一切安置妥当后，我们就进入了战备状态：组建管理团队、执行驻地十项规定、网络学习新冠肺炎防治知识、小组练习防护服穿脱，一切只为练好兵、准备战斗。

第一次入舱，我上的是夜班（晚上9时至次日凌晨3时）的主班，主要负责电脑床位安排、电子医嘱处理、电子护理记录等与电脑打交道的工作。因为第一次无经验，上班时间一长，护目镜上很快流下了水，眼前就像有个水帘洞。我只能睁大眼睛从水流的缝隙间努力寻找鼠标光标的位置，真的如“雾里看花”一般。平时轻而易举的事,在那样的条件下却完成得很艰辛。

再次入舱，我上白班（上午9时至下午3时）的责任班，负责患者的治疗护理工作。有了之前的经验，这次护目镜模糊的情况好多了。与上一班交接后，我开始了查房，其中一位患者的情况令我印象深刻。经过聊天得知，在被感染之前，她在街道上班，每天给小区的住户测体温、采购物资，帮有困难的住户解决问题。疫情期间，她全家上阵，结果儿子也感染了，在同一家方舱医院。“孩子的爸爸没有感染，他还在外面忙着！”一说起这些，她先前因身体不适而产生的忧愁一扫而空，眉宇间透露着自豪。“阿姨，你们是最棒的！”我向她竖起了大拇指，“安心休养，一切都会好起来。”听了我的话，她笑起来：“幸亏你们来了，真好！”“你们浙江医疗队最棒了！我们相信你们！”旁边患者的夸赞，让我心里暖洋洋的。

方舱医院不同于定点医院，有人打比方，它更像一个小型社区，有片警、保洁员、医护人员，还有患者充当的志愿者。方舱收治的都是轻症患者，病人更多时候是心理上的恐惧、焦虑。相处久了，我每次上班都会热情地跟他们打招呼，询问前一天的情况，不知不觉 6 小时就在平凡的工作中过去了。

2 月 21 日，接到急令，我们需要转舱，更艰巨的任务需要我们去完成。

因为队里的推荐，我加入了浙江感控团队，参与了开舱前的院感防控流程布置。感控员是最晚进舱，最后出舱，目的只有一个：督查队友穿脱防护服，避免他们感染。最终，我们浙江感控团队不负使命，圆满完成任务，并如期返程。

说到感控，少不了保洁员。武汉真的是一座英雄之城，每个人都在努力做对的事。很难想象，保洁员的队伍里有很大一部分是 90 后，他们志愿参与其中，有的还参与过雷神山的建设。他们没有专业的感控知识，我们就手把手地教，我们都是一个战壕的战友，有担当、有干劲、并肩作战，努力打赢这场没有硝烟的战役。

经常听到患者对我们说“谢谢”，因为护目镜和口罩的遮挡，他们也没能看清我们的面容，但在每一次和患者的交流过程中，我都能深切地感受到他们对我们无条件的信任。这种以生命相托的信任和依赖，也激发了我深深的职业自豪感。我想说：感谢你们的信任，我们也将用生命接力，践行医者誓言，战胜疫情！

（郑悦琳，荣立衢州市人民政府个人三等功，江山市人民医院副主任护师、急诊重症监护室护士长。）

我为抗疫助力记

郭元敏

2020年1月以来，一场抗击新冠肺炎疫情的战斗陆续在各地打响，江山市人民医院是江山市唯一的一家疫情定点医院，任务艰巨，责任重大。已退居二线的我，虽然未能像其他同事那样冲在抗疫第一线，但也尽己所能，以不同的身份、不同的方式为疫情防控加油助力。

2月9日是周日，早晨六点半，我还没起床，床头柜上的手机突然响起，是医院宣传办严林忠主任打来的，说我市接到紧急任务，连夜组建了首支援鄂医疗队，上午八点半就要在我院举行出征仪式，要我帮忙写下会标。"时间紧迫，请广告公司制作根本来不及，只好请你这个'书法家'出马了。这种场合，手写更有味道。""好的，我马上过来！"没等严主任说完，我就一骨碌从床上起来，匆匆洗了把脸，随手拿了几块米糕，边吃边赶往医院。一路上又通过电话，与严主任一起拟好书写内容。

来到医院会议室，其他同事还没到，我赶紧找出每年为员工免费写春联、"福"字剩下的红纸，备好笔墨，然后凝神静气，饱蘸浓墨，挥毫写下"江山医护驰援武汉出征仪式"的会标和"勇于担当 敢战必胜 平安归来"的标语，一纸一字，每字约35厘米见方。这时，几位同事也到了会议室，我又与他们一起用面纸、粉笔把墨迹弄干，以保证仪式开始时能正常使用。

八时三十分，出征仪式在医院三号楼（内科大楼）大厅按时举行。市委书记童炜鑫、副市长何正芳等前来送行，对5位驰援武汉的医护人员给予热情鼓励和殷殷嘱托。身穿白大褂的同事手持红色会标和标语，分列两侧，场面显得简朴而庄重。我也拿起手机，记录下这感人的瞬间。

4 天后，即 2 月 13 日，按照上级指示，我市又组建了第二批援汉医疗队。这一批队员共 8 人，全部来自市人民医院，其中医生 3 名，护士 5 名。当天上午，在五号楼（外科大楼）门前举行出征仪式，王光华市长、何正芳副市长等到场为 8 位勇士送行。仪式一结束，同事、家人、朋友送别队员的动人场景在院内一幕幕上演，或献花致敬，或叮咛鼓励，或关爱拥抱，或动情落泪……我则穿梭其间，拍下了一幅幅感人画面，还主动与领头宣誓的队员徐政合影。

徐政是重症监护病区的副主任医师，是这批医疗队的队长。这时我发现他有些心神不宁，仔细一瞧，其他队员都有家人前来送行，唯独他的身边没见到亲人。原来他爱人毛娟是同医院肿瘤科的护士长，一上班都在忙于工作，一时脱不开身。我赶紧给她打了电话。过了好一会儿，她才匆匆赶到现场，两人深情拥抱，互道珍重，我按下手机，留下动情一刻，同时鼻子有些发酸，眼睛也湿润了……

正当 8 名队员整装待发之时，我们突然接到上级通知，本次援汉行程取消。尽管如此，医护人员勇于担当、召之即来、不畏艰险、准备奔赴抗疫一线的豪情和义举仍然值得点赞与铭记！

实践证明，这次抗疫中，中医中药发挥了独特作用。我也是一名中医，虽然没有机会上抗疫一线，但也应该为抗疫做点什么，至少在本地预防新冠肺炎疫情方面可发挥一下中医中药的作用。于是，我经过筛选组方，陆续开具了上千服预防性中药，供需要者煎泡服用。为支援疫情防控工作，我还积极参加党员捐款、志愿者服务、社区卡点值守等；与援汉医疗队微信互动，并献上“抗疫先锋”“最美逆行者”等书法小品，给他们以精神鼓励；参与组织关爱进驻隔离病区和援汉医护人员家属活动，为他们送上慰问品，帮助解决一些实际困难和问题，以解除前线医护人员的后顾之忧。

除了专业之外，我也是一个书法爱好者，担任江山市硬笔书法协会主席。为响应市文联和上级硬笔书协的号召，我及时策划组织抗疫主题书法展览，发动会员创作以抗疫为题材的书法作品。会员们也很给力，迅速行动，精心创作，短短几天，就发来佳作 50 余幅。我们连夜审编、制作，2 月 14 日，江山市硬笔书法协会“众志成城 战胜疫情”主题硬笔书法展率先在网络上推出。简短的导语，道出了办展的目的：通过书法形式助力抗疫之战，致敬抗疫勇士，赞美平民英雄，努力为打赢这场没有硝烟的战争贡献力量！该展一推出，就得到了中国硬笔书法协会领导及众多网友的点赞与鼓励。

随后，我们又继续征集书法作品，向上级书协推送。2月19日，本人作品入展中国硬笔书法协会行书委员会“守望相助 共克时艰”主题大书法作品网络展览。2月23日和3月9日，江山市硬笔书法协会18人作品分别入展衢州市“众志成城 战胜疫情”主题硬笔书法作品网络展第一期和第二期。3月3日，江山市硬笔书法协会9人作品入展中国硬笔书法协会浙江省办事处工委“守望相助 共克时艰”主题大书法作品网络展览。

2月26日，根据省委要求和省卫健委有关文件精神，江山市卫健局选派健康指导员，进驻相关企业指导疫情防控，助力企业复工复产。我作为300多名健康指导员之一，上午在卫健局参加动员大会，下午就前往挂联企业江山市华彩塑胶有限公司进行工作对接。经现场了解体验，初步认为该企业疫情防控工作做得不错。

第二天上午，我又前往该公司查阅台账，与职工交谈，现场查看车间、食堂、隔离点等，发现员工健康码未收集汇总、部分外来人员未戴口罩、员工戴口罩不规范等情况，当即予以指出纠正。此后，又10多次进驻该企业，开展互动交流，指导疫情防控，其间，还免费赠送预防中药泡饮剂、企业返岗返工防护手册等，为企业复工复产助了微薄之力。

（郭元敏，江山市名中医，江山市人民医院主任中医师、原党委副书记、原纪委书记。）

援鄂日记选录

毛晓明

2020年2月10日，阴

下了飞机，夜幕已经降临。可能是昨天夜班的原因，加上隔着口罩呼吸一整天，就像电视剧上说的，坐着也会累，除了累还感觉有点犯困。大概过了20分钟，在候机厅等待工作人员给我们指引时，又一架飞机降落了。他们穿着的外衣和我们浙江的马甲不一样。稍微走近点，问了句："兄弟哪的？""山东的。"眼神中也透出了疲惫，但更多的是坚定。我们陆续由工作人员引导走出机场，途中看到其他省份的医护人员，大家挥手致意，互相加油。坐上开往住宿地的大巴车，看了下时间，正好是陪大宝小宝洗漱睡觉的时间，不知道这俩小坏蛋又干什么坏事没。路上人和车非常少，很空旷，我想如果不是特殊时期，估计不会这么冷清。迷迷糊糊间，正有点睡意，突然听见救护车的声音，睁眼一看，一辆救护车正好超过我们坐的大巴车，瞬间睡意全无，不知道救护车内正上演怎样的生死时速。我默默地向同行致敬,希望他们一切顺利。用手机在工作群里向大家报了一下平安，郑逸华书记和卫健局的郑建俊科长打电话来了解情况，并再三嘱咐注意防护，注意安全。简单洗漱后很快进入梦乡。

2020年2月11日，多云

睡醒后，瞬间感觉满血复活，手机里好多同学同事发来祝福和关心，心里感觉有些惭愧，我只不过做了自己应该做的事，而且不能一一回复他们，在这里谢谢大家，也请大家注意自我防护。几名队员积极做好准备，随时可以开始工作，紧张之外还有点彷徨，一个是担心工作没做好 ，另外也担心自己的防护不过关。整天都在进行业务培训和防护培训。

2020年2月17日，小雪

17日凌晨2:00就要进舱工作了，说实在的，心里还真有些小紧张，就像读书时准备考试，准备了好久，终于要进考场那样。我也希望自己能在这考场上交出一份优秀的答卷，于是早早就睡下了。队友们也非常关心我，反复核对要准备的物品，生怕我遗漏，真的非常感谢他们。

可能是因为生物钟的原因，晚上还是没怎么睡着。00:10闹钟响起，我起床烧了半壶水，泡了碗泡面，其实当时并不饿，就是担心后半夜肚子受不了——没想到这成了一件让我后悔的事。

简单洗漱后，再回想了一遍防护要领，匆匆吃完泡面，准备好防护必需品，已经是00:50了，还有10分钟，就是我们今晚上夜班的4位组员约定的集合时间。

我们集合后，由公交车专程接送到目的地。可中间还是出现了一段小插曲：和我们一起出发的还有6个护士，其中一个可能因为有些兴奋紧张，晚上一直没睡着，可闹铃响过之后又不知不觉睡着了……幸好公交车还是在1:15准时出发了。

大概25分钟的车程后，我们到了目的地——黄陂体育中心。方舱医院A舱是由体育馆改造的，设有170张床位，早在2月14日12:00就收住满员。省医疗队在24小时内又将旁边的训练馆改建成B舱，设置床位70张，并于2月15日下午开始收治患者。我们进的是B舱。

和A舱相比，B舱小很多，更换防护服的地方也相对较小，这和我们训练时有些区别，但流程和原则还是相同的。因为是第一次进舱，大家都比较慢。等我们实际进入，已是凌晨 2:30 了，前半夜的兄弟已经多等了我们半个小时，但他们毫无怨言。

在交班时我得知，B 舱现已收治 16 个病人，病人情况大都良好，只是 11 床病人的心率有些偏快，13 床的血压有些偏高。交班后我们进行了查房，一部分病人已经安稳地睡着了，没睡的病人都说没什么不适，总体比较稳定。

一查完房，我们就抓紧时间熟悉电子病历系统，当地的系统和我们医院的不一样，开医嘱、写病程还是存在一些问题。

也就在这个时候，那件让我后悔的事情发生了：可能来前吃了点泡面，肚子很不舒服，恶心想吐。还有我近视度数比较高，如果不戴近视眼镜肯定影响工作，加上防护眼镜像泳镜一样，密闭性很强，压得我眼睛非常不舒服，很快出现胸闷、心悸等不适，我靠坐在椅子上休息了好长时间才缓过来。这也给了我一个教训，下次进舱前一定要把护目镜调整好，以免出现这样的尴尬。

一夜无事。早上 7:30 我们再一次进行了查房，所有病人都已经醒了，情况都很稳定，这是让我们最开心的事。原定是早上 8:00 交班的，可到 9:00 后面的兄弟还没进来，看来他们也出现了我们交班时的状况。省人民医院重症医学科的徐良是我们的总组长，进舱后看我们还在，就叫我们赶紧出舱休息，接下来的工作由他承担。出舱时，我们很小心，大家互相观察，互相监督，确保脱卸防护装备动作到位，以免出现纰漏。我一出舱就接到郑逸华书记的电话，询问进舱工作情况，并叮嘱我要及时向家里报平安。

舱里是不禁止我们拍照的，但根据防护规定，自己的手机不能带进去，如果带进去的话就不能带出来。我们就用舱里仅有的一部工作手机，拍了些工作场景照片。我想这些照片将成为我一生的纪念。

我们江山援汉医疗队的其他 4 名兄弟姐妹也将相继进舱。在回驻地的路上，我就将自己第一次进舱经历发送给他们，希望这些经验能给他们些帮助。

2020 年 3 月 5 日，晴

平时写得最多的就是病历，而且没有写日记的习惯，所以这些文字工作对我来说有些困难，在这里就简单说下在武汉工作生活的情况。

我们是在方舱医院上班，总体来说是轻症的病人，感觉平时上班的时候很平淡。作为医生，我非常享受这种平淡，因为不平淡意味着需要紧急处理甚至抢救，这些时候大概率需要做艰难的决定，真心感觉平淡一些好。

开始上班感觉最困难的还是适应这身防护装备。防护服虽然是薄薄的一层，但保暖效果一流，虽然外面还是寒冬，而且病房里也没有空调，身上只有一两层单薄的衣服，但只要稍微一活动，就感觉全身上下都湿了。开始工作的前两个夜班是最难过的。虽然工作量不是很大，只是常规的工作，没有什么重的体力活，但就是感觉胸闷，有窒息感，感觉地球上氧气不够用，有把口罩、防护服拽掉的冲动。弄得我都怀疑自己体质这么差吗？后来看《新闻联播》，1 米 8 的东北小伙也有这种情况，果然后来慢慢适应了。

根据先行者的经验，我上班之前尽量减少饮食进水，虽然每班都穿尿不湿，不过每次都没用上。还有就是护目镜，自己是个近视眼，而且度数比较高，双眼都是 450 度以上并且还有散光，开始没经验，戴了护目镜之后，两层眼镜都是雾，到最后雾就变成了雨，头稍微一动就感觉有水滴流下。这让以前十分简单的工作变成了现在艰难的行为。想要从电脑或者病历上看清或写下一个字，都要努力从缝隙中找空间看清楚，这让我相当郁闷，太影响工作效率了。不过后来有了经验，给眼镜和防护镜加了防雾涂层，效果好了很多。这些有效材料有洗衣液、洗手液、洗洁精等，都是大家总结出来的，后来队里还专门给我们发了防雾液。还有一个秘诀，就是最好涂两次，准备出发时涂一次，进舱前再涂一次，效果极佳，能坚持好几个小时，到快下班了，感觉雾气不是很大，而且就算起雾了，最后也是以水滴的形式掉落，不怎么影响视线。

从江山去的战友虽然住在同一个酒店，而且离得很近，但是因为疫情控制要求，大家尽量不接触，平时有事多用微信或者钉钉联系。所以刚下班，一个人在驻地时，想的东西要多一些，有时会思念家里，如果时间还早，会联系家里视频一下，互相报下平安；如果时间晚，会把以前或者家里刚发的视频拿出来看看，这是最温馨的时刻。有时会想下工作的情况，学习最新的诊疗方案、各种预案，如病人需要抢救时遭遇停水停电、突发防护服破裂等，不过庆幸的是我没有用到这些预案。

2020年3月28日，晴

经常会被问到什么最感动我，这有些难回答。让人感动的时候其实挺多，但平时上班时没想那么多。一般都是一个人时，而且大概率是看新闻时，是感触及感动最多的时刻。看到他们被防护口罩压出深深的压痕，甚至有些破溃，面对镜头说“不要拍我，好丑啊”；下班时发现防护服里面的衣服全部湿透了；因为下班了，高兴地蹦蹦跳跳回家；夜晚坐在回驻地的车上，大家没有一句言语，都坐在车上睡觉；因为有一碗热干面，高兴得手舞足蹈。看这些新闻画面时，会突然发现这些都是我们正在经历的，并为此感动。我平时不是个很感性的人，但有时候读到一句简简单单的话，就感觉被戳中了泪点。有一句话是这么说的：中国人经常被他们其中勇敢的人保护得很好。读到这句话时，我突然很有感触：我们现在有这样美好的生活，都是先烈们用鲜血给我们创造出来的；而现在这样一句话也被用来称赞我们，我深感自豪，但也有些忐忑，觉得自己还不够格，但我愿为之而努力。

在武汉的这段时间，我最喜欢看的节目是金灿荣教授和张维为教授的演讲，在观看节目时也收获了很多感动，最大的感动就是中国的崛起、团结和强大。感谢中国共产党领导下的中国，这个拥有14亿人的伟大国家，在世界上率先走出疫情，并迅速复工复产。得益于此，我们这么短时间就可以回家了。虽然很想家，但真的要走了，又有些舍不得，这里是我们共同战斗的地方。祝福武汉，天佑中华，等我下次再来，一定要登上黄鹤楼。

（毛晓明，浙江省抗击新冠肺炎疫情先进个人，江山市人民医院副主任医师。）

我在一线战疫情

陈良龙

时间过得飞快，一点也不夸张，转眼之间，大半个月过去了，再过半个月，我的派驻工作即将结束。

2020 年 11 月，得知单位确定要我去嘉兴，参与开展从上海入境来浙人员转接与隔离的疫情防控工作时，我以为工作量不会太大，可是来了以后，与原先想象的完全不一样，我判断错了。

这里没有双休日，只要第二天的太阳还会升起，就要上班，也不会因为是周六或周日，上班的纪律就会松懈一点，每天都一样，老老实实、规规矩矩，该几点钟上班就几点钟上班，只可提前，不可迟到。当然，下班也一样，延迟是常态，早退完全不可能。所以，这段时间搞得我都没有星期的概念了，不知今夕是何夕。

每天只要一踏进办公室，大伙儿就各自忙开了。我们疾控技术组先是接收当天要从上海转运入境人员的数量，然后对这些人员的信息进行核对，尤其是健康状况，准确无误后，发送给各小组，各小组与各自关联的驻沪小组确认无异议后，才可以向省里报送。同样，每天解除隔离的人数也是要经过反复核对，准确无误后，才能上报。数据统计完了之后，紧接着编写当天要报送的信息，我们各小组都要将小组的文字信息统一报送给信息综合组。这是每天的规定动作，必须要完成的。

当然，每天完成这些工作还不算什么，做好这些工作关键在于细心，在于严谨。闹心的是对突发事件的处理，可以这么说，突发状况几乎三天两头有，有时发生在白天，有时发生在晚上。无论发生在什么时间，都要马上给出一个处理意见，事发紧急，耽误不得，迟疑不决就会多一分潜在的风险。这个时候是最考验人的，必须要果断决策，当机立断。因为每天有五六趟大巴参与转运工作，中途不知道会发生什么状况，而且每天平均有上百人要转运。这些人各有各的情况，各有各的需求，只是多数人表现得不那么强烈，但表现强烈的还是有的，尽管少数，但处理起来就不那么简单了，花时花力甭说，有时需要多部门联动，许多人参与，共同解决才能完成。若遇到不配合的、难沟通的、联系不上的，处理起来就不那么容易了。但从发生的这些事情来看，不管有多困难，最终还是完美解决了。

处理突发事件固然棘手，但现场督导也不轻松。尤其对隔离点的现场督导，这是真正的一线，是距离病毒最近的地方，说不定这里面就会有病例。尽管事先都做好个人防护，但毕竟有风险。而所谓督导，就是督查与指导，但若自己只是半瓶酱油半瓶醋的话，怎么去指导别人呢？所以，首先自己肚里必须装有“货”，换言之，要具备这个能力与水平，要有真才实学才行。这样，人家才会服你。为此，唯一的办法只有老老实实地学习，先从省内隔离点工作组编写的《操作规程汇编》和《工作制度汇编》开始学起，一个章节一个章节地去学，一项内容一项内容地去学，不仅要学懂，更要把重要知识点背下来。

白天是很难挤出时间来学习的，所以我只能利用晚上的时间来给自己充电。晚上这段时间，对我来说还是很宝贵的，因为许多工作就是在这个时间段完成的。比如说，我每天坚持写日志，白天来不及写，就在晚上写。当然，晚上我还要将白天所做的工作进行一番梳理，因为我怕时间长了会忘了，好记性不如烂笔头嘛。

除了这些工作以外，我还要求我们疾控技术组每周确保有一个晚上，召开一次周例会。通过例会，我们小组的每个成员回顾上一周的工作，总结经验，讲心得，谈体会，以此相互学习，共同提高，争取把工作做得更好。所以说，我把每天的时间都排得满满的，几乎没什么空闲，日子过得还算比较充实。

的确，我们在这里除了工作，好像没什么时间去做别的事情。说白了，我们的工作与生活，就是两点一线。早上从住宿的嘉兴华美达酒店出发，到嘉兴市卫健委办公大楼上班，中午下班返回酒店吃饭，下午又从酒店出发到办公地上班，晚上下班又回到驻地，每天就这么往返于办公室与酒店之间。这就是我们的活动轨迹，简单又清晰。

一句话，我在这里，生活简单，工作很忙，但忙并快乐着。

（陈良龙，江山市卫生健康局党委委员。）

后　记

《亲历记——江山文史资料选辑》即将与读者见面，这是政协文化文史和学习委员会近年来征编的一本非专题类文史资料图书，在此简要作一说明。

2017 年 4 月，经江山市政协主席会议研究，决定面向社会公开征集《江山市重点工程亲历记》《我的知青岁月》《那些年在江中》等文史资料。征集启事发出之后，社会回应不一，征集到的文稿中以《那些年在江中》最多。因此，2018 年我们就结集出版了《江中故事》，作为江山中学 80 周年校庆的礼品书。然而，《江山市重点工程亲历记》《我的知青岁月》的稿子却比较少，无法单独结集出版。所以，2019 年、2020 年我们只好另作选题，分别编辑出版了《江山中草药图鉴》《茶缘——我与江山茶的故事》。三年来，已经应征投送了《江山市重点工程亲历记》《我的知青岁月》稿子的一些作者时时来电话询问结集成书的事。有鉴于此，年初江山市政协主席会议研究决定，将已经收到的《江山市重点工程亲历记》《我的知青岁月》文稿，加上之前征集到的其他“三亲”（亲历亲见亲闻）文稿（政协委员抗击新冠肺炎疫情文稿居多）等集合在一起编辑出版。为了丰富稿源，我们再次向重点工程建设的相关人士发出约稿函，分管副主席周立武还亲自出面，向贺村镇省小城市试点、峡口水库建设、江山中学迁建、铁路西移、高铁建设等工程负责人联系约稿。经过多方努力，我们先后共征集到70多篇文稿。为了把好政治关、文字关，我们于5月份、8月份进行了两次审稿，对文稿进行认真审核和修改。最后共收录了65篇稿子。文稿编排以故事发生的时间先后为序，遇年月时间相同，则以作者（口述人）的姓氏笔画为序。

对于县市级政协而言，由于稿源等原因，征编出版专题性政协文史资料图书难度较大。今后征编出版类似"三亲"文史资料选辑的图书将成为常态，竭诚欢迎社会各界人士积极投送"三亲"文史资料稿件，我们将适时结集出版，以发挥好政协文史资料"存史资政，团结育人"的作用。

编者

2021年12月

图书在版编目（CIP）数据

亲历记 ：江山文史资料选辑 / 江山市政协文化文史和学习委员会编. -- 杭州 ：西泠印社出版社，2021.12
ISBN 978-7-5508-3624-2

Ⅰ. ①亲… Ⅱ. ①江… Ⅲ. ①文史资料－江山 Ⅳ. ①K295.54

中国版本图书馆CIP数据核字(2021)第270626号

亲历记——江山文史资料选辑
江山市政协文化文史和学习委员会 编

出品人 江 吟
责任编辑 周小霞
责任出版 冯斌强
责任校对 曹 卓 吴乐文
出版发行 西泠印社出版社
（杭州市西湖文化广场32号5楼 邮政编码 310014）
经 销 全国新华书店
设计制作 杭州典集文化艺术有限公司
印 刷 浙江省邮电印刷股份有限公司
开 本 710mm×1000mm 1/16
字 数 430千
印 张 21.5
印 数 0001—3000
书 号 ISBN 978-7-5508-3624-2
版 次 2021年12月第1版 第1次印刷
定 价 88.00元

版权所有 翻印必究 印制差错 负责调换

西泠印社出版社发行部联系方式：（0571）87243079